ha Library

JN317763

紅茶の文化史

平凡社ライブラリー

Heibonsha Library

紅茶の文化史

春山行夫

平凡社

本著作は、一九九一年一月、平凡社より刊行されたものです。

目次

十九世紀……115

日本の紅茶……339

茶の輸出……339

わが国における紅茶飲用の記録……380

はじめに

私の父は、名古屋で輸出陶器に絵をつける小工場をはじめた草分けの一人で、明治の中期から紅茶やコーヒーの茶碗に西洋風の美しい絵をつけていた。その頃は、わが国の家庭では紅茶やコーヒーを飲む習慣はなかったので、製品はすべて外国に輸出された。伝統的に紅茶とコーヒーの茶碗は形がちがっていて今日でもその伝統が残っているが、美術的で優美なのはヨーロッパ向けの紅茶茶碗で、素地《きじ》の薄い広口の、昔の商船の胴体のような曲線をもったものが、毎日毎日工場から運びだされた。

私は、紅茶が好きで、戦前には生家から特別上等の紅茶茶碗をもってきて、ティー・タイムを楽しんだものだが、戦争中にこの習慣はみじめに断ちきられてしまった。今日でも時々どこかのティー・ルームで、伝統的な紅茶茶碗（それが私にはよくわかる）にであうことがあると、なんとなく紅茶へのノスタルジアが感じられる。

紅茶という名前　最初に、紅茶という名前であるが、それにお湯をさすと、紅褐色になるので紅茶と呼び、その一方でわれわれが昔から用いている日本茶は、出来上がった茶が緑色を帯びているので、緑茶と名づけられている。

紅茶は液体にしたときの色、緑茶は出来上がったときの葉の色というわけであるが、英語では、前者の出来上がった茶の色が黒褐色をしているので、ブラック・ティー（黒茶）と呼び、緑茶のほうはそのままグリーン・ティーと呼んでいる。

紅茶のつくり方　紅茶も緑茶も原料の茶の葉は同じだが、製法によって両者に分かれる。ただし、一八三〇年代にインドのアッサムで中国種とはちがう品種（アッサム種）が発見され、それがインドやセイロン（スリランカ）やインドネシアに普及したので、おおまかにいって、二種類の茶の葉が原料になっているわけであるが、両者とも製法の点では変らない。

茶のつくり方は、どの食品関係の本にも詳しくでているし、テレビにもしばしば取り上げられるので、ここでは要点だけを書くことにする。

まず、緑茶であるが、これは茶畑から摘んできた葉をただちに摂氏八〇―九〇度で蒸し、葉の細胞内の酵素を破壊し、醱酵をとめたものなので、出来上がった葉には緑色が残っている。

それに反して、紅茶は葉を蒸さないことが根本的な相違で、茶畑から摘んできた葉は、棚の上にばらまいて、十五時間ないし二十時間放置しておくと水分が蒸発し、ビロードのように軟らかくなる。それを手または機械でもんで葉のなかの液を表面にだし、つづいて工場中で一番ひんやりした、湿度九〇パーセント以上の醱酵室に二、三時間入れておくと、葉液のために酸酵が起り、葉の色がレンガ色に変り、揮発性芳香油が変化してリンゴのような快い香気を発する。それを最後の工程で乾燥させたものが紅茶である。

緑色の工場　もちろん、これは大雑把な書き方で、実際はなかなか手のこんだ仕事である。私が戦前に見学した台北の日東紅茶の工場では、数百人の台湾少女が働いていたが、一番人数のいるのは、出来上がりに近づいた紅茶のなかから、茎やロール（もみ）の不完全なのを一々手先で拾いだす仕事で、見ていても大変な手間だった。

私がこの工場で感心したのは、建物がこの会社の紅茶の容器のレッテルと同じ淡い緑色に塗ってあったことと、たくさんの女子従業員もレッテルと同じ色の作業服で、部署によって帽子の色が変えてあったことであった。工場の内部は、一階はガランとした荷造りと発送の場所で、工程が建物の上の方からだんだん下の部屋に移るようになっていて、なるほどと思わせられた。

見学者は一番上の階に案内される。そこには床の真ん中にマンホールのような穴があって、床にひろげられた葉がその穴から掃き落され、下の部屋では天井からそれが落ちてくるようになっていた。色いろの機械のなかで、乾燥したお茶の葉がベルトで流れてくると、ドラム缶のようなものが、磁石でお茶の葉にまじっているクギなどの金物を吸いとる仕掛けがあったし、乾燥した葉を一定の長さに切断する切断機も動いていた。切断した葉は篩《ふるい》にかけて葉茶（リーフ・クラス）、砕茶（ブロークン・クラス）、粉茶（ダスト・クラス）というように分類される。リプトンの紙包みにダストというのがあるが、これは喫茶店などで同社の黄色いレッテルの紅茶に混ぜて使われる実用品である。

緑茶と紅茶は、保存期間がちがっていて、前者は生産後一年以内に販売してしまわねばならないといわれているが、後者はその必要がなく、製造後、二、三年たったほうが、品質的にはむしろよくなるといわれている。茶摘みの季節に入ると、しばらくして新茶があらわれるのは、単に季節感のためでなく、緑茶は新しいものほどよいためである。

ブレンド　飲みものはアルコールの入ったものと、アルコールの入っていないものとの二種類に分けられるが、どちら側にも生一本の、純粋な品質がその商品の生命になっているものと、各地の製品を混ぜることが特色になっているものとがある。

紅茶は、色いろの産地のものを混合（ブレンド）することが特色で、各社の製品がそれぞれちがった味や香りをもっている。といっても、一つの会社のものが一種類の香味をもっているというわけではなく、日東紅茶の工場でも研究室のガラス戸棚に何百という紅茶の入ったガラス瓶が並んでいて、それに番号がつけてあった。これは混合率のちがったものの見本で、輸出の場合には相手国の商社の注文で、その商社の特色をだす混合率が行なわれているという話だった。

茶の木を栽培していないイギリスのロンドンが、世界の紅茶の本場になっているのは、伝統的にロンドンの商人は世界の各地から茶を買入れ、それを各自の店でブレンドして特徴をだしているためである。

世界的な商品として有名なリプトンの紅茶なども、茶業の生命は、ブレンディングにあることを知っていたトオマス・リプトンが、独特のブレンドをつくりだしたといわれ、輸出先の水を取寄せて、その水質にあわせたブレンドをつくったともいわれている。

品質　お茶の木については、後述するが、葉を摘むときの専門的な名称が、品質をあらわす用語になっているので、その説明をしてみよう。

お茶の葉が芽を出したとき、次ページの挿画のように一番上の葉は開かない巻き葉で、これを中国語で、彩花白毫（フラワリング・オレンジ・ペコー、またはフラワリング・ペコー）と呼び、これは芽なので葉とは呼ばない。そのつぎの小さい葉は、橙色白毫（オレンジ・ペコー）、二番目は単に白毫（ペコー）といい、三番目は第一小種（ファースト・スーチョン、またはペコー・スーチョン）、四番目は第二小種（セカンド・スーチョン、または単にスーチョン）と名前が変り、五番目は工夫（コンゴー）、そのつぎは武夷（ボーヒー）と呼ばれている。

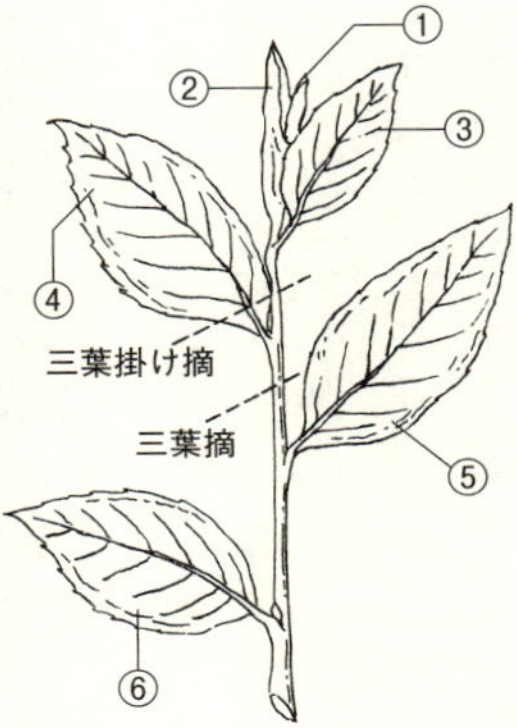

茶摘法
①フラワリング・ペコー
②オレンジ・ペコー
③ペコー
④ファースト・スーチョン
⑤セカンド・スーチョン
⑥コンゴー

ペコー（pecoe, 白毫）の「毫」は「細い毛」という意味で、一番上の彩花白毫が白い細毛で被われて銀色を呈していることをさしていて、最高の品位となっている。

上質の紅茶は、彩花白毫から二番目の葉の白毫までを摘みとるので、一心二葉摘法と呼ばれ、量産を目的とする場合は、そのつぎの第一、第二小種までを摘んでいるが、リプトンの本拠であるセイロンでは一心三葉を摘んでいるので、三葉掛け摘法と呼ばれている。

紅茶前史

西洋と茶　お茶を飲む習慣は長いあいだ西洋に知られていなかった。有名なマルコ・ポーロ（1254-1324）の『東方見聞録』にも茶のことは見当らないし、一五一七年から中国と交渉をもちはじめたポルトガル人も、茶についてはなんの役割もはたさなかった。

オランダの商人が、はじめて四隻の船を東洋におくったのは一五九五年の四月で、船隊は翌年ジャワに着き、一五九七年八月に多量の香料や東洋の産物を積んで戻ってきた。のちジャワはオランダの東洋進出の拠点となり、一六〇二年には六十隻ものオランダ船が交通するようになった。そのため東洋の商品がだぶついて、値段が下がるようになったので、その年に議会の提案で、東洋との貿易を独占し、市場を操作できるオランダ東インド会社がつくられた。

オランダ船が中国に進出したのは一六〇一年で、その国の商品がヨーロッパにもち帰られるようになったが、中国のお茶を最初にマカオ（澳門、媽港）で買い付けたのは一六一〇年で、これがヨーロッパに茶が運ばれた最初の公式の記録になっている。

オランダ船がはじめてわが国にきたのは一六〇〇年で、家康がその航海士ウィリアム・アダムズを江戸に招いて優遇し、一六〇九年には、オランダ東インド会社に貿易の許可を与えたので、それ以来日本の茶もオランダにもち帰ったが、それの最初がいつだったかはわからない。

一六三七年に東インド会社の理事会がオランダの議会に提出した報告書に、「お茶が若干の人々に用いられるようになったので、われわれは毎船ごとに中国と日本の茶の壺を期待している」と出ているが、一六五〇年の暮の報告書によると、同年度に輸入されたお茶の総量は、中国茶二十二壺（約二二ポンド）と日本茶五箱となっているから、たいした量でなかったことがわかる。

それが一六八五年には二万ポンドを輸入する予定だと文書に記され、さらに約五十年後の一七三四年には八八万五〇〇〇ポンドに増加していた。その頃までヨーロッパに運ばれた茶は緑茶で、一七五〇年頃から紅茶がそれに代り、朝食のさい、コーヒーに代えてお茶を飲む習慣がヨーロッパの一部ではじまっていた。

よくコーヒーと茶とは、どちらが早くヨーロッパに伝わったかが話題に上るが、ヴェネチアの商人が最初にコーヒーをもち帰ったのは一六一五年だったという説があるが、どういう記録によったかは不明である。この年はお茶が最初にオランダに運ばれた一六一〇年より五年後だったが、コーヒーの産地はヨーロッパに近いので、それの輸入と普及はコーヒーのほうが早かった。

ヨーロッパで最初のコーヒー・ハウスは一六四五年にヴェネチアで開店したといわれているが、残念なことにそれを証明する記録はない。それに対し、記録の上での最初のコーヒー・ハウスはイギリスのオックスフォード（大学都市）で、レバノン生れのジェイコブ（またはジェイコブス）が一六五〇年にコーヒー・ハウスを開業したのが最初だった。それに対し、その国に最初にお茶が伝わったのは一六五〇年頃で、コーヒーの普及のほうが早かった。

茶の記録　中国と日本の茶の歴史については、すでに多くの本がでているので、本稿では書かないことにするが、日本に茶が伝わったのは五九三年頃（聖徳太子の時代）で、茶の木が仏教の僧によって移入され、栽培されるようになったのはそれ以後のことだったということだけを記しておく。

茶をインドに伝えたのは、中国の禅宗の初祖ダルマ（達磨）で、五一九年だった。その後継者たちは、その像の前に集まり、おごそかな儀式で一碗の茶を飲んだ。

九世紀に入ると、回教徒の商人スライマーンが中国を訪問し、その見聞記を残した。このなかでスライマーンは、中国では茶が日常的に飲まれていること、ならびにそれが彼らからあらゆる心身の病気をしりぞけると伝えた。この見聞記は、回教徒のものとしては最古の中国見聞記で、八五一年に第三者の手によって撰録され、さらにアブー・ザイド・アッ・スイラフィーが自らの記録もふくめて編んだ『中国およびインド物語』の第一部に収録された。のちにフランスの東洋学者ルノード（1646–1720）によって『九世紀にインドと中国を旅行した二人の回教徒の旅行者の報告』という題名で仏訳され、一七三三年には英訳も出版された。

ヨーロッパに茶のニュースが伝わるようになったのは、十六世紀になってからで、一五一六年にポルトガル人が海路ではじめて中国を訪問し、その翌年数隻の船がそれにつづいて北京に外交使節をおくり、一五四一年に日本に達した以後からであった。

初期のポルトガル人は、茶についての記録を残していないが、それらのなかでガスペル・ダ・クルスがポルトガル語で書いたものが、最も古い文献となっている。彼はそのなかで、「高貴の家では、一人または数人の客が訪れると、チャ（ch'a）という一種の飲みものを供する。そのものはややにがい、赤いクスリで、ある種の薬用植物の混ぜものでつくられている」と記している。

宣教師と同じように、早くから茶の知識を伝えたのは、東方との貿易にしたがっていた航海者たちで、それのはじまりは、ヴェネチアの十人委員会（最高行政機関）の秘書ジョヴァンバティスタ・ラムージオが古今の航海記や発見談を集めた『航海と旅行』（全三巻、一五五九年頃の出版）の第二巻に入っている「中国の茶」という聞き書きであった。彼は有名な旅行者や航海者に会って、重要な商業上の情報を集めていた。茶の話を聞きだしたのは、ペルシアのハジ・マホメッド、別名ではチャギメメトという商人で、

「中国全土で、チャイ・カタイ（chai catai, 中国の茶という意味）の木またはそれの葉を利用している。この木は中国の四川と呼ぶ地方に生長していて、国中で飲用され、高く尊重されている。彼らはその薬用植物を集め、生のままあるいは乾燥して、それを水でよく煮る。この煮出し汁を一、二杯空き腹に飲むと、熱病、頭病、胃の痛み、横腹または関節の痛みをなおす。飲むときには、自分で辛抱のできるかぎりの熱さでなければならない。それはさらに、ほかの覚えきれないほどの多くの病気にも効く。たとえば痛風もその一つである」

と物語ったと伝えているが、これはヨーロッパに茶のことがくわしく伝えられた最初の文献とみられている。

ラムージオはマルコ・ポーロの有名な『東方見聞録』の編集を行なったことでも知られているが、マルコ・ポーロの滞在した時代には茶は中国でひろく飲用されていたにもかかわらず、それについては何の記載もない。彼はヴェネチアの生れで、一二七四年に中国に入り、フビライに信頼されて任官、在留十七年、一二九五年に帰国したが、どうして彼が茶について書かな

中国の風景と茶の木。茶の木を描いたものでは最も古いものである（1665）。

かったかの理由は非常に簡単で、彼は征服者（フビライ）の客人だったので、被征服者（中国人）の風習に興味をもたなかったためといわれている。もし彼が茶の知識を伝えていたら、ヨーロッパで最初の茶の情報者となったはずだった。

つづいて一五六五年に、日本で布教していた神父ルイス・デ・アルメイダ（1525-83）がイタリアの上位の神父におくった手紙には「日本人はチア（chia）と呼ぶ口あたりのよい一種の薬用植物を、きわめて好んでいる」と記されていた。一五六五年はわが国では永禄八年、足利義輝の時代だった。

ロシアへは一五六七年に中国旅行から戻ったイワン・ペトロフとブーナシ・ヤリシェフの二人によって、茶が中国の驚異的な木だということが伝えられたが、それの実物ならびに茶葉はもち帰らなかった。

その後の二十年間は空白で、一五八八年にフィレンツェでジョヴァンニ・ピエトロ・マッフェイが、アルメイダ神父（前出）の手紙を集め、『インドからの書信を選んだ四部の本』を出版したが、マッフェイはその翌年に『インドの話』をフィレンツェで出版した。彼はインドに行ったことはなかったが、そこに住んだことのあるジェズイトの布教師たちからその土地に関する知識を集めた。この本にはその一部に中国の食用植物のことが書かれていて、そのなかに茶がでている。彼は「中国では大部分の地方で、チア（chia）という薬用植物を浸した熱い飲みものを飲んでいる」と書いている。

オランダの登場　十六世紀にヨーロッパに伝えられた茶のニュースは、東洋に派遣されたイタリアのジェズイト会の布教者によって伝えられたり、当時東方との貿易で栄えたヴェネチアで集められたニュースが主だった。いずれもイタリアの記録や文献にあらわれていて、一五八九年にヴェネチアの聖職者で文筆家のジョヴァンニ・ボテーロの書いた『都市の偉大さの原因』という書物はそれの早いほうだったが、そのなかに、

「中国では、一種の薬用植物を圧搾してデリケートなジュースをつくり、ワインの代りにしている。そのものは健康を保ち、われわれのあいだでワインを過度に飲んでおちいるような弊害を生じない」

と伝えられているのは、まぎれもなく茶であった。

十七世紀になると、茶のニュースの出所《でどころ》がイタリアからオランダに移ったが、そのさきがけはその国のヤン・ユイゲン・リンスホーテン（1563–1611）であった。彼はオランダのハールレムの生れで、ポルトガルにゆき、司祭の秘書となってインドのゴアに渡り、東洋各地の土地、民族、物産の実情を調査し、同時にポルトガル人の東洋における貿易の資料を集めた。彼は一五九五年にそれらの資料をもとにして『ポルトガル人の東洋航海記』を書き、翌年さらに『旅行案内書、ポルトガル領東インド航海記』を出した。

彼はこれらの本のなかで、日本の茶の飲み方をくわしく伝え、

「彼らの食事と飲みものの風習では、すべての者が一人一人のテーブル（食膳）をもつが、それにはテーブル・クロースもナプキンもついていない。食事は中国人と同じく二本の木の小片で行なう。彼らは米のワインを飲み、それを飲んで酔い、食後にはある種の飲みものを用いる。そのものはチャー（chaa）という一種の薬用植物の粉で、湯を入れたビンで夏冬に関係なく、これ以上の熱さでは飲めないというぎりぎりの熱さにしたものを飲む。その国の人々にながく尊重されていて、紳士（上流階級人）はそれを自分でつくり、友人をもてなすときには、その熱い湯を飲ませる。それを入れるビンや薬用植物を保存する容器やそれを飲むための陶器のカップは、彼らによって非常に大切にされている」

と伝えているのは、わが国の茶道のことであるが、この報告に書かれたchaaという呼び方は、そのままオランダ語になった。

一五九五年は、オランダの商人が結束して、その年の四月に四隻の船隊をはじめて東洋におくった年で、船隊は翌年ジャワに着き、一五九七年に大量の香料や東洋の産物を積んで戻ってきた。それがきっかけで、それまで東洋の絹やその他の高価な商品をリスボンに運んでいたポルトガルに代って、オランダ船がそれらの商品を直接自国やフランスやバルト海の沿岸諸国に運ぶようになった。それだけにリンスホーテンの著書は、オランダの商人↓商船に対して、生きた重要な資料↓指針となった。オランダと同様に商船の国だったイギリスが、三年後の一五九八年にこの本を英語に訳したことでもこの本の重要性がわかる。このようにしてヨーロッパと東洋との関係は、十七世紀にはポルトガルの後退、オランダとイギリスの争覇という新しい時代になった。

東インド会社　一六〇〇年に一隻のオランダ船が日本に漂着し、その帰路、一六〇一年にマカオに寄港して、日中両国の物産をもち帰った。

イギリスでは一六〇〇年十二月三十一日にエリザベス一世の勅許状で、イギリス東インド会社という東洋との貿易の独占事業会社がつくられた。

オランダでも一六〇二年には六十隻もの船が東洋に通うようになり、そのために東洋の商品がだぶついて値段が下がるようになったので、その年に議会の提案で、オランダ東インド会社がつくられた。東インドというのは、コロンブスがアメリカをインドと誤ったことが原因で、その地方を西インドと呼ぶようになったので、それに対して本来のインドを東インドと呼ぶようになったことが、その名前の起原だった。

イギリスの東インド会社はインドに基地をおき、その他の東洋諸国ないし島々に進出して、初期に多くの利益をあげたが、オランダは一六一九年にジャワのバタヴィア（今日のジャカルタ）に基地をおき、その地方の高価なスパイスの貿易をほとんど完全に手中におさめた。自然にイギリスとオランダは単なる競争相手から敵対関係におちいり、それがモルッカ諸島の領有権をめぐる両国の争いになった。モルッカ諸島は香料諸島ともいわれ、インドネシア東部とセレベス、ニューギニア間の島嶼群であるが、その中心のアンボン島にはオランダの商人が根を下ろしていた。そこへイギリスの商人が割りこんだのが争いの原因で、それがエスカレートして一六二三年にオランダ側がこの島のイギリス人を襲い、「アンボン事件」といわれる虐殺事件になった。

オランダの独占　「アンボン事件」の結果、イギリスはインドネシアの諸島から手をひいてインドの開発に力を注ぎ、オランダはインドネシアの諸島の利権の独占をまもった。この影響はその後の東洋の貿易に色いろのかたちであらわれた。イギリス東インド会社が九州の平戸に商館をつくっていたのが、その後、日本との貿易がオランダの勢力下におかれるようになったことや、茶の貿易がオランダに独占され、イギリスに最初に茶が公式に伝わったのはオランダからだったことなどにも、その一端があらわれている。

ヨーロッパに伝わった茶　前項でヨーロッパ人の東洋からの商品のもち帰りは、オランダとイギリスの航海者たちの手に移ったことを記したが、彼らが中国と日本から、いつ最初の茶をヨーロッパに伝えたかの記録は残っていない。

茶がヨーロッパに伝わった公式の記録は、一六一〇年にオランダ船が中国と日本で集めた茶を本国に伝えたのが最初で、それから一六三〇年代まで、茶に関するおもな記録はたいていオランダからでたものだった。

ロシアに渡った茶　ただしそれには一つだけ珍しい例外があった。それは一六一八年に、中国の外交使節がモスクワのロシア宮廷に数箱の茶を献上したことで、使節は陸路でロシアに旅行した。その頃、東洋からモスクワへの旅行はレヴァント（地中海東部沿岸地方）を通り、十八ヵ月の難路をたどらねばならなかった。ロシアの宮廷では、その茶をどうしたかは記録に残っていない。それがきっかけで、その後、ロシアに茶がひろまり、一般に飲まれるようになったわけではなかった。

一六三八年に、ヴァシリ・スタルコフが外交使節としてインドのムガル帝国に派遣されたとき、その地で茶を供せられ、大量の茶をロシアのミハイル・ロマノフ皇帝に贈られたが、スタルコフはロシア宮廷では役にたたないからといって、もち帰らなかった。

十七世紀

茶の記録

茶は十七世紀の初期にはヨーロッパでは依然として未知の飲みものだったので、十六世紀に引きつづいてそれを伝えた色いろの手紙や書物が発表された。

たとえば一六〇二年にポルトガルの布教者ディエゴ・デ・パントイアが、喫茶のエチケットについて、「彼らは挨拶が終ると、ただちにチャと呼ぶある種の薬用植物を煮た飲みものを飲む。これはたいへんに尊重されていて……それを二度、または三度重ねて飲む」と伝えた。

その次はイタリアのジェズイト僧マテオ・リッチの手紙で、一六一〇年にフランスのジェズイト僧ニコラス・トリゴー（一六二八年没）によってローマで出版された。

リッチ（1552–1610）は、一五八三年に広東省の省都、肇慶府に定住を許され布教に従ったが、ジェズイト会の本部では中国の知識人を引きつけるために中国に派遣する布教師には博物学や科学（天文学、物理学、化学その他をふくむ）の教育を与えたので、リッチもその一人として中国で世界地図を翻刻してその地名に漢字訳をつけたり、西洋科学の紹介につとめたことで知られ、「欧羅巴」「亜細亜」などの西洋地名の漢字表現や、「幾何」その他のすくなからぬ用語は中国語から日本語に入って現在も使われている。彼は一六〇一年に皇帝に時鳴鐘（置時計）を献上したことでその科学顧問に任じられ、北京に定住し、その地で死んだこと、ならびに漢名を利瑪竇《りまとう》といっていたことなど、わが国でも科学関係者にはよく知られている。彼は茶について、それをcia（チァ、現在のイタリア語では廃語になっている）と呼び、

「私は中国人が茶をつくる灌木など、若干の珍奇な事物を看過できない。……最も上等の茶は日本では十エキュないししばしばそれ以上の十二エキュ（一エキュは古銀貨、フランス語訳では金貨となっている）もする。日本と中国では用い方が違っていて、日本では葉を粉にし、湯の碗にテーブル・スプーンに二、三杯入れ、それをかき混ぜて飲用するが、中国では湯をみたしたビンに数葉を投じ、それの気味が湯に移ったのをきわめて熱い状態で飲用し、葉は別にして残しておく」

と書いている。リッチは日本に来たことはないので、日本に来た仲間の布教師から日本の茶のいれ方を訊きだしたのであろう。

リッチの書翰集が刊行されたと同じ年にあるポルトガルの旅行者だった学者が『ペルシアとホルムズ（ペルシア湾岸の古い都市）の国王たちについての報告』を書き、そのなかで「チャ（cha）は韃靼《だったん》（東蒙古にいた蒙古人系の部族、のちモンゴル帝国をつくる）地方から伝わったある種の植物の薬用の小型の葉で、私はマラッカにいたとき、それを見せられた」と記している。

オランダ

喫茶の普及　茶をヨーロッパに最初に伝えたのは、公式の記録ではオランダ船で、一六一〇年だったが、非常な貴重品だったので、上流階級のあいだだけにしか用いられなかった。当時伝わったのは緑茶で、小型の壺に入っていた。お茶を飲むには小型のタマゴの殻のような色をした陶器のティー・ポットと茶碗が必要だったので、それも中国から輸入され、茶と同様に高価だった。

一六三七年頃になると、富裕な商人の家庭で主婦が客に茶をだすようになったので、オランダの東インド会社の理事会は、どの船にも中国と日本（オランダが幕府から平戸に蘭館をおく許可を得たのは一六〇九年だった）から茶を運んでくるように命令をだしたので、一六六六年頃になると、茶の値段は若干下がったが、それでも一ポンドが二百フロリン（フロリンは銀貨）から二百五十フロリンもしていた。
初期に茶は薬種商で、砂糖、ショウガ、スパイスなどとともに、一オンス（約二八・三グラム）単位で売っていたが、輸入がふえるにしたがって植民地の産物を扱う店に移り、つづいて食料雑貨店で扱うようになった。
一六六〇年から八〇年までの間に、喫茶の風俗は、オランダ国内に一般化して、富裕な家には「お茶の部屋」がつくられ、市民階級の人々、とくに女性は、男性の向うを張って、市中のビア・ホールに集まってお茶のクラブをつくった。

オランダのコーヒー・茶・スパイス商の看板（19世紀初期）。

女性が新しい風習をつくりだすと、ユーモア作家が待ち構えていて、それを取り上げるのは、どこの国でも同じで、色いろの諷刺的な文章が書かれたが、なかでも一七〇一年に出版・上演された『お茶に魅惑された夫人たち』という劇が有名になった。

エチケット　その頃、お茶の客は、午後二時から三時の間に招かれ、「お茶の部屋」では夏でも冬でも火の入ったコタツに足をのせて椅子に座った。女主人は小さな陶器の茶入れや、精巧な透《すか》し彫りの銀の箱から数種類の茶をだして銀の茶漉《ちゃこ》しのついたティー・ポットに入れた。茶を小さな茶碗に注ぐのは、女主人の役目で、その場合、女主人は客人にどんなお茶をお望みですかと訊くのがエチケットになっていたが、客人はたいてい女主人の好みにまかせた。なかにサフランを混ぜてほしいという客人があると、女主人はそれの入った赤いティー・ポットと、少量の普通の茶を入れた大型の茶碗を客人のところにまわし、客人が自分の好みにしたがって、サフランを混ぜることができるようにした。

砂糖は初期から甘味をつけるために用いられていたが、ミルクは一六八〇年に、フランスのサブリエール夫人（詩人の妻君）がそれを思いつくまで、用いられていなかったということになっているが、記録の上では一六五五年にオランダの東インド会社が中国の皇帝に派遣した使節に随行した旅行家ヤン・ノイホフ（1630–72）の手記に、それがあらわれている。

初期には茶は中国の茶碗に似た碗で飲まれていたが、洋風の cup and dish で飲まれるようになった時代には、茶碗から受け皿に茶を注ぎ、女主人に「おいしいお茶」をほめ、香りをかぎながら音をだしてすするのが、教養のある人々のエチケットであった。

この風習は、ほかの国々の風習にも長く残っていて、いつかアメリカ映画で、『ハックルベリー・フィンの冒険』（マーク・トウェーン原作、1885）を見たときにも、気取った上流婦人が受け皿から茶をすする場面があった。

イギリスの片田舎では、現在もそれに似た風習が残っていて、エリザベス二世がそれにしたがって、茶をたのしんだという話が、トレバー・レゲットという人(一九三九—四二年駐日イギリス大使館勤務、四六—七〇年BBC放送日本語部長)の『紳士道と武士道、日英比較文化論』(1973)の末尾にでている。それによると、

「何年か前に、女王が辺鄙な田舎を旅行し、ある村に立ち寄って何人かの人に声をかけたことがあった。女王は門のところに立って自分を見ていた老婦人に、「なかへ入って、一緒にお茶を一杯飲ませてもらえないかしら」とたのんだ。老婦人は驚いたが、女王を招待した。

このような田舎では、とても大きなマグ(ビールのジョッキのようなカップ)に、これまた大きな受け皿をおいて、紅茶を飲む習慣がまだ残っている。マグが大きいから、紅茶もなかなかさめない。そこで、熱い紅茶を一度受け皿についでさまして、それからそれをカップに入れて飲むという田舎の習慣がある。これは礼儀正しい社会の基準にてらせば、ひどく粗野な風習であるが、田舎の人のなかには、今でもそうする人がいる。とにかく、この老婦人も、自分の家には大きなマグしかなかったから、それに注いで女王に紅茶を出した」

というのであるが、あとになって、新聞記者が、女王にお茶を差しあげるというのは、どんな具合だったかを質問すると、

「女王に話しかけているあいだに、気がついてみると、あたしは、自分のお茶を受け皿にうつしていました。いつもする通りに、ね。(中略)ところが、見ると、女王も同じようになさっているじゃないの」

云々と、語ったという。

この風習は、かつて熱い茶を受け皿に注いで、それをさまして飲んだことのなごりのように思われる。

茶の会での会話は、お茶とその席にでたお菓子のことだけに限られていた。客人が各々十杯から二十杯のお茶を飲んだあと、干ブドウを添えたブランディーが運ばれると、それに砂糖を入れて、ちびちびと飲んだ。当時は男女ともタバコをのんだので、ブランディーのあとはタバコになった。

お茶の会が気狂いじみた流行になったので、多くの家庭が破滅しそうになった。というわけは、主婦が所々方々の茶の会に呼ばれて家をあけ、家事を召使にまかせきりにしたので、帰宅した夫は、糸繰り車をほうりだして家を留守にしている妻君に腹を立てて、酒亭にでかけるようになったからであった。

やがて、激しい議論がそういう家庭状態に集中され、社会改良家たちが茶を排斥しはじめたので、茶をめぐる賛否両論の書物が出版された。

オランダでサフランを入れて飲んだ時代の茶は、中国と日本の緑茶で、十八世紀の後半に紅茶がそれに代り、同時に朝の飲みものとして、ある程度コーヒーが喫茶の習慣に割りこんだ。

茶樹の博物誌　茶樹の博物誌が出はじめたこともこの国がはやく、博物学者ウィレム・テン・リーンが一六四〇年に茶樹のことを書き、その翌年、有名な医師ニコラス・ディルクス（1593-1674）がニコラス・テュルプという変名で茶を礼讃する論文を書いた。

またバタヴィア在住の医師・本草学者のヤコブ・ポンティウスが、『東インドの本草と博物誌』を一六四二年に出版し、その他オランダでは多くの医師や化学者が茶の効能について研究を残した。

フランス

医学論争　フランスでは、一説によるとパリには一六三五年に伝わったといわれているが、警察官のデラマールの『警察論』によると、「茶はパリでは一六三六年頃に飲用がはじまった」となっている。これに対し、『コーヒー・茶・チョコレート』（1893）の著者アルフレッド・フランクリンは、いずれも疑わしい説で、彼自身の集めた資料では、一六四八年三月二十二日に、フランスの有名な医師で著述家のギイ・パタンが、その書翰のなかで茶を「今世紀のインチキな（わけのわからぬという意味もある）、新しい珍品である」といい、当時「茶は知能をたかめるか」という論文を書いたモリッセーという医師を「熟練した医師というより、ホラ吹きといったほうがよい」と嘲笑している文章が、「茶」という名前が文献にあらわれた記録としては最も早いといっている。これはそれ以前の「説」は、はっきりした証拠をあげてないので、「記録」とはいえないという立場である。フランスではその後、コーヒー、茶、チョコレートの非難と賛成の論争がつづいたが、パタンはそれのはしりだった。

パリのアレクサンドル・デ・ロード（1591-1660）という神父が一六五三年に書いたものによると、「オランダ人は中国からもってきた茶をパリで一ポンド三十フランで売っているが、中国では八スーか十スー（スーは銅貨の単位）の代物《しろもの》である。その上、中国人は古くなって、駄目になった品を売りつけている」といっていて、そのものがオランダからパリに伝わったことを裏書きしている。

なにしろフランス人といえば理論が大好きなので、初期の茶の記録といえばそれの医学的な賛否論が中心で、茶が一般に飲まれるようになったことが文献にではじめたのは一六八〇年代からだった。

医学者たちの論争に一つの決着を与えたのは大法官のセギュイエが茶を好み、一六五七年に

フィリップ・シルヴェストル・デュフールの『最新にして奇なるコーヒー・茶・チョコレート論』第2版の扉（1688）。

有名な外科医の息子ピエール・クレシイが献じた茶の論文を嘉納し、この飲みものの賞讃を支持したことであった。それに対し茶を目茶苦茶に非難していた有名な医師ギイ・パタンは、この論文にはげしく嚙みついたが、クレシイがパリの医科大学で、茶の痛風に対する特効の研究を、四時間にわたって講演すると、それまで茶に反感を示していた医科大学の教授連がその偏見を捨てただけでなく、それの支持者に変った。

その後、茶の反対説は下火になって、一六五九年に医師のドニス・ジョンクエが茶を神聖な薬草と呼んだことは、パリの医学界の茶に対する全般的な好感情を反映したものだった。つづいて一六七一年にリヨンの出版者ジャン・ジランが、『コーヒーと茶とチョコレートの用法について』という自著の小冊子を出版した。そのなかで彼は茶の効能については数ページしか書いていないが、それから十四年後に、彼の書いた事柄を、もっと詳しく追究したフィリップ・

シルヴェストル・デュフールは『最新にして奇なるコーヒー・茶・チョコレート論――医師ならびに自己の健康を愛するすべての者の双方にとって必要な解説』（一六八四年印刷、翌年発行）を出版した。

彼は考古学者で、文人で、同時にコーヒー商人だったといわれているだけに、彼自身も茶よりもコーヒーに、より多くの発見をしたといっているが、しかし茶の効能についても、つぎのような色いろの病気を間違いなくなおすと書いた。

偏頭痛、居眠り、脳溢血、昏睡、ケイレン、眩暈、テンカン、感冒、眼病、耳鳴り、胃酸過多、腹痛、結石、胆石、神経病、リウマチ、気病《きやみ》（のぼせること）、胸騒ぎ（動悸）、脾臓、出血、疫病

といった万能薬的な効能をあげているが、これはややオーバーな見方だった。そのほか彼は茶は利尿薬なので、それを大量に飲むと尿が多くなり、医師が糖尿病と呼んでいる症状になり、バターに似た尿を排出するといった奇妙な説を書いているが、なにしろこの本は、この分野の本格的な最初の本なので、いちはやく英語その他の数ヵ国語に翻訳され、コーヒー、茶、チョコレートのことを書いた本にはかならず取り上げられている稀覯書となっている。余談であるが、一九四九年に東急日本橋店で開かれた古書展に、この本が出品されたが、こういう特殊な本がわが国にあらわれることは、戦前にはなかったことだった。値段は五万五千円だった。

文人にも愛好者　一六五九年に、フランスの喜劇詩人、戯曲家のポール・スカロン（1610-60）が茶を飲んでいたことが、彼の知人の書いた手紙にあらわれており、のち文学社会に愛好者がふえ、一六八〇年には後にアヴランシュの司教となるピエール・ダニエル・ユエが、『茶』というラテン語で書いた五十八節の讃歌を発表したが、これは文字通り彼の熱愛した茶への讃歌だった。彼は自らの不思議な記憶力を呼び起して、茶によって眼病と胃病をなおしたことを物語っている。

彼はある日、神父のアレクサンドル・デ・ロードの『トンキン旅行記』を読んでいて、茶の葉が胃によく、そのうえ力を与えてくれることを知った。フランスでは初期にはこの植物の名前も利用法もほとんど知られておらず、それの少量を商人から買ったが、値段はきわめて高く、黄金の目方と同じだった。

彼はそれを手に入れたことで、新しい、健全な、消化力のつよい胃をもち、人生に希望をもつことができたことや、それ以来、茶に偉大な尊敬をささげ、これなしでは一日も過さなかったことや、それの快い香りは彼の脳髄を掃除してくれるように思われ、その故に彼はそれを精神の箒《ほうき》と呼んだことや、その恩恵を賞讃するため、それを詩に書く決心をしたことなどを、こまごまと告白した。

つづいて一六八九年に、学識のたかい医師のピエール・プティが五百六十節の『中国の茶』という詩の小冊子（一六ページ）を出して、茶を礼讃した。

またその頃、フランスの女流作家で、一人娘の伯爵夫人にあてた美しい手紙で知られているセヴィニエ夫人（1626–96，侯爵との不幸な結婚後、寡婦となった）の手紙のなかに、この時代のパリの上流社会のさまざまの風俗が伝えられていることで、多くの文化史的なデータ（研究の材料）を残している。一六八〇年に書かれた手紙のなかに、茶にミルクを入れて飲むことを考えたのはサブリエール夫人だったと記されているのは、それのヨーロッパでの最も早い時期での記録として知られている。

セヴィニエ夫人はまた、ターラント（イタリアの海港）の領主夫人が毎日十二杯の茶を飲んでおり、ドイツのヘッセン領主の伯爵は、毎朝四十杯を飲んでいて、彼は死に瀕していたが、茶によって生命を引きのばした話などを伝えている。ある人が夫人に、それは三十杯ではありませんかというと、彼女は、いいえ四十杯ですよと答えたと、手紙のなかに書いている。この手紙が書かれたのは一六八四年だったが、伯爵はそれから四十数年も生きのびて、一七三〇年に七十五歳で死亡した。

またフランスの劇壇の第一人者だった劇作家のラシーヌ（1639–99）も一六九八年の手紙で、茶を熱愛していると書いているが、これは彼の死の前年で、彼の数々の傑作が茶の飲用によって生れたことを物語っている。

茶とコーヒー　前項に、ピエール・ダニエル・ユエが、『茶』という五十八節の讃歌をラテン語で書いたことを紹介したが、ユエ司教は大変几帳面な性格で、長い年月にわたって茶の買入れに支払った代金をフォーリオ判（二つ折り判）の一冊の帳簿に記入していた。それが現在パリの国立図書館に所蔵されていて、その年代は一六五〇年（彼の二十歳のとき）から一六九一年十二月二十八日に彼がアヴランシュの司教に任命されるまでつづいていて、今日では珍しい資料になっているが、その記録をたどってゆくと、一六八六年に彼は急に茶をやめ、コーヒーに代えることを思いたったらしく、一月三日の「コーヒー一ポンド、一リーヴル（旧フラン）十スー」から十二月十日の「コーヒー一ポンド、一リーヴル十五スー」までコーヒーの買入れがつづいているが、十二月の最終日に、「十二月三十一日　茶一ポンド半、四十三リーヴル九スー。一ポンドにつき二十九リーヴル」と書いていて、茶に戻ったことをあらわしている。

この買入表をみると、茶の値段は一六七九年十一月、一ポンド、八リーヴル。同十二月、十二リーヴル。一六八一年二月と十月、各々一ポンド、二十四リーヴル。一六八三年十二月二日、一ポンド、二十四リーヴル。同十二月十六日、半ポンド、二十五リーヴル。一六八五年十一月、一ポンド、五十リーヴル。同十二月、二ポンド、百十リーヴル、と値上がりしていて、一六七九年の暮には一ポンド、八―十二リーヴルだったのが、一六八三年以降は五十―五十五リーヴルに騰貴している。騰貴の理由は書かれていないが、彼が茶からコーヒーに転じたのはおそらく茶の値上がりのためだったらしく、彼が最後に値段を記入しているのは一六九一年十二月十六日で、「十四オンスの茶。十七リーヴル十スー(一ポンド二十リーヴルの割合)」となっていて、一ポンドが二十リーヴルに下がっていることがわかる。このような値段の変動がどういう外部的な原因によったものか、詮索してみたいと思うが、ここでは深入りできない。また当時のコーヒーと茶の値段の比較も偶然にあらわれていて、ユエ司教がコーヒーに転じた年では、一月三日、一ポンドにつき一リーヴル十スー。同五月十五日、二ポンドにつき二リーヴル十六スー。十一月二十一日、一ポンドにつき一リーヴル十五スーで、茶が一ポンドにつき五十―五十五リーヴルだったのに比較すると、非常にやすく、相場も安定していたことがわかる。

代用茶の宣伝　茶が高値に売られていることについて、それを非難する人々がすくなくなかった。オランダの医師コルネリス・デッケル(1648-86)は、ボンテコエ博士という変名でも知られ、ヨーロッパに茶を普及した最高の功労者といわれていたが、茶の値段の高いことについては、それを非難する先頭にたっていた。彼は、

「多くの者が冷水を飲みたがらないのは、それに味がないためである。しかるに多くの者

パリのコーヒー・茶・チョコレート・スパイス商のシャボーの広告。アデン(アラビア半島の先端の港)に集まった隊商たち。

は、茶を飲みたいと思っていながら、それが高いので買うことができない。高いのはインド会社(東インド会社のこと)が神の摂理に反してわれわれのあいだだけでなく、ヨーロッパの全体に平和と茶と肉桂(スパイス)が不足するように計画しているためである」

と指摘し、その一方でよいビールをつくる技術をもたない醸造業者たちが、不良な製品で莫大な利益をあげ、それを飲んでいる人々を病気にして、無限の不幸におとしいれていると述べ、茶も上質のビールも買えない極貧者たちに、それに代る薬草的な飲みものを提唱した。

この飲みものというのは撒爾沙(サルサ。ユリ科サルトリイバラ属の落葉灌木。その根が利尿、発汗、梅毒、皮膚病のクスリに使われた)、サルトリイバラ(根がリウマチのクスリになる)、肉桂その他をいっしょにして半時間煮立てたもので、「それを飲んだ者は、それがどんなワイン、ビールならびに薬種商で売っているあらゆる種類の水薬よりもすばらしい」と太鼓判を押したが、この宣伝はなんの役にもたたなかった。

サルビア　茶は初期には薬効があるということでうけいれられたので、それの代用として薬草を煮だした汁を飲んだらどうかという意見はフランスにもあった。その代表は、サルビアで、「西洋には、中国人は知らないが、自然が茶に与えた性質と同一の効能をもった貴重な薬草を古くから用いている。それはサルビアである」といわれ、「もし、あなたの家の庭にサルビアが生長していたら、それは死を追い払い、あらゆるクスリを不要とする」と、十一世紀にサレルノ（イタリア、ナポリに近い町。ヨーロッパで最初の医学校ができたことで知られている）の学者が書き残している。

サルビアというのは、わが国では、秋に真っ赤な唇形花を輪生する園芸草花として知られているが、これは北米南部からメキシコにかけて分布する一年生の「ベニバナサルビア」（シソ科）で、これには薬効はない。ヨーロッパ原産のサルビアは、地中海沿岸地方の原産で、古くから香料または薬用として栽培されている「薬用サルビア」で、サルビア（salvia）というラテン名は、salvare（救う、助ける）という意味が語原で、フランス語の俗名では sauge（ソージュ）、英語のそれは sage（セージ）といっているが、これは仏英の「賢人」の意につながった名前である。イギリスの本草学者で、同時に占星術師だったニコラス・カルペッパー（十七世紀）は「サルビアは記憶力をつよくするのに非常な能力があって、感覚をあたため、敏感にする」と書いているように、記憶力がよくなればその人は賢くなるというのがその理由で、花ことばではこの薬草は「知識の発達」を意味している。

西洋の本草学ではまたルリヂシャ（borage）が、胃の病いをやわらげ、気分を愉快にするといわれていた。現在ではクラレット・カップ（赤ワインに炭酸水・レモン汁・ブランディー・砂糖などを混ぜて、氷で冷やした飲みもの）やその他のワインに味を加えるために用いられている。

オランダの商人は、マカオや江戸がヨーロッパ人に門戸をひらくと、サルビアやルリヂシャを中国人に説明し、とくに前者は茶よりもはるかに高級だからといって、それの一ポンドと茶三ポンドとを交換したというが、中国人はサルビアやルリヂシャに興味をもたなかった一方で、ヨーロッパ人は茶の魅力にとりつかれ、サルビアと茶の交換は、茶の輸入だけという片貿易になった。

サルビアは茶のはやった時代でもフランスでは医薬に用いられ、一六七〇年にルイ十四世が頭痛を訴えたとき、侍医のヴァローはサルビアでそれをなおした。ヴァローは、眩暈（めまい）と急性の昏睡にも、それを使用した。また、アンジェの大学教授ピエール・ユノーは一六九八年に『サルビアの性能の医学的研究』を書き、コーヒーと茶の効能を正しく評価したあとで、両者よりも、さらにすぐれた性質をもった、もう一種の植物があるが、それはわれわれの家に生長しているサルビアであると述べ、この薬草のさまざまの効能を説いているが、とうてい茶の魅力には太刀打ちできなかった。

薬草の利用は現在も民間に残っていて、それの関係書が数多くでているが、サルビアの葉を煮だしたものをフランスで「フランスの茶」または「ギリシアの茶」と呼んでいるのは、茶がその国に伝わったのちの名称で、イギリスでも「サルビア茶」と呼ばれ、民間薬の一部としてひろく普及し、十八世紀にサンドイッチが考えだされると、それの葉をはさんだ「サルビア・サンドイッチ」がつくられ、オートミールにもその葉を切って入れるようになった。

茶の需要減退　十七世紀の終りの一六九四年に、パリの薬種商ポメーは、中国の茶を一ポンド、七十リーヴルぐらい、日本の茶は百五十フランから二百フランぐらいで売っていたと書いているが、彼は「このところフランスでは、茶の需要が減って、上流階級や富裕な商人のあいだでの人気が下火になった。その理由はコーヒーとチョコレートがこの国に普及して、茶を飲まなくなったためである」と、意味ぶかい発言をしている。

同じようなことは、一六八〇年頃にT・デュフール（一六八五年に『最新にして奇なるコーヒー・茶・チョコレート論』を出したフィリップ・シルヴェストル・デュフールとは別人らしい）が、「茶はフランス、オランダ、イタリアで珍重されているが、スペインとドイツでは、ほとんど、ないし全く受けいれられていない。その理由はこの両国では国民が珍奇なもの、新しいものに好奇心をもたず、昔ながらの飲みもので満足しているためで、ドイツ人は、ビールとワイン、スペイン人はチョコレートとワインに固執している。それに対し、ロンドンでは庶民が息抜きに集まる場所（コーヒー・ハウス）が三千軒もあって（この数字はかなり誇張されている）、そこで茶がコーヒーといっしょに売られていることで、この国は茶を最も多く消費する国になっている」

と書いているようなことにも関係がある。フランスも十八世紀にはいると、コーヒーとワインの国になって、その後半期には、ヨーロッパの茶の輸入国では最下位になり、茶の舞台はイギリスに移った。

ドイツ

茶がヨーロッパの一部で飲まれるようになると、ドイツではそれの薬効を論じる論文があらわれるようになった。そのはしりはその国の医師シモン・パウリ博士（1603-80）で、一六三五年に茶は四十歳以上の者が飲用すると死期が早まるという、おそろしい警告を発した。しかしおなじドイツ人の旅行家ヨハン・アルブレヒト・フォン・マンデルスローは、一六三三年から四〇年にかけて、ドイツの使節ホルスタイン公爵にしたがってモスクワとペルシアに旅行し、その旅行記に「毎日の会合でわれわれは茶だけを飲んだ。それはインドで普通に飲まれているが、ペルシアでは茶でなくカウァ（コーヒー）を飲んでいる」と書いているが、この使節の秘書だったアダム・オレアリウスまたの名オエルシュレーゲルは茶のすぐれた性質はペルシア人にもよく知られていて、彼らは「それがにがい味となり、黒っぽい色になるまで煮て、それにウイキョウ、アニスの実、チョウジ（丁字）ならびに砂糖を加えて用いている」と伝えている。これは茶に砂糖を加えて飲んだという記録では早いほうだった。もちろんその頃ドイツには実物の茶は伝わっておらず、それがオランダから伝わったのは一六五〇年頃だった。

イギリス

茶との接触　イギリス人が英語で書かれた茶の知識に触れたのは、オランダのヤン・ユイゲン・リンスホーテンが一五九五年に出版した『ポルトガル人の東洋航海記』とその翌年に出版した『旅行案内書、ポルトガル領東インド航海記』が、ロンドンで一五九八年に英訳され、

『航海談』というタイトルで出版されたときだったが、その後、この国ではオランダの東洋進出に対抗してイギリスの東インド会社を創立（1600）し、インドに本拠をおいてわが国の九州平戸に商館をつくり、R・L・ウィッカムを館長として派遣したので、彼がイギリス人として最初に茶についての記録を残すという歴史的な役割をはたした。一六一五年六月十七日に、マカオに駐在する同じ会社の代理者イートンに対し、「私のために最良種のチャウ（chaw）一壺を買ってもらいたい」と依頼したのがそれで、彼は日本の茶より中国の茶のほうが上等だと思っていたらしい。

その後、イギリス人と茶の関係は歴史の表面にあらわれず、その国に茶の実物がおくられたのは、一六五〇年代に入ってからであった。イギリスに茶が渡るのが、どうしてこんなに遅れたかは、一六二三年にアンボン島（モルッカ諸島）に進出していたイギリス人がオランダ側によって虐殺（いわゆる「アンボン事件」）されて以後、イギリスは東洋諸島との貿易をオランダの独占にまかせ、インド本土の開発だけに後退し、したがって中国と日本の茶を直接手に入れる手がかりを失ったためだったが、同時にこの会社の理事会が、茶が将来にそれほど大きな貿易品になるなどということに、ほとんど気づかなかったことにも一因があったとみられている。

つづいて一六二五年に、航海記や旅行記の蒐集家サミュエル・パーチャス（1557?-1626）の出した『パーチャス、彼の巡礼記』に、「中国人はチャ（chia）というある種の薬種のクルミの中身ぐらいの分量を皿に入れ、それを湯で飲む」と書き、それの注に茶は「日本と中国では、すべての人々にたのしみを与えている」と、説明している。

その後、一六三七年にイギリスの四隻の船隊が珠江の入口に侵入し、そこにいたポルトガル人を圧迫したので、後者はマカオに立てこもって抵抗した。イギリスの船隊は広東に達し、そこで中国の商人と接触したが、その際、茶を手に入れたかどうかは、記録に残っていない。その後、イギリスの船は中国に接近せず、その次にマカオにいた英船が広東を訪れたのは二十七年後だったが、その折も、茶を手に入れたかどうかは、知られていない。

初期に中国からイギリスに輸入された茶の広告。

その後、一六四一年に、冷たい飲みものより熱い飲みものがよいことを説いた「熱いビール」という題の文章があらわれ、そのなかで、その筆者はイタリアのジェズイト僧マッフェイの報告から「中国人はチャ（chia）と呼ぶ薬草を熱くして飲んでいる」というくだりを引用した。

イギリスの貿易業者たちは一六四四年にアモイ港（厦門、福建省）に集まり、それ以後百年ちかくそこを基地にした。ここでイギリス人は福建の方で茶をテー（t'e）と呼んでいるのをきいて、tea と書いた。ea は二重母音で a（エー）と発音したが、のち今日のティーに変った。

アモイから英船が茶を運んだかどうかはわからない。したがって、イギリスに最初に茶が渡った年代ははっきりしないが、アルフレッド・フランクリンの『コーヒー・茶・チョコレート』（仏、1893）によると、一六五二年頃となっていて、彼はそれがオランダの手を経て渡ったとみている。

コーヒー・ハウス　ロンドンでは十七世紀のはじめ頃から、市民が酒場に集まって、息抜きと同時に雑談を交わす風俗がはじまって、新聞のない時代にはそこが情報の交換場所の役目をはたしていた。その世紀の半ばになると、あらたにコーヒー・ハウスが生れ、その前後に新聞が発達して、コーヒー・ハウスでは新聞を客に無料で読ませたので、酒場に集まる習慣がコーヒー・ハウスに移動するようになった。
コーヒーと茶とチョコレートは、十七世紀後半にイギリスで一般化したが、そのなかで出足の早かったのはコーヒーだった。一六五〇年にオックスフォードの大学都市で、天使の絵の看板を出したレバノン生れのユダヤ人ジェイコブ（またはジェイコブズ）の店が、記録の上ではイギリスで（それと同時に、全キリスト教国で）最初のコーヒー・ハウスだったが、ロンドンでは貿易商ダニエル・エドワーズが近東を旅行したさい召使として連れてきたギリシア人パスカ・ロゼに、それから二年後の一六五二年に、コーンヒル街の聖ミカエル小路に「コーヒー・テント」を開業させた。ロゼは自分の上半身を描いた絵看板をだしたので、世間ではそれを「ギリシア人の首」と呼んだ。

新聞広告　十七世紀の半ばはイギリスの新聞の草創期で、はじめは議会の記事が中心だったが、じきに広告がでるようになった。新聞といってもA5判より少しタテ長のペラ一枚で、初期には片面しか印刷していなかった。すべて週刊で、日刊になったのは一七〇二年の『デイリー・クーラント』が最初だったが、この新聞も創刊号は片面刷りで、二号から裏表の両面刷りになった。

広告掲載料をとって広告を定期的にのせた最初の新聞は『完全な日録』（日録は議会の討論の日録という意味）で、一六四六年十一月から翌年一月にかけて十週間に三回だけ書物の広告を出したが、あとがつづかなかった。しかし、その頃から一六五〇年にかけて書物以外の広告がぼつぼつあらわれだした。当時（ならびにその後も）ニュースをのせる新聞は、政府によって認可された発行人だけの独占事業だったが、広告専門の新聞は自由だった。
それのはしりは、一六五七年五月に創刊された『パブリック・アドヴァタイザー』だった。

最初の茶の広告 その頃ロンドンの取引所小路でコーヒー・ハウスを経営していたトオマス・ギャラウェイ（またはガーウェイ）が宣伝用に発行した大判のビラ第一号（五月十九日。次項で述べるごとく発行年は未詳だが、一六五七年と推定されている）にさまざまの広告にまじってコーヒーの広告があらわれ、第四号（六月十六日）にチョコレート（当時は飲みもの）の広告があらわれたが、コーヒーの広告より一年四ヵ月おくれて一六五八年九月二十三日号の『メルクリウス・ポリティクス』に、「回教国王妃の首」（Sultanese Head）というコーヒー・ハウスが茶の広告をだした。それには、

「高貴な方々ならびに医師によって証明された、中国人によってチャ（tcha）、その他の国々で tay あるいは tee と呼ばれている中国の飲みものが、王立取引所に近いスィーティングス・レントのコーヒー・ハウス、「回教国王妃の首」で売られている」

と記されていたが、その頃の広告はすべて本文の記事とおなじ文体だったので、ニュースと広告との区別がつかなかった。また当時は町通りに番地名がなかったので、人の目につく看板が目じるしになっていた。この店では回教国の王妃の首が看板に描いてあった。なお従来はこの

広告が茶の広告の最初のものとしてみられていたが、その後『ガゼット』紙の一六五八年九月二日号にでていることが、大英博物館の資料で発見され、このほうが前者より三週間早いので、今日ではそれが最初の広告とみなされている。

ところで、ギャラウェイは、その製作年代については後述するように異説があるが、茶の宣伝ビラ（ヨコ三〇センチ、タテ三八センチ）をつくっており、このビラの一枚がロンドンの大英博物館に完全な形で保存されている。それには茶の木や茶葉の性質や効用がぎっしりと書かれている。オランダやフランスでは十七世紀の前半に、さかんに茶の効能が論じられていたのに反し、イギリスでそれを世間に知らせたのはこのビラが最初で、そのあらわれ方がおくれていた。このビラの内容の一部を紹介すると、

「茶の葉はイギリスでは目方一ポンドにつき六磅《ポンド》（以下、重量の単位はポンドで、貨幣の単位は磅でしめす）、時には十磅で売られ、かつては品がよくなく高価だったので、一六五七年までは宮廷の御用達品で、宮廷の饗応に用いられたり、皇族や高官への贈物に用いられた。ギャラウェイなる者はここにおいて、少量を買入れ、東洋諸国の事情を最もよく知る商人の教えを受け、茶と称する葉または飲みものをはじめて売ることになった。ギャラウェイなる者が最上の茶を手に入れ、それによって最上の飲みものをつくっていることが知られ、それ以後、多くの貴人、医師、商人などが彼（ギャラウェイのこと）にその葉を求めている。ギャラ

ウェイなる者は茶を一ポンドにつき十六シリングから五十シリングの値段で売っている」（大意）

と、三人称で書かれ、「冬にも夏にも適当な、適当に温かい飲みもの」で、「老年にいたるまで、完全な健康を保たせる万能な飲みものだと証明されている」という大見出しが入っていて、その下に「特効」がたくさん並べてある。

一六五九年十一月十四日の『メルクリウス・ポリティクス・レディヴィヴス』紙に、「この頃コーヒーと呼ぶトルコの飲みものとティー（tee）と呼ぶ飲みもの、ならびにチョコレートと呼ぶ飲みものが、ほとんどの町で売られている」という記事がでたところをみると、ほとんどの町にコーヒー・ハウスができ、茶はそこを通じて世間に知られるようになったことがわかる。

ロンドンはパリとちがって商人の都市だったので、商業がさかんになると同業者が集まって情報を交換したり、取引を行なう場所が必要になった。その場所にはアルコールの入った飲みものよりコーヒーのほうが適当だった。たとえばその頃、船主と荷主を仲介する組織がなかったので、両者は王立取引所の裏通りの酒場に集まって商談をしていたが、おなじ場所にエルサレム・コーヒー・ハウスができるとそこが彼らの新しい商談の場所になった。コーヒー・ハウスが取引所の近くに集まったのもそれが一つの原因で、前述の「ギリシア人の首」や「回教国王妃の首」のあったコーンヒル街は、取引所の近くだった。

ギャラウェイ・コーヒー・ハウス　前項で、ロンドンのコーヒー・ハウスの経営者トオマス・ギャラウェイが、イギリスで最初に茶の効能を述べた宣伝ビラを出したことを紹介したが、このビラは年代が入っていないので、いつ頃のものかについて若干の異説がある。それには「一六五七年までは」という年代があらわされているので、ギャラウェイはその年に創業したという説（したがってビラはそのすぐあとにつくられたという説）、一六五九年頃ないし一六六〇年頃という説などがあらわれている。それについて、一六五七年に一ポンドが六磅ないし十磅もした茶が、どうして十六―五十シリング（二磅十シリング）になったかについては、その期間に若干の年月の経過があったことが想像される。それに対し、この分野の専門家のウィリアム・H・ユカーズ（米）は、「ギャラウェイは茶葉一ポンドを十六―五十シリングにして、六―十磅にくらべて百四シリングないし百五十シリングもやすく売った」と解釈しているが、私見ではクロムウェル時代のイギリスは一六五二年から五四年までオランダと戦っていたので、イギリスのコーヒー・ハウスにオランダから茶が渡るようになったのはそれ以後で、ギャラウェイが一六五七年までは茶が高値だったと書いているのもそのあらわれであり、その一方で五八年九月のイギリスの新聞に、最初の茶の広告があらわれたのも、その時代の状況を反映しているように思われる。

ギャラウェイはタバコの商人でもあり、彼の店のあった取引所小路は、クスリ、木材、ワインなどの富裕な商人の集まる場所になっていて、広い公売室でセリ売りが行なわれていたことや、一六六六年のロンドン大火で焼け、一七四八年にも火災にあい、一八四六年に廃業したことが、たいていのコーヒー・ハウスの本にでている。

不可解な手紙　一六五八年にロンドンのコーヒー・ハウスが茶を客に飲ませる広告をだし、その翌年にはロンドンのたいていのコーヒー・ハウスで茶を飲ませているという新聞記事がでているのに、それと同じ年（1659）につぎのような不可解な手紙が書かれている。その手紙はバルソール（ブルサルともいう。インドの西北部の海岸）に駐在していたイギリス東インド会社の代理人ダニエル・シェルドンが、ペルシア（イラン）のバンダル（カスピ海沿岸の港）にいた同じ会社の代理人にあてて書いたもので、前者の伯父にあたる著名な、カンタベリー大司教（カンタベリーはロンドンの東南九〇キロ）のギルバート・シェルドン博士に、急いでチャウ（chaw）の見本をおくってもらいたい、値段はいくら高くてもかまわないという依頼状だった。彼はその文中で、「シェルドン博士は私にとって大切な人で、博士は誰れかからその本草薬（herb）を試みるように勧められた。それ故に私は博士の好奇心を満足させたいと思う。私はそのために中国と日本に船をおくってもよいと思う」と、非常な熱意を示した。ロンドンのコーヒー・ハウスで売っているものを、わざわざカスピ海沿岸に駐在する代理人におくってもらいたいというのは、全く筋が通らない。したがってそれの状況判断をしてみると、つぎのようなことが考えられる。

前項に紹介したトオマス・ギャラウェイの茶の宣伝ビラに書かれているように、茶は一六五七年までは宮廷の御用達品で、値段も高かった。したがってその頃ではカンタベリーの大司教でもそれの実物を手に入れることができなかった。そこで大司教はインドにいるダニエル・シェルドンにそれをおくってほしいと手紙を書いたらしい。その頃のインド航路は喜望峰回りの帆船だったので、ダニエルがその手紙を受取ったのは一六五八年か九年かで、その短い期間にロンドンでは急に茶が出回るようになっていたことがダニエルにはわかっていなかったというのが、真相だったように思われる。

ついでにこの依頼状が、ペルシアの奥地のカスピ海沿岸のバンダルの駐在員にあてられていたのは、ペルシアでは茶が常用されていたことをダニエルが知っていたためだが、それとこの手紙によって、イギリス東インド会社では茶を取扱っていなかったことを、たしかめることができる。

王政復古　この辺でちょっと説明しておかねばならないことは、イギリスでは十七世紀の前半に、国王と議会とが対立し、一六四二年に清教徒を中心とする市民革命がおこり、一六四九年にチャールズ一世が処刑され、王政廃止、共和制（1649-60）となった。この制度は護民官（首班）のオリヴァー・クロムウェルが一六五八年に死亡したのち、大陸（おもにフランス、オランダ）に亡命していたチャールズ二世が帰国して、一六六〇年に王政復古となったことで、市民の社会生活にすくなからぬ変化があった。その一つは王政を喜ばない清教徒の反感がくすぶっていたこと、チャールズ二世が宮廷にぜいたくな生活をもちこんだことなどがそれであるが、後者の場合、この国王は亡命中に身につけたフランスやオランダの宮廷のぜいたくな風俗をもちこんだという説と、そうでなく亡命中の一六五四年にフランス側の態度が変り、その国からの退去を余儀なくされ、その後いくつもの国々をさまよって貧困に陥ったことが、王政復帰後の彼をぜいたくと浪費の性格にしたという、うがった見方もでている。

茶の普及　前項で、イギリスでは一六五八年頃から、急に茶が出回るようになり、五九年の暮にはロンドンのコーヒー・ハウスで売られていたことや、一六六〇年には共和制が王政に戻ったことなどを記したが、それについて、その頃の新しい事物や風俗が、丹念に書きとめてあることで珍しい資料となっているサミュエル・ピイプス（イギリスの日記文学の開祖の一人、その時は海軍省の役人）の日記の一六六〇年九月二十五日のところに、「私は tee（中国の飲みもの）の一碗を求めた。私はいままでにそれを飲んだことがなかった」とでているのも、茶が一般に普及しはじめていたことの手がかりになるであろう。

王政が復活すると、その年に「チョコレート（飲みもの）、シャーベット、ならびに茶をつくって飲ませている者には、一ガロン（約四・五四リットル）につき八ペンス」の税金がかけられ、つづいて一六六三年にコーヒー・ハウスの経営者は四季裁判所（年四回開かれる下級の刑事裁判所）から免許を受けることが義務づけられ、それに違反すると一ヵ月につき五磅の罰金に処せられることになった。

茶の輸入ルート　王政復古からかなりのちまで、イギリスに伝わった茶はすべてオランダ経由だった。その時代のイギリスにおける茶の記録をみると、ざっと次のような状況であった。一六六四年に、イギリスの東インド会社の理事会が、二ポンド二オンスの茶をチャールズ二世に献上した。国王はそれを王妃キャザリン・ブラガンザに与えたので、彼女によって宮廷をとりまく貴族たちのあいだに喫茶の風習がはじまったといわれる。その頃、茶は裁縫のときに使う指貫より大きくない盃で飲まれたと、いわれている。つづいて同じ会社は、その二年後に二二・四分の三ポンドの茶を入手したが、いずれもオランダから購入したもので、前者には一ポンドにつき四十シリング、後者には同じく五十シリングを支払った。

一六六六年にアーリントン卿（ヘンリー・ベネット。内務大臣）とオッソリー伯爵（トオマス・バトラー）がオランダの首都ハーグから帰国したさい、荷物のなかに若干の茶を入れてきた。当時ヨーロッパの貴族社会では喫茶が新しい流行で、とくにオランダはその家元だったので、エレガントな喫茶の風俗が二人の貴族によってイギリスの宮廷や貴族の社会に伝えられたとみられている。

同じく一六六六年に国王の秘書が、宮廷用として二二ポンド一二オンスの茶を、一ポンドにつき五十シリングで買入れた。

一六六七年に、サミュエル・ピイプスが、その日記に、「わが家では、家内がお茶をつくった。薬種商のペリング氏が、彼女に寒さを防ぎ、鼻汁のでるのを止めるのに役立つと教えたからである」と書いている。

最初の茶の注文状　それまでイギリス東インド会社の理事会は、茶が将来それほど有力な貿易品になるとは想像していなかった。彼らは東洋にイギリスの織物をおくり、それを絹製品と交換することに主力を注いでいた。ところが王立取引所での取引で、茶が他の商品を抜いて一位になったのをみて、一六六七年にはじめてジャワ駐在の同社の代理人に、「貴下が入手し得る最上の茶一〇〇ポンドを送付されたし」という指令をだした。

一六六八年にモンマス公爵夫人がスコットランドの親戚に茶を贈ったところ、それを受取った家では、葉を煮て食べようとした。

最初の茶の輸入　イギリス東インド会社がジャワの駐在員に発注した、一〇〇ポンドの最上の茶を購入せよという指令は、翌年ジャワに達し、一六六九年に、一四三ポンド八オンスの茶（茶壺二個）がロンドンに届いた。これはこの会社が、茶を輸入した最初の記録とみられている。『チェンバーズ百科事典』に茶の項目を執筆しているレディナルド・チャイルドはそのなかの二二ポンドが、王妃のキャザリン・ブラガンザに献上されたので、それが宮廷人のあいだに喫茶の風俗を広めたといっているし、『トワイニング社の社史』（英、1956）によると、その時の輸入茶は東インド会社の理事室用と、理事会からの贈物にあてられたと書かれている。

オランダからの茶の禁輸　同じ年にイギリスは法律でオランダ本国からの茶の輸入を禁止した。この法令で、イギリス政府はジャワから茶を運ぶ東インド会社に、自国内の茶の独占権を与え、さらにオランダ経由の茶の密輸を封じる政策だったことがわかる。

つづいて一六七〇年に四壺で七九ポンド六オンスの茶がとどいたが、前回の輸入分と合せて、そのなかの一三二ポンドは変質して使いものにならなかったので、一ポンドにつき三シリング二ペンスで売払われ、残りは会社の理事会の手持ちにあてられた。

イギリス東インド会社が、輸入中の一部門として茶を取扱いはじめたのは一六七七年からで、その年にジャワの駐在員に「百ドラー（dollars, 現地の通貨）の最上の茶をおくれ」という指令をだした。ところが翌年おくられてきたのは四七一三ポンドもあったので、数年間にわたって市場に溢れた。

エディンバラで茶の社交がはじまる　一六六〇年に、エディンバラ（スコットランドの首都）のホリールード宮殿で、ヨーク公爵夫人メアリ・モデナによって、喫茶が新しい社交的な風俗として、はじめて貴族たちに紹介された。ヨーク公爵（のちのジェームズ二世となる）とその夫人は、共和制時代に大陸に亡命中、ハーグ（オランダの首都）で、喫茶の作法を覚えたといわれている。

中国から直接輸入　一六八四年にジャワの政庁はイギリス船の入港を禁じた。その理由はわからないが、その対策としてイギリス東インド会社は一六四四年以来イギリスの貿易業者が足場にしていたアモイ港から直接茶を輸入するようになった。「最初にアモイから直接輸入した茶は、一六八九年にロンドンに着いた」と、専門家のユカーズは書いているが、一六八四―八九年間の空白については説明していない。旧版の『ブリタニカ百科事典』によると、「最初に中国で直接に買った茶はアモイ製で、中国のジャンク（平底帆船）がマドラス（インド東岸）とスラト（同西岸、ボンベイの北）に運んでくるのを、東インド会社の代理人たちが買い集めたものであった」となっていて、最初の輸入量はわずかだったが、一六九〇年にはスラトからの輸入が四万一四七一ポンドに上がったのが最高で、十七世紀の末には毎年約二万ポンドだった。それが一七二一年には一〇〇万ポンド、十八世紀の終りには一七八〇万ポンドにせり上がって、イギリス独特のお茶の風俗をつくりあげた。

紅茶の出現　ユカーズによると、アモイの茶はすべてボーヒー（bohea, 紅茶）だったので、イギリス人はそれまで味わってきた緑茶を喫することができなくなった。ボーヒーは福建省崇安県の武夷（Wui）が主産地なので、それでボーヒーと呼ばれるようになった。緑茶が再びイギリスにくるようになったのは一七一七年だったといっているが、一七〇〇年に東インド会社が現地におくった指令では、上等の緑茶三百樽、ボーヒー（紅茶）八十樽で、ユカーズの説とは一致しないが、この機会にイギリスに紅茶が伝わったことは、本当だとみてよい。

コーヒー・ハウス・ブーム　ロンドンでは一六六六年九月二日から六日にかけて大火災がおこり、

四百の町の一万二千戸が焼けて、二十万人が家なしになった。火元はパン屋で、教会の八三パーセント、市会はじめ多くの公共建築、監獄、市場が焼失した。被害が大きかったのは木造建築が多かったためだったので、それに代って石造家屋の都市に生れかわった。

大火災以後、再建されたコーヒー・ハウスは以前よりさっぱりした建物になり、商人、船主、ならびに法律家などが集まって商談や法律相談をしただけでなく、文士、僧侶、バクチ打ちなどもやってきた。

その頃、コーヒー・ハウスでは一ペニーの入店料をとるだけで、新聞を無料で読ませ、コーヒーまたは紅茶は一碗二ペンスで売っていたので、市民はそこに行って新聞を読んだり、文士などの雑談に耳を傾けることをたのしむようになった。コミュニケーションの乏しい時代だったので、そこへゆけば色いろの知識が得られるので後には「一ペニーの大学」（ペニー・ユニヴァーシティ）といわれた。

広告新聞とコーヒー・ハウス　ごく近い時代までヨーロッパの多くの国では新聞の発行は政府の許可を受けた発行人だけの独占事業だったが、広告専門の新聞は自由だった。それらの専門紙は、最初は広告を発行所で受けつけていたが、一六六七年六月十日に創刊号をだした『シティ・マーキュリー』では、ロンドンの著名な酒場を利用し、そこに集まった商人から広告の原稿をあずかっておくと、その晩に使いの者がまわって発行所にもち帰るようにした。ところがおなじ年の十一月四日に創刊された『シティ・マーキュリー、または商業に関する広告』の経営者はコーヒー・ハウスの持主だったので、彼はその事務所をコーヒー・ハウスの真向いにおき、単に広告新聞だけでなく、広告を希望する人々の不動産の売買や、職業の仲介をその事務所で取扱った。これは広告とコーヒー・ハウスが直結した一つの例だった。広告専門紙は無代でコーヒー・ハウスと本屋に配られた。

王政復古に反抗したグループにとってコーヒー・ハウスは絶好のたまり場だった。彼らは非合法の煽動的な新聞や文書を印刷し、それをコーヒー・ハウスに集まった人々にばらまいたが、なかにはそれに広告をのせて収入の一部にするものがあった。政府では彼らに広告を仲介するのはコーヒー・ハウスだという理由で、一六七五年十二月二十九日に、翌年一月十日以後、すべてのコーヒー・ハウスを閉鎖するという政令をだしたので、コーヒー・ハウスの経営者はびっくり仰天し、既往の悪弊を陳謝し、国王に忠誠を誓ったので、禁止令の発効二日前というきわどい瀬戸ぎわで、同法が廃止されたという一幕もあった。

「中国のビール」　十七世紀に中国の茶がイギリスに普及したのはコーヒー・ハウスだった。コーヒー・ハウスでは茶を煮出した液をビールと同じように小さい樽につめて保存していた。

アン女王時代のロンドンのコーヒー・ハウス。コーヒーと茶を液状で売り，煖炉にひっかけて温めた。その頃の茶碗は中国製の模造で，把手がなかった。

このことは一六六〇年にコーヒー・ハウスで売る茶には、一ガロン（約四・五四リットル）につき八ペンスの税金がかかったことでも推測できるが、一七一〇年頃のコーヒー・ハウスの珍しい絵（挿画参照）をみると、煖炉の前にコーヒーまたは茶のポットが六個並んでいて、火の上には大きなヤカンが吊られていて、コーヒーや茶をそれで温めていたことがわかる。

イギリスの昔の文章に茶のことが「中国のビール」と書かれているのは、色がよく似ていること以外に、ビールと同様に液体で売られていたのでそういう名称が生れたともいえる。まれには「あったかいビール」と書いたものがあるので、事情を知らぬ人をまごつかせる。

一六八三年頃には、ロンドンのコーヒー・ハウスは二千軒を超えたとみられている。

チップのはじまり　コーヒー・ハウスの持主のなかには、壁にいくつかの小箱を吊し、それに“to insure promptness”（早いサービス保証）と書いた紙片を貼る者がいた。これは文字通り、早くサービスをしてもらいたい客が小銭を入れるためのもので、その頭文字のT・I・Pをとったのが、今日のチップのはじまりだったという説がある。

有名なコーヒー・ハウス　ロンドンで最初の茶の商人だった取引所小路のギャラウェイについては五八―六〇ページに記したが、この小路には「サム」（Sam's）、「ベーカー」（Baker's）、「トルコ人の首」（後出）などがあった。またパテルノステル小路の「集会所」（Chapter）というコーヒー・ハウスは、本屋が集まる場所になり、フリート街（今日では新聞社街として有名）の「ナンドー」「ディック」「ピール」なども有名で、「ピール」には文壇の大御所サミュエル・ジョンソン博士があらわれる場所の一つだったし、大法官庁横丁の向い側の「レインボー」は、ロンドンで二番目に開業（1682）したコーヒー・ハウスだったことを自慢していた。

ロイドの店　今日世界的な海上保険会社として知られているロイズ（Lloyd's）は、最初は船乗り相手のコーヒー・ハウスだった。

その創業者エドワード・ロイド（この場合はLloyd）が、タワー街でコーヒー・ハウスをはじめた年代はわかっていないが、一六八八年に時計を盗んだ男がこの店でつかまったという記事が『ロンドン・ガゼット』にでているので、その頃から少し以前だったとみられている。ロイドは店に集まる船員たちの話から、船の動きと海難のニュースが、海上保険業者にとってきわめて重要なことを知った。彼は一六九二年に店をロンバード街（銀行街）に移し、自力で船の情報を集めてそれを店にくる客に読ませたので、じきに彼の店は保険業者の会合所となり、一六九六年には『ロイズ・ニューズ』という海運ニュースを発行するようになった。これは現在も引きつづいて発行されている、イギリス的な息のながい新聞である。エドワードが一七一二年に死亡すると、じきに店は「法王の首小路」に移り、ニュー・ロイズ・コーヒー・ハウスと改名、さらに一七八四年には王立取引所の北西隅に引越して現在に及んでいる。

テンプル・バー　ロンドンの西端の市門（テンプル・バー。一八七八年にとりこわされた）には、法学院があって、付近には法律家の事務所が多かった。大火災ののち、ロンドンの貴族たちは大部分が西境に移住したので、リンカーンズ・イン・フィールド、ソーホー、コヴェント・ガーデンなど、いわゆるウェスト・エンド（高級住宅街、劇場、流行品店が多い）が形成されるきっかけとなり、そこに集まる上流人相手のコーヒー・ハウスが有名になった。そのことは、上記の有名なコーヒー・ハウスの多くが、これらの地域にあったことでもわかる。

代用貨幣　その頃、小銭がすくなかったので、コーヒー・ハウスの持主は、自家用の代用貨幣（私鋳貨幣）をつくった。これはトーケン（token, しるし、証拠といった意味）と呼ばれ、上質なのは銅、真鍮、シロメ（スズ、銅、鉛などの合金）などの地金に金メッキしたものだったが、皮革でつくったものもあった。本来は自分の店だけで使うものだったが、その近隣では貨幣と同様に流通し、ときには隣の町まで流れていった。

コーヒー・ハウスの代用貨幣。上より「回教国王妃の首」「モラトまたはトルコ人の首」「トオマス・アウトリッジ」のもの。

挿画に入れた代用貨幣のうち、コーンヒル街の「モラトまたはトルコ人の首」の店の代用貨幣（中段）の裏面には「コーヒー、タバコ、シャーベット、茶、チョコレート、取引所小路で小売」と印刻してあって、コーヒー・ハウスといっても高級な店ではシャーベットやチョコレートも小売していたことや、代用貨幣がその店の広告を兼ねていたことがわかる珍しい資料となっている。なお下段のトオマス・アウトリッジの店の代用貨幣にはコーヒー茶碗（小さいことに注意）や素焼《すやき》のパイプが刻まれている。

十八世紀

イギリス

コーヒー・ハウスの繁盛　コーヒー・ハウスの繁盛ぶりを伝えた文章があらわれはじめたのは十八世紀に入ってからで、それのはしりは一七一四年にダニエル・デフォー（『ロビンソン・クルーソー』の作家）の書いた『イングランド巡回旅行記』だった。その中で彼は、つぎのように記している。

「私の住んでいるのはペル・メルという異国人の住んでいるありふれた町であるが、この付近には女王の宮殿（バッキンガム・パレス）、公園、議院、劇場があり、チョコレート・ハウスないしコーヒー・ハウスが多く、そこでは最もすぐれた知人に逢うことができる。ここでのわれわれの生活は、ざっとつぎのごとくで、九時に起床、もし来客があれば十一時まで歓談するが、客のない時はオランダの風習のごとく、ティー・テーブルに向う。十二時頃に流行社会の人々は若干のコーヒーないしチョコレート・ハウスに集まってくる。最高級の店は「ココア・ツリー」「ホワイトのチョコレート・ハウス」「聖ジェームズ」「スミルナ」「ロッチフォード夫人」「ブリティッシュ・コーヒー・ハウス」である。それらが接近しあっているので、一時間も歩けば全部をまわって、知人に逢うことができる。われわれはそこへはセダン（椅子カゴ）で運ばれるが、料金はきわめてやすく、一週一ギニー（二十一シリング）ないし一時間一シリングで、カゴの運び人は使い走りの用もしてくれる。ヴェネチアのゴンドラの船頭と同じである。晴天だったらわれわれは公園に入り、食事時の二時までを過すが、悪天候だったら「ホワイト」でピケット（トランプ遊び）をするか、「スミルナ」または「聖ジェームズ」で政治を談じる。

ここで一言しておかねばならないのは、政党によって集まる場所がちがっていることで、民権党員が「ココア・ツリー」に足を入れないと同様に王党員は「聖ジェームズ・コーヒー・ハウス」には立ち寄らない。ただし政党に関係ない人は、どちらでも気持よく受けいれられる。

スコットランド人はたいてい「ブリティッシュ」に集まるが、「スミルナ」には雑多な連中が出入りしている。そのほか軍人の集まる「ヤング・マン」や、相場師や会計係や宮廷人の巣くっている「オールド・マン」や、ペテン師（トランプ）が網をはっている「リットル・マン」のような小さいコーヒー・ハウスがある。

二時になるとわれわれはコーヒー・ハウスに集まって、酒亭の食事に向う。そこで六時まで席をとり、もしどこかのえらい人から食事に招かれていない場合は、芝居見物にでかける」（大意）

今日からみると驚くべき悠長な生活で、いつ原稿を書くのか疑問に思われる。とにかく二千軒を超えるというロンドンのコーヒー・ハウスの高級な生態の一部がこれによってうかがわれるが、それらの高級なコーヒー・ハウスはじきに、酒も料理もだす特定のメンバーだけのクラブに変って、庶民の集まるコーヒー・ハウスとは性質のちがったものになっていった。

家庭に普及　イギリスの家庭に茶が出回り、珍奇な飲みものでなくなって、家庭の飲みものになったのはジョージ一世の治世（1714-27）からである。当時、コーヒー・ハウスは女子禁制だったので、女性は茶に接する機会に恵まれなかったが家庭に普及したことで、茶は女性の日常の飲みものになった。しかし値段は一ポンド十五シリング以下には下がっていなかったので、家庭では召使にそれを扱わせず、居室に木製、あるいはベッコウや銀で細工した華美な茶入れをおくならわしであった。この茶入れは緑茶と紅茶とを分けて入れるように仕切られ、鍵がかかるようになっていた。

一七二二年にロンドンのハンプリイ・ブロットベンドというコーヒーと茶の商人が『家庭でコーヒーをつくる法』という小冊子を書き、その中で茶とコーヒーとチョコレートのいれ方を説明している。それをみると茶碗に一杯またはそれ以上の茶をつくるに必要な茶葉を入れたティー・ポットに半分だけ熱湯を注ぎ、しばらく茶汁がでるのを待って湯を足し、適当と思われるまで湯を注ぎ足すと記されている。

ティー・ポットはたいてい高価な中国の陶器で半パイント（一パイントは約〇・五七リットル）しか入らなかったので茶碗のほうも小さくて大型のテーブル・スプーンの量をあまり超えなかった。やや大型の鐘形の銀製ティー・ポットも用いられていたが、それはアン女王（在位1702-14）の好みだったといわれる。この女王の治世におしゃれな連中が朝食の時にビールを飲む習慣をやめて茶に代えたというので、それがやかましい評判になった（日本ではビールというとドイツの話しか知られていないが、日常的家庭的飲みものとしてのビールはイギリスのほうが一般的である）。

茶のエチケット　初期には行儀のよい婦人は、もう十分にお茶をいただきましたという場合には、スプーンを茶碗の上にのせるか、スプーンで茶碗を軽くたたいて同席の紳士にそれを片づけてもらったり、皿の上に茶碗をひっくりかえしてのせてもよかった。

エディンバラには一六六〇年に茶が伝わり、ヨーク公夫人によって上品な喫茶のエチケットが紹介されたことは六八ページに記したが、上流の婦人は同席の人が全部飲み終るまで、お代りを望まないのが正しいと考えられていた。同席者が全部飲み終ると、一度にお代りをするので、スプーンに番号が入っていて、茶碗がまちがいなく以前の人に配られた。

その頃の喫茶の本場のオランダでは、茶は茶碗から受け皿に注いで飲んでいたので、初期のスコットランドのエチケットで、茶碗をかきまわしたスプーンは皿の上にのせないで、茶碗の中に真っすぐに立てて入れておくのが正しいとされていた。これはお茶を受け皿から飲む習慣が一般に行なわれていたことを物語っているとみられている。

密輸　高価な商品には密輸がつきもので、十七世紀頃の闇商人にとって、うまい汁の吸える密輸品は「絹、タバコ、ブランディー、茶」であった。そのなかで最も儲かったのは絹で、おもに絹ハンカチーフだったが、茶は密輸の量が多かったのが特徴で、初期には正式の輸入品と同じくらいとも、密輸二に正式輸入品三ぐらいの割合だったとも、いわれた。

イギリスの船は、おもに高級な茶を運んできたが、それはそのほうが利益が多かったためであった。それに対し、オランダ船は多量のやすい茶を運んできた。その理由は、それらの大部分が右から左にイギリスに密輸されるので、正式の輸入品よりやすく売る必要があったからだった。

一七三九年には、オランダ東インド会社の船が運んでくる貨物のなかで、茶の総額が首位を占め、イギリスへの密輸はいっそうはげしくなり、その一部はロンドンを経由してアメリカにも流れた。

またイギリス船の乗組員による密輸もすくなくなかったので、東インド会社の船が入港すると、税関の小艇が船をとりまいて船員が茶をもって上陸するのを監視した。

政府が一六六九年にオランダからの茶の輸入を禁止したことはすでに記したが、なにしろ茶の国内需要が爆発的に増大したので、品不足の場合にかぎって、オランダその他の国の船が運んでくる茶の買入れを認める緩和策をとったため、密輸は依然としてつづき、それが半ば公然と売られていたので、社会的地位の高い人々がそれを買ったし、一七七七年にはパーソン・ウッドフォードという人の日記に「密輸商人アンドリューズより、一ポンド、十シリング六ペンスで茶を買った」と、書かれているような状態であった。

ニセの茶　密輸の茶とならんで、ニセの茶の横行もひどかった。茶の商人のなかには、ほかの木の葉でつくったニセの茶を混ぜたり、見せかけをよくするために、下等の茶に色をつけたりするものがあらわれた。ロンドンの小工場ではニワトコやヤナギの葉に色をつけて茶に混ぜていたし、なかには出しがらの茶を集めて干したものを混ぜた商人もいた。

その頃の船はすべて喜望峰回りだったので、上質の茶でもヨーロッパまで運んでゆくあいだに変質して悪くなることが多かった。そのため、東インド会社は絶えず苦情を受けていた。ニセの葉を混ぜるのは悪質の商人であるが、真面目な商人も質の低い茶を上質の茶に混ぜることは普通に行なっていた。ところがその習慣が長い年月のあいだに、茶は色いろの種類を混ぜたほうが飲みやすいという、今日の「ブレンド」が表向きになり、有名な茶商ではその混合法を自家の秘伝にするようになった。

真正な茶を売る会社の広告。ニセの茶が出回ったので，「真正な茶」（genuine tea）を表示する店があらわれた。

話をもとに戻して、ニセの茶が市場に横行するようになったので、政府は一七二五年にそれを防止する最初の法律をつくり、違反者からは茶の没収と百磅《ポンド》の罰金をとることにし、さらにその五年後には違反者をストック（手または足にカセをつけて、衆人の前にさらしものにする刑）につなぎ、目方一ポンドにつき十磅の罰金をとることに変えたが、その程度の刑罰では効果がなかったので、一七六六年には罰金だけでなく、牢獄につないで悪習慣をやめさせることに苦労した。

密輸のほうは長くつづかなかったが、ニセ茶はずっとのちの時代まで後をたたず、一八四三年にイギリスの税務当局が、出しがらを乾燥して売った違反者をあげているし、一八五一年の『ロンドン・タイムズ』にも、エドワード・サウスという人物が、大量のニセ茶をつくったかどで捕まった記事がでている。

ヨーロッパに輸入された中国茶は、初期には緑茶だったことはすでに記したが、色づけをしたり、ニセ茶が混じっていたりして、一般の人々がそれを信用しなくなったので、それに代って紅茶（ブラック・ティー）が受けいれられるようになった。

消費量の急増　十八世紀にイギリスの茶の消費量が急増して、十七世紀の末には毎年平均約二万ポンドの輸入だったのが、一七〇〇年から一七一〇年には年間平均八〇万ポンド、一七二一年には一〇〇万ポンドを超え、一七五七年には約四〇〇〇万ポンドに達し、一七六六年に中国の輸出した一七四〇万斤《きん》の茶は、

イギリス　六〇〇〇万斤

オランダ　　四五〇万斤
スエーデン　　二四〇万斤
デンマーク　　二四〇万斤
フランス　　二一〇万斤

という内訳になって、フランスは最下位になり、イギリスが世界最高の消費国になった。

十八世紀のはじめに、二、三の珍しい現象があった。

一七〇五年に、エディンバラの金細工商（当時は金融業を兼ねていた）ジョージ・スミスが、緑茶十六シリング、ボーヒー茶（紅茶）三十シリング（各一ポンド）の広告をだした。茶が金細工商人の店で宝飾品といっしょに売られたのは、それが高価な品だったことのあらわれだったとみられている。それが倹約家のスコットランド人に、どれだけ売れたかはわからないが、一七二四年頃には、その地ですべての階級に普及していた。

ロンドンでは一七〇六年に、「トム」というコーヒー・ハウス（後出）に、一人の婦人がセダン（椅子カゴ）でやってきて、茶を選んで買っていった。これは茶が家庭に入ったはしりであった。

茶が家庭に普及しだすと、それまでコーヒー・ハウスだけで売っていた茶が、クスリ屋、ガラス店、婦人帽子店、絹物商、陶器店などでも売られるようになった。

トワイニング　トワイニングの紅茶が、わが国の百貨店などに並ぶようになった歴史は比較的新しいが、この会社の創立は一七〇六年で、現在も創立当時の場所で営業していることや、経営者が連綿としてつづいていることなどで、イギリスで最も古い（おそらく世界でも最古の）コーヒーと茶の会社だとみられていて、

「Tea といえば Twining, Twining といえば Tea」

といわれている。

創立者のトオマス・トワイニングの先祖はグロスターシャー（イングランドの西部）の織物業者だったが、トオマスの生れた頃に毛織業が不況に見舞われたので、彼の父は一六八七年頃、家族をつれてロンドンに移った。

トオマスはそこで織物業者の徒弟になり、一七〇一年に同業組合から独立を認められ、公民（フリーマン）になった。ロンドンではどんな商売でも、公民でなければ認可が得られなかった。彼はトオマス・イーストという東インド会社の富裕な商人に傭われ、一七〇六年、三十一歳のとき、ストランド街のデヴァリュー・コートで、「トム」というコーヒー・ハウスを開業した。そこはロンドンの西端の市門（テンプル・バー。七四ページ）に近く、法学院があったので、付近には法律家の事務所が多かった。彼の店にはそこに働く人々のほか、有名な作家、詩人、弁

護士などが集まったので、トオマスはそれらの客のために別室をつくった。これは一流のコーヒー・ハウスの別室が特別な客たちのクラブになったはしりだった。
トオマスは東インド会社の商人の下で茶の将来性のあることを知っていたので、それの取扱いを目ざし、一七〇八年には隣接の家を手にいれ、コーヒー・ハウスの一部にし、そこで色いろの商品を売っていたが、茶の商売が大きくなったため、一七一三年にさらに隣接した第三の家を手にいれ、黄金で彩ったライオン（「ゴールデン・ライオン」）の看板を出した。彼はそこを卸売と小売の店にした。彼はコーヒー・ハウスの経営者としてだけでなく、茶を主にした商人として事業を拡張していった。

トワイニング社の社史（1956）の表紙。外郭の門は，この店が開業したロンドンの西門（テンプル・バー）の地名をあらわしたものらしい。

台帳B・C　「ゴールデン・ライオン」では、一七一二年頃から商売の台帳をつくっていた。初期のA、B、Cの三冊の台帳のうち、B、Cの二冊と、一七四二—五八年の台帳K、Mが残っていて、当時の商品の状況や物価がわかるので、今日では珍しい資料になっている。

Bの台帳（1715-20）によると、この店で品物を売った客の数は三百五十五名で、テンプル、リンカーンズ・イン（同じ地域）などに住んでいる法律家が多かった。客はすべて現金で支払ったので、貸売りはしなかったが、所々に「コーヒー、茶、パンにバターをしばしば」「時々リキュール」「ポンス（レモン汁・砂糖などをワインにまぜた混合飲料）一杯」といった覚書きがでている。

コーヒー（焙じたもの）と茶の売上げの金額を比較すると、コーヒーは三二九一ポンド七オンス（千三百九十三磅一シリング）で、茶は三四〇九ポンド（二千八百六十八磅六シリング）で、目方は茶のほうが一一八ポンド多いだけだが、売上げは二倍以上で、商品としての魅力は茶のほうが圧倒的に高かった。なおコーヒーは一ヵ所だけ slack（たるんだ、元気のないといった意味）と high（上等）の二種が出ているだけで、あとのあきないはすべて「コーヒー」と書かれていたが、茶は十八の品種が書き分けられていて、いずれにも卸値と小売値があげられている。また茶のあきないは小口《こぐち》が多いことが目立った。

台帳Cに出ているこの店の客や取引先の名前は七百五十人で、そのなかの百九十一人はBに出ている。Cには一部にAの引写しが出ているので、これを合わせると客ないし取引先の名前は九百人で、そのなかの七十八人は貴族の称号をもち、五十八人は法律家、十一人は僧、九人は医師、二十六人は役員であった。以上のうちの三百七十二人に住居が書いてないのは、近くに住んでいて、いつもコーヒー・ハウスにくる客だったとみられている。

この台帳をみると、当時の色いろの商品にどんな銘柄があったとか、コーヒーや茶を売ったコーヒー・ハウスや薬種店や旅宿には、どんな店があったかといった具体的なことがわかって興味ぶかいが、ここでは深入りできない。

トオマス・トワイニングは、市民としての社会的な義務を忘れず、一七一四年には彼の住んでいた地区の聖クレメンス・デーン教会の教区の貧民の保護司となったし、保安隊の当番を引きうけたりした。一七二〇年頃、彼はテームズ川に沿った住宅地のトイックナムの二軒の小さい家を買い、それを一軒に改造し、屋根裏の二つの窓の中間にタテに日時計をとりつけたので、その家は「日時計の家」と呼ばれた。トイックナムには有名な詩人ポープが、ホメロスの『イリアス』を翻訳した印税五千磅（当時としては莫大な金額）で買った家に住んでいた。

一七三四年に彼は息子のダニエル（一七一三年生れ）を共同経営者にして、トオマス&ダニエル・トワイニングという商店名にしたが、その頃のロンドンの商工人名簿には、「トワイニング、トオマス。茶商人」となっていて、彼の商売の中心が茶に移っていたことをあらわしていた。

一七三五年と四三年の三大商品の取扱高をみると、茶は一万三〇〇〇ポンドから二万ポンドに、コーヒーは五一〇〇ポンドから六四〇〇ポンドに、チョコレートは二九〇〇ポンドから三九〇〇ポンドに増加していた。

トワイニングの店にはさらに一七三二年から四五年までの、茶の取引を記した帳簿が残っている。その頃の茶は中国からの緑茶と紅茶で、大部分はバーチン・レーンの海運コーヒー・ハウスで公売されるか、大手のブローカーを通して売買されていた。

台帳K・M トワイニング社には、初期の商売の台帳B、C以後の、KとM（1742-58）が残っていて、その頃の業態を伝えている。B、Cの場合と同様に、この台帳にでている顧客千四百四十六人の内訳をみると、貴族は百四十六人、僧職者百六十三人、医師三十人、テンプル地区の法律家四十人、下院議員二十六人、官吏三十九人で、B、Cの時代には医師と僧職者のなかには、茶という新しい飲みものに対する反対者がすくなくなかったので、愛好者の数はごく限られていた。それが十八世紀の半ばには意外に多くなっているのは、反対意見が下火になったことのあらわれだった。

もう一つの新しい特徴は、国外の顧客がふえたことで、西インドのリーウァード諸島、バルバドス島（知事がその一人だった）、リヴォルノ（イタリア）、カディス（スペイン）その他多くの土地の在住者のほか、ボストンの知事はじめ、北米にもおくられるようになったが、その後、イギリスからアメリカにおくられるようになった茶の課税が発火点となって、アメリカの独立戦争がはじまった。

航海日誌　茶の取引には、それを運んできた船の名前が併記された。この慣習は今日でも行なわれている。船はイギリスの東インド会社が用船契約をしたもので、たいてい中国への往復に一年を要した。会社ではそれに積荷監督人を傭うのがならわしで、積荷監督人は代表者として、重要な役目をはたした。

船はたいてい数隻が一団となって航海した。一七三八—三九年に東洋に向った「ホートン」には、三人の積荷監督人が乗りこんだが、彼らは同行の「プリンス・オヴ・ウェールズ」と「ロンドン」の監督人を兼ねていた。

「ホートン」の航海日誌をみると、一七三八年二月二十二日に七隻の僚船とサウス・フォアランド（ドーヴァー海峡に面した港）を出帆したが、ここには風を待つために多くの船が二ヵ月近くも投錨していた。

三月七日　ポーツマス入港。

三月十一日　同港出帆。

三月十五日　中国の取引シーズンに間にあわせるため、仲間の六隻とはなれ、航海を急ぐ。

三月二十一日　マディラ島を望見。
五月二十四日　ラグラズ岬（アフリカ?）の沖を通過。
六月三十日　ジャワ島に接近。
七月四日　ジャワ沖にて積荷監督人たちは先を急ぐ必要上、ジャワに寄港しないことを要求したが、船長は彼自身の私的な貨物を運んで利益を得ることを認められていたのと、船員が五ヵ月以上の船上生活のため、壊血病にやられる心配があり、すでに多数の者がそれを訴えていることを理由に、「本船の士官たちは、彼らをバタヴィアに上陸させ、野菜と新鮮な食物を摂らせないと、中国に着くまでに半数は死亡するという意見に達した」という回答をだした。監督人たちは、やむなく船長に五日間だけバタヴィアに投錨することを認めた。
七月七日　積荷監督人たちは一隻のオランダの帆船から、三隻のオランダ船と、一隻のフランス船と、青い標識を掲げた二隻の船（多分スエーデンかデンマーク）が中国に向ったという情報をキャッチしたので、船長に対し、この際、急いで中国に向うことが絶対に必要なことを説き、バタヴィア入港を断念することを命じた。船長はやむなくその命令にしたがい、七月十日、洋上でオランダに帰る船に出合ったので、東インド会社あての航海の報告書を書いて伝達を依頼した。
七月二十七日　朝六時に船は珠江に入り、午後四時に、波止場に投錨、ポーツマスを三月十一日に出帆してから百三十九日間に一万五六八九マイルを航海したことを記し、船長の航海日誌は終っている。

広東での貿易　広東は香港の対岸の珠江をさかのぼった開港地で、一九三五年に広州市と改称したが、一六八五年に貿易港となり、一七五七年には中国の唯一の貿易港に指定されたので、ヨーロッパ各国の商船や軍艦はここに集まった。一七三九年のイギリス東インド会社の記録によると、この社の傭船「プリンス・オヴ・ウェールズ」と「ロンドン」がこの港で仕入れた商品は、

四三二箱　中国の陶器
一三三ペクル　サゴ（サゴヤシからとる澱粉。ペクル pecul はピクル picul, pikul ともいい、中国やシャムの商業上の目方「担《たん》」と同じで、約六〇・五二キログラム）
一一九八ペクル　銅、亜鉛、ニッケルの金属
六九九四ペクル　茶（ボーヒー、スーチョン〔紅茶〕、ハイソン、シングロ〔緑茶〕）
一万一一〇七点　絹製品
九五三〇点　ナンキンモメン
二二〇個　二万五千両の価額の靴

などが主であった。

中国の陶器というのは、茶を飲むために需要が高まった商品だったが、東インド会社はそれの輸入をはからなかったので、輸入は船の士官（高級船員）の独占（モノポリー）だった。ただし、会社では船のなかにそれを入れるスペースを認めていなかったので、士官らは高さ三三センチを超えない箱につめ、それを茶箱の下敷きにした。これは大変あたまのよい手段で、当時は木造船だったので、たいてい船底から若干の浸水をするのが普通だった。したがってそれが積荷にしみこむと積荷は駄目になるが、陶器は浸水のために被害を受けることなく、同時にそれを入れた箱の上の商品を浸水からまもる役目をはたした。

増税から減税に　初代のトオマス・トワイニングは一七四一年に死亡、息子のダニエルが跡を継ぎ、その後も一族によって事業が継がれたことはすでに記したが、茶の普及は年ごとに拡大したにかかわらず、その一方で税金が上がりつづけたのと、税金のがれの密輸品がオランダから大量（正式のルートと同じくらい）に流れこんだので、多くのまともな商売をしていた商人や、資力の弱い卸売商人たちが閉店した。その頃の茶の輸入量と税金を表示すると、

一七五〇―五九　輸入＝毎年三二〇万ポンド、税金＝売上げの四四％と一ポンドにつき一シリングの加算。

一七六〇—六九　五五〇万ポンド、四九％と一ポンドにつき一シリングの加算。

一七七〇—八三　五八〇万ポンド、五〇％と一ポンドにつき一シリング一ペニーの加算。

一七五〇年から八三年まで、東インド会社では茶を平均一ポンドにつき四シリング六ペンスで売っていたが、それが税金のため七シリング六ペンスになった。

一七八三年に首相になったウィリアム・ピットは全般的な税制改革を企て、翌年減税法を発表した。それによると茶の税金は、一ポンドにつき二・五ペンスから六・五ペンスまで（品質による）に大幅に削られ、その埋め合せとして「窓の税金」（ウィンドー・タックス）という名目で、減税で負担の減った業者が適当の金を納めることになった。しかし、この減税で政府の税収入は、なんらの影響も受けなかった。その理由は、一七六八年に五八九万ポンドだった需要が、一七八五年には一〇八五万ポンド、減税以後十二ヵ月間に一八〇〇万ポンドにはね上がったためで、その税収入も六万ポンドを下らない額になった。市販の茶は一ポンドが三シリングちかくに落ちつき、茶の商人も売上げの増加でほくほくだったが、哀れなのは密輸入者たちで、それ以来、密輸は成り立たなくなった。

イギリスが茶の世界一の大消費国になったのはこの時期からで、東インド会社は増大した茶の需要にこたえるため、新たに四十五隻の大型船をふやしたので、全体で三千四百五十名の船員が絶え間なく働きつづけた。

減税によって、十二ヵ月間に六六パーセントも消費がふえたのは、実際はそれまで密輸でまかなわれていた分量が表面に出たためで、イギリスはそれによってオランダその他の密輸茶の商人に支払われていた四百三万磅を下らない闇の金を支払わなくてすむようになったと、当時の専門家は報告した。

話をもとに戻して、トワイニング社の三代目のリチャードは、業界の代表者として首相のピットの減税案の諮問に対し、増税だけが税収入をふやす唯一の手段ではないことを、進言したといわれている。

リチャードは三人の娘と五人の息子をもち、そのうちの四人の息子が跡を継いだので、一八〇三年にインペリアル保険会社が創立されるとその重役に就任、一八〇九年には会長におさまり、つづいてその翌年にはイギリス東インド会社の理事に推薦され、一八二四年に世を去った。

ティー・ガーデン

イギリスでは十七世紀のコーヒー・ハウスのピークに代って、十八世紀にはお茶を中心にしたティー・ガーデンが非常な繁栄を示してきた。

ティー・ガーデンはロンドン郊外の公園あるいは遊園地が、お茶を飲ませ、音楽をきかせるようになったところで、コーヒー・ハウスが都心にあって男性の出入りする場所だったのに対し、ティー・ガーデンは女性（もちろん男性もだが）にたのしみを与える場所として、その特長を発揮した。そういう場所ではお茶、コーヒー、チョコレートなどの飲みものが売られたが、お茶が圧倒的な人気を受けていたので、一般にティー・ガーデンと呼ばれるようになった。

それまでの公園あるいは遊園地は単なる「遊び場所」で、お茶などを飲みにゆく場所ではなかった。またその多くは「遊び場所」特有の下品で、粗野な場所だった。それに対して十八世紀のティー・ガーデンは最初は上流階級の人士にくつろぎと娯楽を与える場所で、多くの場合その場所の名前に「ティー」の字を冠して、ヴォクスホール・ティー・ガーデンとか、ケンジントン・ティー・ガーデンとかいったふうに呼ばれた。イギリスは北国なので、冬には戸外の生活をたのしむことができない。したがって春から秋にかけては、人一倍戸外に出て自然の空気にふれたい気持になるわけで、ティー・ガーデンのシーズンも、毎年四、五月から八、九月までが中心で、最初は入場無料だったが、後には入園料をとるようになった。

ティー・ガーデンで最も有名だったのは四ヵ所で、そのなかのヴォクスホール（Vauxhall, ヴォクショールとも読む）とメアリルボーン（Marylebone, マーリバンともいう）とクーパーでは入園料として一シリングをとり、飲食は別払いだったが、ラネラー（Ranelagh）では茶とコーヒーとパンとバターをこみで半クラウン（二シリング六ペンス）をとった。この遊園地が開場した一七四二年頃の半クラウンはかなり高い料金だった。

ヴォクスホール・ガーデン　ヴォクスホールは一七三二年の開場で、場所はテームズ川の南側で、東京でいえば隅田川の川向うといった場所で、交通はもっぱら馬車だったが、船で行くこともできた。敷地は四万八〇〇〇平方メートルで、最も長く、最も成功した歴史をつくった。

一千個以上のランプをともした遊歩道、音楽とその他の余興、夕食、花火が呼びものだった。とくに毎年の開園日にはすばらしいお祭りが行なわれて、皇太子が出席し、ロンドンの社交界から選ばれた約四百人のエリートがドミノ服（仮装服）を着て、仮面をつけて集まった。この四百人に数えられることが社交界の名士であるしるしだった。当日の入園料は一ギニー（昔の金貨で二十一シリング）で、同じような祭りはシーズン中に何回も行なわれたが、これはこのガーデンの人気とり政策で、それ以外の日には上述のごとく一シリングの入園料で、多数のロンドン人をひきつけた。イルミネーションでかがやいた中央の音楽堂にはパイプオルガンが据えつけられ、それとイギリスで最高の吹奏楽団が名物であった。このガーデンの人気が頂点に達したのは一七五〇年から一七九〇年頃までで、今［二十］世紀のはじめに夏目漱石がその場所をみにいったときには跡形もなかった。

漱石の紹介文　余談であるが、夏目漱石は今世紀のはじめにイギリスに留学したさい、十八世紀の英文学を研究したので、それにつながりのある「喫茶園」について『文学評論』のなかでつぎのように記している。

「喫茶園。といふと公園の中に興行物や茶店があつて、音楽も聞ければ、ぶらぶら歩きも出来る、先づ浅草の奥山に似て今少し万事上品なものと思はれる。是れは重に当時の上流社会の人達が行く所である。中に最も有名なのが二つある。ヴォークスホールとラネラーである。前者は当時の文学書に断えず引合に出て、大分規模の大きな物の様に思はれる。是れは十九世紀の始めに取り払はれた。私が洋行した時之を見たいと思つて居つたが、ある時ヴォークスホールと云ふ所を通つて見ると、極めて汚ない街で公園の様な物は毫も見当らなかつた。発音もヴォーゾールと記憶して居た。字引にもさうあるが、英国人はヴォークスホールと云つて居る。此喫茶園に就ても大分話す材料はあるが時間が惜しいから此れで止める」

と漱石は話を中断しているが、「喫茶園」というのは、いうまでもなく、ティー・ガーデンである。

昔の生活は今日からみるときわめて単調だったので、単に戸外で音楽をきき、お茶を飲むくらいで夜の九時から夜明けまでたのしめたというのは全く不思議であるが、一つの事業に人気が集まるとそれにライバルがあらわれ、いっそう人目をひく経営法を考えだすのは、いつの時代にも繰返される世相というものであろう。ティー・ガーデンにもそれの縮図があった。

ラネラー・ガーデン　ヴォクスホール・ガーデンに対し、じきにライバルがあらわれて、ロンドン人をおどろかすような建物をつくり、新しい経営法を発達させた。一七四二年に、ロンドン西部のテームズ川の北岸に開園したラネラー・ガーデンがそれであった。

このガーデンの設立者はドルーリイ・レーン劇場の持主で、ヴォクスホールとおなじ行き方だが、それよりやや高級の客を集めようと企て、サー・トオマス・ロビンソン（大株主で、最初の支配人）を仲間に引きいれた。ロビンソンは建築家ウィリアム・ジョーンズに設計を依頼して、有名なロータンダ（rotunda, 円形の建物または円形の広間）をつくった。直径四六メートルの円形の建物で、入場者は建物のなかを遊歩し、疲れたら周囲の二階建てのボックスに入って茶やその他の飲みものやパンとバターを食べた。また場内の中央にはおそろしく大きな煖炉がつくられていて、夜、冷えたときに場内を暖めた。それによってここでは冬季にも開場できた。場内の向って左側は大きなパイプオルガンを備えたオーケストラの席と、歌手の舞台である。仮装舞踏会と花火の催しのある日を別にして、通常日は前項に述べたように、お茶とコーヒー、ならびにパンとバターの代金をふくめた入園料が二シリング六ペンスだった。

一七四二年四月五日夜の開園式には、ロンドンの上流社会がひっくり返るほどの騒ぎで、皇族、公爵、貴族をはじめ、こういう賑やかな場所を好む有象無象がわんさと押しかけた。その理由の一つは、この日の入園料が一シリングだったこともあった。

このガーデンには園内に小さい運河と池があり、池の中央に中国の建物とヴェネチアの寺院があって、運河の両岸は樹木のある散歩道だった。園内の広いヴォクスホールに対抗して、ラネラーが優位を占めたのは、雨天や寒い季節だった。前者は野天なので、雨の降る日の入場者は皆無だったが、後者はロータンダが雨にも寒さにも関係なく入場者をたのしませた。ラネラーはロータンダの内側を遊歩するだけでも、十分に見物する値打ちがあったので、昼間の観客には一シリングの入場料で見物させた。ここの入場料も花火のある晩は三シリングだったが、仮装舞踏会は半ギニーで、のち一ギニーになった。

牧歌的なガーデン　数多くのティー・ガーデンのなかで、十九世紀の前半まで生きのこったものでは、ホワイト・コンデュイト・ハウス（白い導水所の家）があった。場所はロンドンの北東の外郭で、白ぬりの水道導水場の建物に面していたことからこの名前で呼ばれた。広い郊外的な野原が魅力的で、一七四五年に改造されて「長い部屋」（ロング・ルーム）や、魚の池や、ティー・パーティーのための植込みがつくられた。

一七五四年に、ロバート・バーソロミューの経営に移ると、彼はガーデンの拡大と、設備の改造をはかり、つねにあったかいパンとバターを、お茶やその他の飲みものに添えて出すサービスを看板にしたほか、隣地にクリケット場をつくって、それをやりたい人々にボールやバットを供給した。ほかの多くの遊園地が主として夜の遊び場所だったのに対し、このガーデンは昼間の、牧歌的な自然環境が受けて、順調な成長をとげ、ロバートの死後は兄弟のクリストファーが跡を継ぎ、一八二四年までは、なんらの特別な催しを行なわなかったが、その年から楽隊が常置され、アーチェリーと球戯（木球ころがし）の導入や、花火も加わり、一八二四年と一八四四年には当時のセンセーショナルな見世物だった気球も数回にわたって呼びものになった。一八二九年には、舞踏場を備えたホテルが必要になったが、それによってこのガーデンは俗っぽい場所に変り、一八四九年にお別れの舞踏会（その入場料は使用人に分配された）をやって閉園した。

鉱泉ガーデン　その頃、ロンドン郊外に鉱泉を呼びものにしたガーデンが多く散在していた。それらはスパー（spa, 鉱泉）または泉（wells）と呼ばれ、「不快な、しかし有害ではない水」があらゆる病気（慢性的な）をなおすと宣伝された。有名な鉱泉ガーデンはたいていティー・ガーデンだった。

ガーデンの終り　数多くのティー・ガーデンは、十九世紀の半ばすぎには全部地上から姿をけしてしまった。その原因は色いろあげられるが、その一つはロンドンの町が郊外に延びて、ガーデンの環境をこわしてしまったこと、ティー・ガーデンの客（なんといっても上流階級の人々が主だった）が戸外に出て茶を飲む風習をやめたこと、それに代って女性本位の「午後のお茶」の風習がはじまったこと、紳士は夫人や家族を同伴して酒のないティー・ガーデンにゆくより、酒のある男だけの場所にゆくのを選ぶようになったため、等々があげられる。

アメリカ

オランダ人が最初　オランダは一六一四年にマンハッタン島（今日のニューヨークの中心部）に毛皮の交易所をつくり、次第に永住的な植民をおくり、一六二六年にはその地方の知事ペーター・ミニュイが、小さい手カガミや、真っ赤な布や、色いろの小物《こもの》など、総計約二十四ドルでインディアンからマンハッタン島を買いとり、ニュー・アムステルダムと命名したのは周知のごとくであるが、オランダ人は勤勉だったので、一六六四年頃には本国のオランダにみられるような石やレンガの建物が並んだ小都会に成長していた。

オランダはヨーロッパに最初に茶を伝え、喫茶の風習をはじめた国なので、新大陸に喫茶の風習を伝えたのも、ニュー・アムステルダムの上流階級だった。彼らは本国から茶卓、ティー・ポット、砂糖を入れた箱、銀のスプーン、茶漉《ちゃこ》し器などの茶道具の一式をもちこんだ。

その頃のオランダの上流の奥方は、客の好みに合うように、色いろの味つけ材料を用意した。彼女らは固いかたまりと粉とを別々に入れた砂糖の箱をテーブルにおいた。これを「噛むものとかきまわすもの」(bite and stir)と呼んでいた。固い砂糖のかたまりはそれを噛みながら茶を飲み、粉砂糖はお茶に入れてかきまわした。彼女らはミルクとクリームを用いなかった。それは後の時代にフランスからアメリカに伝わった風習だったとみられている。そのほか、サフランとモモの葉がフレーヴァー用に用意され、お茶うけの焼きたてのワッフルやウェーファーなどにふりかけるシナモン(肉桂)と砂糖を混ぜたものを入れた容器も茶卓に備えられていた。

イギリス人の登場　一六二〇年にイギリスから清教徒の一団がマサチューセッツのプリマス・ロックに上陸し、植民地をひらいたことは周知のごとくであるが、その頃、イギリスでは喫茶は知られていなかった。

その後一六八二年に、クェーカー教徒だったウィリアム・ペンが、デラウェアにクェーカー教徒の植民地をつくったとき、茶をもちこんだといわれているが、彼はのちペンシルヴェニア

ウィリアム・ペンはインディアンから広大な土地を買い入れ，ペンシルヴェニアと名づけた。

の植民地（彼の姓をとって命名された）をつくり、フィラデルフィア（彼による命名）の都市計画をしたことで知られているが、彼はそこにコーヒーを伝えたので、コーヒーは茶と同様に、上流階級の飲みものになったと伝えられている。

アメリカで早い時期に茶を売ったのは、マサチューセッツの中心都市ボストンのベンジャミン・ハリスとダニエル・ヴァーノンの二人で、一六九〇年に本国（イギリス）の法律にしたがって、茶を「公に売る」免許を受けたが、茶は高価だったので、日常の飲みものではなかった。

お茶の水　ニュー・アムステルダムは一六六四年にイギリス軍に占領され、ニューヨークと改称されたが、オランダ人はそのまま居残って、財界の支配勢力になっていたので、喫茶の風習は、そのまま残った。

また当時、イギリスでは中国のボーヒー茶（紅茶）が一般に用いられていたが、一七一二年にボストンの薬種商ザブディエル・ボイルストンが「緑茶と普通の茶（紅茶）」の小売広告をだした。

十八世紀に入ると、イギリスの植民地で喫茶が急に流行しだして、銀器や陶器の喫茶用具がイギリスから伝えられ、それがアメリカの上流家庭の家具やインテリア装飾にも影響を及ぼした。

またニューヨークでは、お茶に用いる上質の水を得るため、市内の二ヵ所にお茶用のポンプが据えつけられ、その水質がよかったので、それを車に積んで、「お茶の水、お茶の水、でてきてお茶の水を買いなされ！」と叫んで売り歩く者があらわれた。お茶用の井戸は上記のほかに、ニューヨークの数ヵ所にも掘られ、それが放任できなくなったので、一七五七年に市会がそれの制限法をだしたほどであった。

ティー・ガーデン　十八世紀の前半には、ニューヨークにロンドン郊外のティー・ガーデンを模倣した遊園（プレジャー・ガーデン）があらわれた。ロンドンの遊園については九六ページ以下に記したが、ニューヨークの遊園はロンドンの有名な遊園だったヴォクスホールならびにラネラーの名前をそのまま名乗っていた。

一七六五年から六九年にかけての広告によると、上記の両遊園では毎週二回花火をあげ、楽隊の演奏を行なっていた。いずれも「淑女ならびに紳士に、朝食から夜の催しものにいたるまで」を提供し、一日中いつでも茶、コーヒーならびに焼きたてのロールパンを用意した。遊園は十九世紀に入ってもつづき、「きわめて流行的なリゾート」の場所になった。

印紙税法　アメリカでは一六七〇年代に、マサチューセッツの植民地で、少量の茶が用いられていたとみられているが、ボストン（マサチューセッツ州の主都）で茶を売る最初の認可がベンジャミン・ハリスとダニエル・ヴァーノンに与えられたのは、一六九〇年だった。

ベンジャミン・ハリスはロンドンで反王党の出版物を出していたが、身辺が危うくなったので、一六八六年に大急ぎでアメリカに脱出した男だった。ボストンに落ちついた彼はそこで「ロンドン・コーヒー・茶ならびにチョコレート・ショップ」をひらき、同時に「ロンドン出版所」という印刷所をはじめ、一六九〇年九月二十五日に『社会の出来事』という週刊の新聞を発行した。それがアメリカにおける最初の新聞だったことでも、有名な人物だった（この新聞は無免許だったので、発行されたのは第一号だけで、第二号は配布前に没収された）。

一七〇九年にボストンの裁判長シューエルが、その日記にウィンスロップ夫人の家で茶を飲んだことを記しているが、珍しいものを飲んだとは書いていないので、その頃には上流階級のあいだにかなり行き渡っていたとみられている。

しかし、イギリス議会がアメリカ植民地に直接税を課そうとして一七六五年に印紙税法を制定すると、イギリス商品の不買運動がおこり、ペンシルヴェニアはじめ他の開拓地でも茶の不買運動をはじめたので、コーヒーの需要が盛りかえした。

十八世紀の半ば、アメリカの植民地では反政府（反イギリス）の気運がひろがっていた。今日の歴史家たちは、その原因がイギリスの東インド会社の茶の独占権と、植民地における茶の大商人の横暴にあったとみているが、この気運は手始めに糖蜜とラムの自由化（無税）を目ざしたが、最大のねらいは茶の自由化であった。印紙税法（スタンプ法）が公布される二年以前から、ボストンの商人たちは糖蜜の課税に反対するクラブを結成していた。糖蜜はラムの原料で、茶とともに日常生活の必需品だった。

一七六五年に印紙税法がイギリスの議会を通過すると、たちまちアメリカからの反対と抵抗の声が殺到した。アメリカの開拓者はイギリス人なので、ロンドンではイギリス人が課税のたびに繰返す騒ぎとおなじにみて、それが独立運動に発展するとは考えなかった。アメリカでは

「現地人の集会で承認しない税はかけるべきではない」という意見をだした人もいたが、当初、政府はそれを取り上げなかったが、結局、翌年には撤回せざるを得なかった。代って一七六七年にタウンゼント諸法が制定されたが、これに対しても民衆は不買同盟を結んで抵抗したため、一七七〇年、茶税のみをのこして撤廃された。

当時、広東での茶の貿易がさかんになるとオランダの東インド会社はじめ、その他の大陸諸国の東インド会社（各国がそれぞれの東インド会社をつくっていた）の買入れる茶の量が、イギリス東インド会社の買入れる量よりも多くなった。原因は簡単で、それらの茶はイギリスとアメリカに密輸され、税金なしでやすく売られたからであった。

その頃のアメリカは茶の大きな消費地だった（つぎの世紀にはオーストラリアが大消費地になった）。彼らはロンドンからくる税金のかかった茶より、密輸のやすい茶を買うようになっていた。その一方で政府は一七六七年、一七七〇年に、重ねて税金を下げて一ポンドにつき三ペンスにしたが、アメリカの植民地での茶の売上げは低下する一方で、東インド会社は売れない茶を抱えこんで経済的危機に追いこまれた。そこで一七七三年に議会に対し、イギリスの茶の輸出商人からは税をとらずにアメリカに輸出させ、アメリカの商人がそれに少額の税金を払うことにすれば、アメリカではイギリスでよりもやすい茶を買うことができるので議会はそれを承認した。しかしアメリカの輸入業者がそれに反対し、同時にイギリスの輸入商人のあいだにも不満がくすぶった。

茶の不買同盟 アメリカでは、茶の課税反対がきっかけになって、若干の植民地が集会して、抗議を決意し、イギリスへ陳情団をおくったが、なんらの反響もなかった。アメリカの海港（ボストン、ニューヨークその他）では、さまざまの団体による集会や、示威運動が行なわれ、主婦たちによって茶の不買運動が宣言され、それが若干の都市や村にまでひろがっていった。そしてそれがさらにイギリス商品の反輸入という全般的な運動に結びついた。しかし最大の目標は茶の課税反対で、マサチューセッツの植民地では、医薬として必要な場合でも、茶は反対運動団体の許可を得なければ買うことができなくなった。

一七七三年に、イギリスの東インド会社の傭船（複数）が、ボストン、ニューポート、ニューヨーク、フィラデルフィア、チャールストンに向って本国を出帆した。その結果、有名なボストンのティー・パーティー（茶党）はじめ、他の六つの港でも同じ反対党が結成され、十二月十六日、ボストンで最初の行動が勃発し、若干の市民がインディアンに扮装して、ボストン宛の全部の茶箱三百四十二個を港の海に投棄した。おなじく二十六日にフィラデルフィアに接近した一隻の茶を運んだ船は、放火をおそれてロンドンに引返したし、また十二月のはじめにチャールストンに着いた船は、その積荷を陸揚げしたが、輸入業者が税金を支払わないので、

1773年，ボストンでイギリス本国の新しい茶条例に対して反対運動がおこり，ロンドンからおくられてきた茶342箱がボストン湾に投げ捨てられた。

収税吏は茶を差押え、湿った地下倉庫に入れたので、急速に使いものにならなくなった。

この騒ぎは翌年にはさらに拡大し、その年の八月にアナポリスに接近した船は、そのままイギリスに引返し、十月にアナポリスに二〇〇〇ポンドの茶を積んできた船は、十月十八日に焼き払われた。

アメリカ植民地の反課税運動の激化に対し、本国の政府はアメリカ人は税金を払うべしという強硬な態度で臨んだので、これが原因となって、各植民地が一体となった「大陸会議」がひらかれ、アメリカがイギリスに叛旗をひるがえして独立戦争となったことは、多くのアメリカ史に詳しくでている。

茶の復帰　独立後、茶は再びアメリカの食卓に戻り、マウント・ヴァーノンのワシントン大統領の屋敷では、朝食にはイギリス風に茶とインディアン・ケーキとバターと多分ハチミツ（ワシントンの好物だったから）が食卓に運ばれ、夕食は多分茶とトーストとワインの、とくに軽い食事だったと、同じ時代の文献にあらわれている。*

その後、ながいあいだ、アメリカの夕食の飲みものは茶で、夕食のことを"supper"（夕食、晩餐）またはイギリス流に"tea"と呼んでいた。

一七九七年には、アメリカの茶の消費は一人当り一・五六ポンドで最高の記録をつくったが、十九世紀にはいると、"supper"ないし"tea"はdinner（一日の主要な食事）に代り、とくに都会の人々がdinnerにコーヒーを飲み、茶を飲まなくなったので、茶の消費は一八九八年から一九〇七年の十年間に平均一年に一人当り〇・九六ポンドに下がり、その後さらに低下しつづけた。

＊　dinnerは「一日のうち一番ごちそうのある主要な食事」（『コンサイス英和辞典』）で、それが夕食の場合は「晩餐」であり、正午の場合は「午餐」である。家庭で正午にdinnerを食べ、夕食を軽くすますときはsupperと呼ばれた。昔は住宅と職場が近かったので、勤めにでている人も正午

に家に戻ってディナーを食べた。正午に一日の主食を食べたのは、彼らの主食が肉類中心だったので、消化のよくない肉類を夕食に食べなかった。

ワシントンの夕食が茶とトーストの軽い食事（supper）だったのは、昼食に主食を食べる習慣だったことをあらわしている。

アメリカ人が昼食を簡単にすまし、夜食に主食を食べるようになったのは、住居と職場とが離れるようになったことと、仕事が忙しく、昼食にゆっくり時間をかけておれなくなったことなどが原因で、サンドイッチ、ハンバーガーなどで簡単に昼食をすます風俗は、アメリカの都市勤労者のあいだからはじまった。

十九世紀

クリッパー

中国との通商開始　アメリカは一七八三年のパリ条約でイギリスから独立したので、直ちに中国との通商を開始した。その第一船は一七八四年二月二十二日にニューヨークを出帆した「エンプレス・オヴ・チャイナ」で、喜望峰回りで、八月二十三日無事マカオの沖合に投錨、広東に入り、四ヵ月滞在、十二月二十八日に帰国の途につき、翌年五月十一日、往復約十五ヵ月を費やして無事ニューヨークに帰った。この航海に投じられた資金は総額十二万ドルで、純益は三万七百二十七ドルだったと、記録に残っている。

これがきっかけで、中国との貿易がはじまったが一七八七年には南米を迂回、太平洋を横断して広東に向う西回りコースが計画された。それまで喜望峰経由の船は大体三〇〇トン以下だったが、太平洋コースに選ばれた「コロンビア」は二一三トン、「レディー・ワシントン」はたったの九〇トンだった。この二隻は一七八八年の秋、ヴァンクーヴァー島の西岸ヌーツカ・サウンドで毛皮を集めたが、毛皮の集荷には季節はずれだったので、両船はその地で越冬し、翌年さらに集荷をつづけたが、両船に満載するほどの毛皮は集まらなかったので、「コロンビア」だけが広東に向った。毛皮は広東で非常な好評を博し、きわめて有利な中国特産品と交換、帰路は喜望峰を回って一七九四年四月、無事ボストンに帰った。往復四万二〇〇〇マイル、五年を費やしたアメリカ船の最初の世界一周でもあった。

このようにして、毛皮を中国に運ぶ海運が北米とカナダの毛皮生産を刺戟する結果となり、しかもある船長は数時間で五、六十枚のカワウソの皮をわずか二ドル足らずの雑貨と交換し、それを広東で二万二千四百ドルで売ったとか、一七九八年には一〇〇トン足らずの船で太平洋を横断した二十八歳を頭にした三十人の青年が、広東で十二万ドルの純益をあげたというような話も伝わって、ボストンやセーレム（ボストンから二二キロ北の港）では、たくさんの成金が続出し、それがさらにアメリカの中国行き海運を盛りあげる基盤をつくった。

ワシントンが大統領に就任した年（1789）にはセーレムだけで十隻の船が中国に向い、その年に広東に入港した外国船四十六隻のうち、アメリカ船は十八隻を占め、一七九一年には中国の茶二六〇万ポンドをアメリカに運んだ。

アメリカ政府は一八八九年の関税法で、アメリカ船が輸入した茶一ポンドにつき六―二十セントに対し、外国船の輸入茶には十五―四十五セントを課税して、自国船を保護した。

アメリカの茶商人　一説によると、アメリカの毛皮船が、帰航の積荷に、ふんだんに買えたのは茶だけだったので、それがもち帰られたことで、アメリカの茶の需要がふえ、大物の茶商人が出現したといわれている。その筆頭はジョン・ジャコブ・アスター（1763-1848）で、彼はハイデルベルク（ドイツ）の近くのヴァルドルフの生れで、一七八三年にニューヨークに移民、インディアンとの毛皮の交換で財産をつくり、つづいて茶の商人となった。またフィラデルフィアではスティヴン・ジラード（1750-1831）が茶の商人として成功し、アスターとジラードは財界の巨人になったが、そのほかにボストンのトオマス・H・パーキンズ（1764-1854）も、茶で百万長者になった。

クリッパーの出現　一七八九年にフランスで革命がはじまると、イギリスはオーストリア、プロシア、オランダ、スペインと対仏同盟をつくったが、アメリカは中立をまもり、戦争に没頭したヨーロッパに穀物、肉類、棉花、羊毛、皮革などを輸出し、海運のブームを満喫したが、フランスとイギリスは、それぞれ敵国に向う中立国の船舶の拿捕《だほ》を宣言し、海上の監視を強化したので、アメリカの議会は、自国船の国外出航を禁じ、ただ沿岸航行だけを認めたので、その国の海運は極度の打撃をうけ、貨物は倉庫で朽ち、商人は破産し、五万五千人の海員と十万人の埠頭労働者が失業した。このような不況から脱出するため、ひそかに国外に出航する船ができ、一八一二年までにイギリスに九百十七隻、フランスに五百五十八隻も捕獲された。

アメリカは英仏に対し、アメリカ船の圧迫の中止を求めたので、フランスはそれを承認したが、イギリスは強硬な態度を改めなかったので、アメリカは一八一二年にイギリスに宣戦を布告した。この第二次英米戦争をアメリカでは「一八一二年戦争」と呼んでいるが、アメリカはイギリスの海軍力に対抗するため、五百隻の私掠船（敵船の掠奪を公認した民有武装船）をおくりだし、私掠船のもち帰った貨物には、関税の三分の一を払い戻す奨励策をとったので、イギリスは意外の海上ゲリラのため、英仏海峡の航行も危険にさらされ、一年足らずで八百隻（三年間に千五百五十隻）を捕獲され、アメリカも三年間に千四百七隻を捕獲された。この戦いで、イギリスに運ばれる物資、とくに食料品が著しく騰貴したので、イギリスは対米海上封鎖を中止し、一八一四年十二月に平和条約を結んで、抗争の幕をとじた。この戦争の産物として、アメリカでは快速のスクーナー船（二本以上のマストをもった、縦帆式帆船）があらわれ、クリッパー（clipper）と呼ばれ、中国からの茶の海上輸送に新しい時代をひらいた。

クリッパーの時代　クリッパーは「はさみ切る人、刈りこむ人」といった意味で、斬髪の道具（バリカン）をクリッパーと呼んでいるが、アメリカの俗語では「早く動く人、または物」という意味になっている。

第二次英米戦争の前後まで、大西洋には定期船がなく、また客船も存在していなかったので、旅行者は貨物船に便乗していたが、貨物船は積荷が一杯になるまで幾日でも客を待たせ、いよいよ出帆となって船に乗りこむと、客室といったものはなく、客は「生きた貨物」ぐらいの扱いしか受けられなかった。

たまたま三人のアメリカの実業家が、一隻の貨物船でヨーロッパから帰る途中で、客室をもった船で定期的に旅客を運ぶ事業に未来性のあることに意見が一致した。彼らによって一八一六年にブラック・ボール・ラインというニューヨーク―リヴァプール間の定期航路が発足し、四〇〇トン級の四隻で、旅客、郵便物、貨物を運ぶようになった。一八二五年にはエリー湖の運河が完成し、その頃からニューヨークとニューイングランドの造船業者に、快速の外洋船の注文が集まるようになった。

「アン・マッキム」　一八三二年にボルティモア（首都ワシントンの東北の海港）の商人アイザック・マッキムは中国貿易に三本マストの全帆装船を建造し、その妻の名をとって「アン・マッキム」と命名した。この船は長さ四三・五メートル、幅九・三メートル、四九三トンの豪華船だった。というのはマッキムは道楽から昇降口には、最も高価なスペインのマホガニー材と真鍮の付属品を用い、十二門の真鍮の砲まで装備したからであった。「アン・マッキム」は中国航路では最も速い、最も美しい船の一つになったが、貨物の積載量はあまり多くなかった。

一八三七年にアイザック・マッキムが死亡すると、「アン・マッキム」はニューヨークの茶の商人ハウランド&アスピンウォールに買いとられ、のちチリ政府に売却されたが、この船は、その頃、茶はできるだけ速く、完全に輸送すべき商品だという考え方がはじまった時勢にさきがけたこと、ならびに「時は金なり」を信条とする商人たちを快速に運んだことで、新しい歴史をつくった。

「レインボー」「アン・マッキム」は船体が小さい点で、商船としては不十分だったので、アスピンウォールはもっと大型の船の建造を計画した。一八四一年にニューヨークのスミス&ディモン造船所に入った船舶設計家ジョン・ウィルス・グリフィスはアスピンウォールのために在来の「タラの頭とサバの尾」型の船の伝説を破った「船首を曲線状に長く水上に突出させ、船体を長くして吃水線を凹面にし船首と船尾を凸面にした、船体の幅の広い部分を在来の船よりはるかに後方に移し、帆の面積を大きくして極力風力の利用をはかった」設計を一八四三年に完成、一八四五年に七五〇トンの新型船をおくりだした。この船には「レインボー」(虹)という名前がつけられたが、それをみた専門家の一人は、「その全体の形が自然の法則に反する」と批判し、世評ではこの船は浮ぶという説と、沈むだろうという説の二つに分かれた。しかし結果は、予想以上に優秀で、その年の二月に中国に向って処女航海を行ない、九月にはニューヨークに戻ってきた。この一航海で、ハウランド&アスピンウォールは、建造費四万ドルを償却し、さらに同額の利益を得た。

「レインボー」は第二回ニューヨーク―広東間の航海で、往路九十二日、帰路八十八日という記録をつくった。当時最も速い船でも、この往復日数では、片道もはしれなかった。この船の船長ジョン・ラッドは、この船を世界一の快速船で、同時に世界で最も美しい船の一つだと自慢した。「レインボー」によって、いわゆるティー・クリッパー(tea clipper)の歴史がはじまった。

「レインボー」は五回目の航海で失われたが、この船によってクリッパーの優秀性が確立され、多くの同型船を生み、アメリカの海運史で最もローマンティックな一時代がはじまった。

グリフィスがハウランド&アスピンウォールのために設計した第二のクリッパー「海の魔女」(八九〇トン)は、一八四六年に進水し、それ以後の三年間は、世界で最も速い船と認められた。この船はニューヨーク―香港間を百四日、広東―ニューヨークの帰航を八十一日ではしり、後には広東―ニューヨークの間の所要日数をさらに四日短縮した。一日の航海三五八マイルだった。

米英の競争　一八四九年に、イギリスは過去二世紀にわたって実施していた航海条例を廃止して、アメリカ船が中国から直接茶をイギリスに運ぶことを認めたので、イギリスの茶の商人たちは、いやおうなしにクリッパーに転換せざるを得なくなった。

アメリカのクリッパーに対し、イギリスでも一八四七年に、快速船の建造に乗りだし、じきに「島々の支配者」(Lord of the Isles) という鉄のクリッパー (その分野では最初の船) をつくった。この船は一八五五年に北東の季節風に乗って、ロンドン―上海間を八十七日ではしった。

米英の競争で一番乗りに成功したのは一八四九年にニューヨークで建造された「オリエンタル」(一〇〇三トン、長さ五六・二メートル、幅一〇・九メートル) で、処女航海は東回りで香港に百九日で到達し、茶を積んでニューヨークに八十一日で戻った。この船はつづいて一八五〇年に一六〇〇トンの茶を積んで、香港―ロンドン間を九十七日ではしり、ロンドンの茶の仲買人たちを驚嘆させた。当時イギリス船は一トンの茶を三磅《ポンド》十シリングで運んだのに対し、「オリエンタル」は六磅の運賃だったが、荷主は運賃が高くても、早く着く船を選んだので、イギリス船は窮地に追いこまれた。「オリエンタル」は造船費七万ドルに対し、上記の一航海だけで四万八千ドルの利益をあげた。米英の船が一日でも早く新しい茶を運ぶ競争に熱中したのは、その頃中国から運んだのは緑茶で、緑茶は保存期間が短く、新しいほど味がよいといわれていたためであった。

一八五〇年代になると、アメリカではティー・クリッパーの大型化がはじまり、一八五〇年には「スタグハウンド」(シカ狩り用猟犬、一五三四トン、世界最大)がつくられ、広東―ニューヨーク間を八十五日ではしった。つづいて一八五一年には「飛ぶ雲」(一七八二トン)、「貿易風」(二〇三〇トン)、「チャレンジャー」(二〇〇六トン)があらわれ、それぞれ世界一の記録を保持した。

ティー・クリッパー・レース　イギリスがティー・クリッパーの建造に乗りだしたのは一八五九年の「ファルコン」(ハヤブサ、九三七トン)が最初で、それ以降の十年間に二十六隻を下らない木造ならびに鉄と木を組み合せたクリッパーをつくった。

イギリスでは毎年新茶が出回る時期に、それを快速に運ぶレースがはじまった。ティー・クリッパー・レースと呼ばれ、第一位に運んだ茶は競売所で一ポンドにつき六ペンスの賞金が支払われた。レースに参加した船は喜望峰を回って大西洋に入り、セント・ヘレナ島、アゾレス諸島を経て英仏海峡に向い、陸上からその姿が望見されると、直ちに電報でニュースがロンド

1866年のレースで，激しい先陣争いをするエーリエル号とタエピン号。

ンにおくられた。船がテームズ川に達すると曳船がそれをロンドンに導くが、勝利が公式に決定されるのは船がドックに入り、茶の見本を入れた箱が陸揚げされたときで、待ちうけていた商社員は直ちにそれを競売所に運び、優勝した船の船長と船員には現金が贈られた。

一八六六年五月のレースは、最大のセンセーションを巻き起した。このレースの優勝候補は一八六四年に進水した「エーリエル」(空気の精、八五三トン)と、一八六三年に進水した「タエピン」(太平)と、タエピンの姉妹船「セリカ」(絹)であった。参加したクリッパーは十一隻で、上記の三隻は九十一日目にアゾレス諸島を通過し、英仏海峡では「エーリエル」と「タエピン」とは並走となり、九十九日目に「エーリエル」は「タエピン」を十分間引き離したが、テームズ川では後者が優秀な曳船と水先案内人を手に入れたこと、折柄の引き潮に際し、吃水が浅かったことなどの理由で、前者より二十分早くロンドンのドックに入った。「エーリエル」は「タエピン」より一五〇トン重く、したがって吃水が深く、その上、三隻のなかで最も多くの茶を積んでいたので、上げ潮を待たねばならなかった。そのためドック入りがおくれた。このレースは「エーリエル」と「タエピン」がほとんど互角だったことで、両者の船主は賞金を折半した。

クリッパーの末路　一八六九年にスエズ運河が開通し、その一方で蒸気船が発達すると、クリッパーのティー・レースの時代は幕を閉じた。ただし、初期の蒸気船はやたらに石炭をくらう怪物で、そのために航路の要所に石炭供給所をつくり、別の船でそこまで石炭を運んでおかねばならなかったので、もっぱら旅客と郵便物だけを扱っていたが、スエズ運河の開通はその経費を大幅に切り下げた。リヴァプールの船主アルフレッド・ホルトの「ブリュー・ファンネル」（青い通風筒）ラインが定期貨物便創設、茶の運搬をはじめたので、クリッパーの役割は完全に失われてしまった。

かつての花形だったクリッパーのなかには、あわれな末路をたどったものがすくなくなかった。「エーリエル」はオーストラリア向けの貨物運搬に追いだされ、一八七二年ロンドンからシドニーに向ったまま行方不明になり、「タエピン」はアモイからニューヨークに向う途中、岩礁にぶつかって沈没、「セリカ」も一八六九年に難破した。そのほか一八六八年に進水した「テルモピリー」（スパルタ兵三百人が、ペルシアの大軍を全滅したギリシア東北部の山道からとった船名。九四七トン）は、荒天に航海できるイギリスでは最初のクリッパーで、万能の、最良のクリッパーと賞讃され、一度に一四二万九〇〇〇ポンドの茶を運び新記録をつくったが、この船も大西洋の海運にまわされ、さらにポルトガル政府に売られたが、じきに無用の長物となり、一九〇七年政府によってリスボン沖で撃沈された。

アメリカのクリッパーは「オリエンタル」が一八五〇年に、香港―ロンドン間九十七日という世界記録をつくっただけで、それ以後、イギリスの「サー・ランスロット」「エーリエル」「セリカ」の記録を破る船があらわれず、ティー・レースから敗退の一路をたどった。さらに重要な敗因は、アメリカ船は軟質の船材を使ったのに対し、イギリス船は硬質の船材を使ったので、後者は建造費は割高だったが長持ちがしたし、積荷に損傷を与えることがすくなく、その点で、アメリカ船の追従を許さなかった。またアメリカの資本家が海運に見切りをつけ、多数の船主は海から陸へ、船から鉄道に転業し、自然に中国―ロンドン間のティー・レースから手をひく結果になった。

ティー・レースの時代が去ると、クリッパーはオーストラリア航路で稼ぐようになった。オーストラリアにゴールド・ラッシュがはじまって多数の金探しが渡航し、帰航には羊毛を積んだ。一八八〇年頃から世界の帆船のトン数は下り坂となり、九〇年代になって汽船に追い越されるようになった。

ティー・クリッパーについては、設計、造船、船長、スピード競争（一八六六年には、十一隻の第一級のクリッパーに、選り抜きの船長が乗り組んだ）など、話題が多く、ベージル・ラボックの『帆船・クリッパーのローマンス』（米、1927）などの単行本もでているが、茶自体の歴史には直接の関係はすくないので、ここで打切ることにする。

アメリカでは十九世紀の半ばにカリフォルニアのゴールド・ラッシュで、西部への発展がはじまり、初期のクリッパーの先駆者だったアスピンウォールなどは、一八五〇年に百万ドルでパナマ鉄道会社を設立し、約五年で七九キロの地峡鉄道をつくり、竣工後四年間に六百万ドルの利益を収め、ニューヨークで第一の富豪になった。

汽船の登場　アメリカのロバート・フルトンがセーヌ川ではじめて、小型の蒸気船を動かしたのは一八〇三年だったが、一八一九年にはアメリカの「サバナ」が最初に大西洋を横断した。しかし、当時は優秀な帆船が大西洋で活躍していたので、アメリカでは幼稚な汽船を帆船の代りに用いるものがあらわれなかった。汽船はおもに国内の河川や短距離の沿岸航路で実用化された。それに反し、イギリスは造船の木材が足りないことや、アメリカの帆船設計に後れをとっていることなどから、海岸に近い鉄鉱と石炭、ならびに熟練した技師と低廉な労力を生かして汽船の実用化に乗りだし、政府もそれに援助を惜しまなかった。

一八三八年にイギリスの「シリウス」はじめ四隻の汽船が大西洋を横断して、汽船時代のさきがけをなしたが、初期には石炭の消費が多く、それを積みこむと貨物を積載する余地がすくなかったので、もっぱら旅客と郵便の輸送が主だった。クリッパーは大量の貨物を運べるという点で、汽船と対抗しえたが、前者の斜陽化に追い打ちをかけたのは一八六九年のスエズ運河の開通だった。また汽船の大型化によって、貨物の運搬が容易になり、茶を運ぶことはもはや危険な航海による冒険的な事業ではなくなった。一八八〇年代に、「動きまわる城」(五〇〇〇トン)は、試みに採算を無視して、時速一九ノットで中国—ロンドン間をはしったところ、わずか三十日しかかからなかった。クリッパーの三分の一であった。また「グレノーグル」は四十日ではしった。

茶樹の持出し

中国ないし日本から茶樹をもちだすことは、ジャワとインドにそれぞれの植民地をもったオランダとイギリスにとって、大きな誘惑だった。それに最初に手を着けたのはオランダで、ジャワに住んでいたドイツの博物学者・密輸者・医師のアンドレアス・クレエルが、一六八四年に日本の茶を彼の広い屋敷に植えたことが草分けだったが、彼はそれの商業的な利用は考えていなかった。それから約四十年後の一七二八年に、オランダの東インド会社は、中国の茶樹の種子を手に入れ、それをジャワだけでなく、いずれも当時はオランダの植民地だった喜望峰、セイロン（スリランカ）にも植えることを指令したが、ジャワの当局者は本社からの指令に乗り気でなく、中国や日本の茶を独占的にヨーロッパにおくる商業だけに満足して、「最初に完全な茶をつくった者には賞金を与えよ」という本社の意向を無視した。

R・フォーチュン　一八四二年に、中国がイギリスと南京条約を結び、外国人の入国を認めるようになったことを知って、その翌年一番乗りをした一人に、ロバート・フォーチュンがいた。彼はスコットランドの生れで、エディンバラの王立植物園で園芸を修業し、ロンドンに出て王立園芸協会のガーデンの温室係をしていた。彼は南京条約の報をきくと、直ちに運動を開始し、園芸協会から植物採集員として中国に派遣されることになった。

彼は一八四三年二月、中国に向う船に便乗、四ヵ月の航海の後、七月にはじめて中国の大地を目前にみた。中国では外国人が開港地から二〇マイル（三二キロ）ないし三〇マイル（四八キロ）はなれることを許可しなかったので、彼の行動した地域はアモイ、上海、広東、舟山群島

Chinois cueillant les fueilles.
et buuant la liqueur de Thé

茶の葉を摘み，茶をたのしむ中国人。

の定海の周辺にかぎられていたが、彼の派遣された目的は園芸的に珍しい植物を探すことにあったので、植木屋をまわることが有効な手段だった。そのほかに彼は中国人が墓地に美しい花を植えることを知って、墓地にゆくことも多かったが、墓地は人家から離れた丘にあったので、しばしば原地人に襲われ、命からがら逃げだしたこともあった。

一八四四年五月に、フォーチュンは、寧波《ニンポー》（浙江省）に渡り、そこが気にいったので、その後、しばしばその地を基地にした。寧波は茶の産地だったので、彼はそこに滞在中、茶樹と茶の直接的な知識を得た。そして、そのことが、のち中国の茶樹と製茶の技術をインドにもちだす歴史的な役割を、彼にもたらした。

その翌年の一月から三月まで、彼は寒さのきびしい中国を逃げだしてマニラに移り、当時珍

フォーチュンの本にでている中国の製茶工場。帆布の袋につめた茶を足でふんでいる。

種として採集が待望されていたランの一種を探しあて、それを園芸協会におくったので、協会ではこの品種四十五株を会員に配ることができた。三月十四日に上海に戻った彼は、開放された五港のなかで未踏査の福州に渡り、その地の茶樹栽培地帯に入りこんで、重要な発見をした。というのは、その土地でつくっている「ブラック・ティー」(紅茶)の茶樹は、緑茶とおなじで、そのつくり方が相違しているだけだということであった。

帰路は、福州に寄港する外国船はまれだったので、彼はジャンクで上海に渡り、そこから香港を経て広東にゆき、イギリス船で一八四六年五月にロンドンに着いた。帰国後、彼はロンドンのチェルシー薬園(園芸協会所属)の管理者に任命された。

彼は一八四七年に『中国北部地方における三年間の放浪』というローマンティックな標題の旅行記をだした。彼の活動した基地は上海付近だったが、それを彼が「中国北部地方」と書いているのは、当時外国人にとって、その地方が北限だったことをあらわしている。この本には茶樹の栽培と茶の製法を説いた二章があるが、これは中国の茶業の実際を伝えた最初の文献だった。彼はそこで、茶樹をインドに移植する可能性のあることを暗示した。それがきっかけで、彼は今度はイギリス東インド会社の依嘱で、三回にわたって、中国に入り、茶樹と茶の製法の研究と、茶樹と製茶の職人をインドに導入するという大事業に取りくんだが、そのあいだにインドではアッサムで茶樹の新品種が発見され、中国の茶樹に対する情勢が変化した。

アッサム種の発見　イギリスの東インド会社では、一七八七年にカルカッタ（首都）に植物園をつくり、インドの植物研究のセンターにしたので、イギリスから著名な植物学者や、新進の植物学者が集まった。

十九世紀の前半まで、ヒマラヤ山地への接近は、政治的・地理的に不可能だったので、その地方の植物相は神秘にとざされていた。イギリスの支配力の及んだのはその麓だけで、大山脈の斜面にはネパール、シッキム、ブータンなどの独立した王国が連なっていて、外国人の入国をよろこばず、入国の許可書を出し渋った。イギリスの勢力がそれらの地方に及んだのは、アッサムの一八二六年が最初で、カシミールとパンジャブは一八四〇年代になってやっとその支配下にはいった。

インドで茶の栽培をせよ、というイギリスでの世論は、一七八〇年代にベンガル総督のロバート・ヘースティングズとロバート・キッド大佐によって提唱されたのが最初で、一七八〇年に若干の茶樹が広東から輸入されて、カルカッタに植えられた。

アッサムはインドの北東隅で、イギリスがビルマ（ミャンマー）と戦って領有するまで、ビルマの領土だった。十九世紀になって、一八二三年に冒険家のロバート・ブルースが、通商の目的でビルマ領のアッサムに入り、シブサガルでシンポーの族長からその地方に茶樹が自生しているという話をきき、それを手に入れる手配をした。翌年それが届いたので、彼はそれを兄弟のC・A・ブルースに渡した。

当時イギリスはビルマと戦っていたので、彼は小型の砲艦に乗ってブラフマプトラ川（チベットのヒマラヤの北側に発し、アッサムの北部を流れ、ベンガル湾に注ぐ。全長二九〇〇キロ）をさかのぼってサディヤ（アッサムの最東北隅、チベット・中国・ビルマの国境に近い）に駐在していた。戦争の終り頃の一八二五年に彼はサディヤに住み、野生の茶樹を植えていた。彼はその葉の若干を、新しくイギリスの領有になったアッサムの最初の高等弁務官デヴィッド・スコットにおくった。スコットもマニプルでそれを発見したので、それをカルカッタの植物園におくって鑑別を依頼した。

カルカッタでは、種子と花を見なければ鑑別は不可能だが、葉を見た範囲では、たしかに茶と同じ科であるが、中国の茶樹とは異なる品種だとみた。一説によると、鑑別をしたのはカルカッタの植物園長ウォーリックで、彼はそれをツバキ属の一種とみたが、それをインドの茶として栽培することは考えなかったといわれている。スコットからおくってきた葉は、その後、ロンドンのリンネ協会（植物研究団体）の標本室におさまり、正式にアッサム固有の茶樹だということが証明され、ツバキ属に編入されたといわれるが、これには後述するように異説がある。

その頃（一八二〇年代）ロンドンではインドで茶樹を栽培せよという世論が再発し、一八二五年にはイギリス美術協会が、「最も優良なイギリスの茶」（インドの茶のこと）を生産したものに金メダルを贈ることを発表、一八二七年にはJ・F・ロイル博士がヒマラヤ山系の北西部に茶樹を植えよと主張し、一八三一年にはキャプテン・アンドリュー・チャールトンがアッサムのビーサの近くで野生の茶樹を発見、一八三二年にはマドラス（インド東岸）の政府の外科医クリスティー博士が、ニルギリの丘陵で実験的な茶園をつくり、おなじ年にC・A・ブルースがアッサムの高等弁務官フランシス・ジェンキンズ大佐にアッサムにおいて茶樹を栽培することを慫慂《しょうよう》した等々、アッサム種への期待が高まっていた。

アッサム種　百科事典類をみると、「茶はチベットとその周辺が原産地とみられている。インド種の野生種は高さ八―一五メートルに達するが、中国や日本では一メートル前後の低木となる」と記されている。このインド種というのはアッサムで発見されたので、最初は *Thea assamica*（アッサム種の茶）と呼ばれていたが、その後、*Thea sinensis* var. *assamica*（中国種の茶属のアッサム変種）と呼ばれ、中国と日本で栽培されているのは *Thea sinensis* var. *sinensis*（中国種の茶属の中国変種）という学名になって、両種は同一とみられている。アッサム種の茶は一五メートルにもなって、葉は中国種よりも光沢があり、緑色がうすく、大きいので、収量が多い。原種の葉は中国種の二倍ぐらいの大きさだと、いわれている。中国種は耐寒性だが、アッサム種は耐寒性に劣る。

私は戦前に台湾を旅行したとき、中部の山地でそれの試験園を見たが、栽培用のものは原種のように背は高くはなく、一メートルより少し高いくらいだったが、葉は大きかった。中国種の花粉が混じるのを防ぐため、中国種の栽培地帯から離れた土地で栽培試験をしているということであったが、今日のアッサムでは中国種とアッサム種との交配種が栽培されている。ジャワの茶畑もアッサム種なので、私は戦争中のニュース映画で、ジャワの茶畑の葉の大きいことに気づいたのは、台湾で実物をみたせいであった。

東インド会社の立場　それまで東洋の貿易の独占を認められていたイギリスの東インド会社の利権については、国内で色いろの批判がおこったので、ついに一八一三年にインド貿易の独占を禁じたが、中国との貿易の独占は二十年間延長された。この会社はインドの行政管理を委任されていたので、その続行も認められていたが、中国との貿易の独占は一八三三年に終り、インドの行政管理はセポイの叛乱後、一八五八年八月にイギリスの直轄となって、東インド会社は二百五十八年にわたる長い歴史の幕をとじた（インドの行政が民間の会社で行なわれていたのは、インドがイギリス政府の領有でなく、英王室の領有だったという特殊な事情によっていた。当時のビクトリア女王はイギリスという連合王国の女王〔クイーン〕で、インドの女帝〔エンプレス〕を兼ねていた）。

はじめのあいだ、東インド会社は、インドで茶を栽培すると、中国との茶の取引の独占権が乱されるので、それに反対の意向をもっていたが、一八三三年に中国茶の輸入の独占の期限がきれると、従来の方針を改め、インドで茶をつくることに本腰を入れはじめた。イギリス人の茶の味覚は中国の茶によってつくられたものなので、インドで栽培するのも中国の茶樹でなければならないという信念で、将来の見通しの立っていないアッサム種の栽培には乗り気でなかった。

一八三四年に総督のウィリアム・ベンティング卿がインドにおける茶樹栽培の審議会をつく

った。また同じ年に審議会の幹事だったカルカッタのマッキントッシュ社のG・J・ゴードンが中国の茶樹とその種子と、それを栽培し、茶につくる技術者たちを集めるため、その国に派遣された。

また同じ年に、アッサム渓谷のガウハーティに駐在していたジェンキンズ大佐が審議会のできた話をきき、それをサディヤに駐在していたキャプテン・チャールトンに伝えたので、後者は種子と花を添えた完全な茶樹をカルカッタにおくり、それが十一月八日に到着、中国の茶樹とは異なる品種であることが確認された。アッサムにおける茶樹の再確認は、カルカッタでそれに関心のあるサークルを刺戟し、植物園長のウォーリックはインドで自生の茶樹が発見された以上、中国から茶樹を輸入するのは時間の無駄だと考えた。

中国の防止策　当時、中国から茶の種子や茶樹をもちだそうとした場合、たいていその発芽や生長がよくなかった。おそらく中国人は外国人に茶の種子を渡す以前に、それを蒸して発芽力を弱めたり、その他、さまざまのトリックを加えたとみられ、幸いにして健康な茶樹が輸入されても、それでつくった茶は、中国の茶に味が及ばなかった。

長い年月にわたって、中国の土壌と気候で生長した茶樹がそれの異なった土地で原産地と同じ結果を生むはずはないと、考えられた。これは中国から茶樹を輸入しようと試みたジャワやセイロンの場合も同じだった。

アッサム種の再確認で、それの栽培が有力視されるようになったので、それまですくなからぬ種子をカルカッタに送っていたゴードンは、それを中止して帰国することになり、その一方で、茶樹の栽培で中心的存在だったC・A・ブルースが、中国種の種子を育てはじめた。

アッサム種の調査団　一八三五年に、カルカッタ植物園では、東インド会社の委嘱で、アッサムで茶の生産が可能であるかどうかを知るため、科学的調査団を組織した。一行は植物園長のウォーリック博士、地質学者マクレランド博士、青年の植物学者グリフィス博士（後出）だった。

一行は、八月の末にカルカッタを出発（興味をもたれる読者はぜひインドの北東部の地図をひらいてください）、途中錯綜した水路や象や騾馬などを利用してチェラプンジに達したのは十月六日だった。チェラプンジ地方は世界で最も雨量の多い地方で、一九三一―六〇年の年間平均降雨量11,437ミリ、一九六〇年八月―一九六一年七月の年間降雨量は世界最大の26,465ミリを記録している。高温と多雨のため、チェラプンジ付近は、インドで最も多種類の花があることで知られ、植物採集家にとってはパラダイスだった。一行は、ここで一ヵ月を過し、つづいて北西の丘陵地帯を越え、ノンポーを経てアッサムの行政の中心地ガウハーティの西に出るコースを辿ったが、この辺りは一年のうち九ヵ月はヨーロッパ人にとっては命とりの気候で、同時にジャングルが深く、野生の象があらわれることなどで、植物の採集などはほとんど不可能だった。一行は、そこを越え、サディヤに達したのは翌年の一月だった。

一行は、ここでC・A・ブルースに迎えられ、彼の案内で周辺の調査を行ない、最初にアッサム種の茶樹の発見されたパトカイの丘陵にも回った。一行は、サディヤで中国から取りよせた茶樹の苗木を育生している栽培園をみたが、その状態は不良で、雑草におおわれ、家畜の侵入で踏みつけられ、その上、土壌がやせていた。カルカッタからおくられた二万の苗木が五百本しか生きていなかった。これらはゴードンが中国からおくってきた最初の種子を、カルカッタで育てたもので、その総数は四万二千本だった。それをアッサムとヒマラヤ各地とニルギリ（前出）の三ヵ所に分配したが、ヒマラヤ各地におくったのは順調で、ニルギリでは全滅し、サディヤでは前述のごとくほとんど失敗という成績だった。

一行は、翌年調査を終え、それぞれの調査報告をだしたが、充実した報告を書いたのは二十五歳で精力的なグリフィス博士と地質学者マクレランド博士で、アッサム種の茶樹をその自生地帯で栽培すべきだと提案したのに対し、植物園長のウォーリック博士は、それより西の地方に中国種の種子を植えることを進言したといわれる。

総督はじめ、東インド会社の首脳部も、アッサムで茶をつくるには、中国種の茶樹のほうが適当だと考えていたが、一八三五年にC・A・ブルースがインド政府のアッサムにおける茶樹栽培の監督官に任命されると、彼はアッサム種に力を入れ、中国からつれてきた製茶職人に、アッサム種の葉で茶をつくらせた。一八三六年に、最初の一ポンドがロンドンにおくられ、三七年には五ポンド、三八年には小箱十二箱、大箱九十五箱がロンドンに到着、一八四〇年に政庁の施設でつくられた茶がカルカッタで分売されたときは六〇〇〇ポンドで「最初のイギリスの茶」だというので人気が集まったといわれている。ただし、これには異説があって、一八三六年に最初の茶がカルカッタにおくられ、三年後に東インド会社を通じてロンドンのインディア・ハウスで競売されたときには、インド産の茶だというので非常に歓迎され、平均一ポンドにつき二十シリング以上で取引されたとも伝えられている。

一八四二年に、イギリス美術協会が一八二五年に発表した「最も優良なイギリスの茶」に贈る金メダルが、C・A・ブルースに与えられた。

一八四〇年に東インド会社の子会社のアッサム会社がインド北東部の政庁の茶園の三分の二を手に入れ、一八五二年には二・五パーセントの最初の配当を行なったが、その前年にはF・S・ハンネイ大佐によって、アッサムで最初の私営の茶園がはじめられた。

その一方で、東インド会社は、中国種の茶樹に深い執着をもっていたので、一八三八年にジャイプル(デリー西南)にそれの茶園をつくったほか、その年と翌年にかけて、その他の地方四ヵ所にも、中国種の茶園をつくり、一八四八年に、中国の茶の実地踏査で有名だった植物採集家ロバート・フォーチュン（一二九ページ）を中国に派遣して、優秀な茶樹と製茶のエキスパートとその道具をインドに移す大事業に乗りだした。

それまでインドに運ばれた茶樹は、製茶の本場から離れて広東から移入していたため、その栽培の実績があがらなかった。中国人が茶樹のもちだしをよろこばず、故意に茶樹が育たないような手段をとったことも、一つの原因だった。フォーチュンは、この時は上海から内陸三二〇キロの僻村に侵入（彼はいつも中国人に変装して旅行した）して、茶樹とその種子を集め、翌年一月それを香港からカルカッタにおくった。

フォーチュンの再登場　フォーチュンはさらに茶樹の調査と蒐集に二年を費やし、一八五一年二月、十六個の鉢に植えた茶樹と芽を出した種子と、一群の製茶職人をつれて香港を出発、カルカッタに向った。彼はインドで茶樹栽培の管理をしたのち、その年の夏にイギリスに帰ったが、彼の仕事に満足した東インド会社は、彼にさらに前通りの仕事の継続を依頼したので、一八五二年十二月、彼は再び中国に向った。しかしこの時は、太平天国の乱（1851-64）が拡大して、遠距離の旅行は不可能だったが、それでも一八五五年の末まで上海を中心に蒐集を行ない、翌年二月香港からカルカッタに着き、インドで八ヵ月を過し、十二月の末にイギリスに戻った。

一八五八年とその翌年にかけて、フォーチュンは四度目の中国渡航を企てて茶樹を集めたが、その時の依頼者はアメリカ政府で、アメリカ政府は同国の南部で茶樹栽培の実験を計画していた。フォーチュンはその翌年、わが国にあらわれ、わが国での植物（主として観賞植物）を集めたが、彼がインドに移した茶樹は、現地に叛乱があったり、東インド会社が一八五八年に解散したりしたことや、その頃にはアッサム種がイギリス人の好みにあうことがわかったことなどで、中国種は見放され、アメリカにおくった茶樹も、南北戦争で計画がうやむやになって、フォーチュンの中国種の蒐集は、まったくの無駄骨折りに終った。

セイロン　紅茶といえばセイロンというくらいに、今日では世界的に有名であるが、この島では十九世紀の前半まで、コーヒー産地として知られていた。ところが、一八七〇年代の終りにコーヒー樹を枯らす害虫が大発生して、数年間でコーヒー産業（最盛時には年間一億一〇〇〇万ポンド、金額にして千六百五十万磅）が全滅してしまった。一八八〇年代の終りには、荒廃したコーヒー園を見捨てて、マライ州その他の地方に脱出する農園主や労働者が多くなり、政庁も赤字財政に当面した。

セイロンでも、コーヒーと同時に茶の栽培が行なわれていたが、前者の一一万一〇〇〇ヘクタールに対し、後者はわずかに八〇—一二〇ヘクタールで、比較にならなかった。

茶は一八三九年の終りに、アッサムで発見された新種の苗がカルカッタの植物園からセイロンのペラデニアの植物園（のち、カルカッタ植物園と並び称されるようになった）におくられてきたのが最初で、その翌年のはじめにはさらに二百五株がとどき、その一部が一八四〇—四二年のあいだに島内で私人によって栽培されていた。

その頃、一八四一年にモーリス・B・ウォームズが中国を旅行したさい、茶の切株をもち帰って、セイロンのブッセラワのロスチャイルド家の農園に植えた。ウォームズは男爵家の一人で、ロンドンのロスチャイルドの遠縁でもあった。彼の兄のガブリエルが、ソガンマその他の農園で茶を栽培した。ロスチャイルドの農園の茶は良好な成績で、それを中国人に製造させたものは一ポンド一ギニー（二十一シリング）の高値を呼んだ。

その一方で、おなじ時期にアッサム種の栽培をはじめた人々もいて、そのなかでG・D・B・ハリソンとW・M・リークのローレコンデラ農園では、一八六六年にアッサムの茶樹栽培地方に視察員をおくって、栽培の成績の良好なことをたしかめ、その年にはじめてアッサム種の交配種の種子を買入れ、ローレコンデラ農園のテーラーに渡した。テーラーは、その翌年八ヘクタールの土地を開拓し、そこに上記の種子を植えた。これがセイロンで最も長くつづいている茶園とみられている。セイロンの茶がはじめてロンドンの市場にあらわれたのは一八七三年だった。

以上はセイロンにアッサム種が伝わった歴史であるが、その後、コーヒーで打撃を受けたがその農園を立ち去ろうとしなかった少数の農園主や、一度はセイロンを見捨てたが再起を決心して引返してきた一般の人々は、茶の種子を買う金もないほどのひどい生活から、セイロンの最も暗い歴史といわれた困難な時期に堪えて、コーヒー園を茶園に転換させることに成功した。

それを数字で示すと、一八七五年から一九三〇年までのあいだに、セイロンの茶園は、四四〇ヘクタールから一八万九〇〇〇ヘクタールに増加し、別の統計によると、一八七八年にセイロンで生産していた茶は二万ポンドに過ぎなかったが、のち、一八八三年には一五〇万ポンドになり、一八八八年には二四〇〇万ポンドの生産に達していた。

余談であるが、リプトンが茶の産地を視察するため、セイロンに来たのは一八九〇年で、当時はまだコーヒーの廃園の地価はひどく下がったままだったので、彼は即座にそれらの土地を買って茶園をつくり、紅茶といえばリプトン、リプトンといえば紅茶といわれる大産業の基礎を築いた。

インド茶の進出　一八六六年にイギリス人の飲んだ茶は一億二二六万五〇〇〇ポンド（一人当り三・四二ポンド）で、そのなかに占めるインドの茶はわずか四・五パーセントの四五八万四〇〇〇ポンド、中国の茶は九七六八万一〇〇〇ポンドだったが、一九〇三年には一人当り六・〇三ポンドにふえ、中国からの輸入は一〇パーセント、インドは五一パーセント、セイロンは三一パーセントだった。一九〇八年には中国からの輸入は九七五〇ポンドに減り、インドからは一億六二五〇万ポンドにふくれあがった。

一九三二年にはイギリス人の茶の消費量は一人当り一〇・五六ポンドになったが、茶の需要がこのように増加したのは、イギリスは植民地にコーヒー産地をもたなかったので、それをフランス（コーヒー産地を支配していた）から買っていた。それに対し、イギリス政府はインド産の茶でコーヒーの輸入を防ぐ国策（税制）をとったこと、インドでアッサム種が発見されたことで、それを飲むことがイギリス人の愛国心を満足させたこと、ならびにインドの奥地と海岸を結ぶ鉄道がつくられ、帆船から蒸気船に代って輸送費が大幅に下がったことで、茶が急速に大衆のあいだにひろまったこと、その他、コーヒーが女子禁制のコーヒー・ハウスによってひろまったのに対し、茶は家庭の婦人のあいだにひろまったことなど、さまざまの条件が、この時代の茶ほど有利に働いた商品は、ほかに類がすくなかった。

リプトンの登場

少年時代　トオマス・リプトン（1850-1931）の両親は、アイルランド人で、グラスゴー（スコットランド中部の商工都市）の下町でバターとハムを売る小さい店をひらいていた。彼は小さい時から店を手伝っていたが、タマゴを買いにきた客にはかならず母親に応対させた。彼は、母親の手が小さいのでタマゴが大きくみえることに着目していたからであった。九歳か十歳のころ学校へゆく姿のまま両親に無断で文房具店の小僧になり、十五歳の時、広い世間をみるためアメリカに渡った。その時代の渡航はきわめて自由で、旅券もビザも不必要だった。十五歳のリプトンは十八ドルの船賃でニューヨークに着いたが、その時彼の手持ち金は八ドルより多くはなかった。彼は船が桟橋に着くと、素早く渡り板をかけおりて岸壁に集まった旅館の客引きのなかに入った。彼はそのなかから、アイルランド訛りのある信頼できそうな一人の男を探し出し、「僕の友だちが船に乗っているが、十二人つれてきたらいくらお礼をくれるか」と交渉すると、その男は「一週間ただで泊めてやる」といった。彼は船に引き返し、船中で手紙の代書をしてやったり、その他の世話をしてやった人々を集めて客引きに渡した。

その時のアメリカは南北戦争の直後で、北部では軍需工場が閉鎖され、復員した兵隊が町にあふれ、物価は高く、仕事がなかったが、その反対に南部では人手不足だった。彼は南部諸州で色いろの仕事をやり、三年目にニューヨークのデパートメントストアの食料品部にやとわれ、そこでさまざまの商法を学んだ。彼は仕事に熱心で昇進がはやく、そのまま進めばひとかどの移民成功者になることができたが、そのコースを歩まず、一八六九年の春、五百ドルの貯金をもって生れ故郷のグラスゴーに引きあげてしまった。
彼は父の店を手伝うことになったが、彼の最初のアイデアはアメリカ式の広告法で客を集めることだった。彼は新しい荷馬車の両側にペンキで大きく「リプトン」と書かせ、それに乗って店に戻ってくると、父親はおどろいてその馬車を馬車屋に返させた。

一八七一年五月十日、二十一歳の誕生日に、彼は最初の店（父親と同じハムとベーコンとタマゴの店）をひらいた。それ以後の数年間、さらに三十年間にわたって彼の一筋道の商売がはじまった。それは彼がアメリカで覚えてきた、「商売の資本《もとで》はからだと広告」というモットーで、彼は一人で店の一切を切りまわし、朝早くから夜おそくまで店をひらき、開店早々引札を出して主婦連中に呼びかけ、つぎに貼りビラで廉価販売を宣伝し、店頭にペンキ塗りの大きなハムの看板もブラ下げた。暑い日にこの看板に太陽の光が当ると軟らかくなったペンキが脂のように光って、本物のハムのようにみえた。

支店をつくる　リプトンの理想は支店をもつことであった。二軒の店をもてば利益が倍になり、支店をふやせばその数だけ利益がふえるという簡単な計算がもとになっていた。短期間に成功する人はたいてい商売の近道をたどるか、多少のインチキを行なうのが普通だが、リプトンはどちらの方法もとらなかった。三年目の終りに、彼はグラスゴーに一軒の支店をもち、それから半年後にもう一軒の支店をつくった。

彼は利益を全部商売に投じ、新しい店は最初の店より上層階級の住む区域を選び、店の構えも最初の店より立派に、大きくした。彼はすくなくとも二十年間は毎日新しい広告の方法を考えたといっているが、それについては拙著の『西洋広告文化史』に詳述したので、残念ながら省略する。

彼はアイルランド人の性格として、他人と共同で事業をすることを嫌い、つねに独立で過した。また彼のスコットランド魂は、金を貸すことと、金を借りることを認めなかった。したがって彼の事業は急速には伸びなかったが、堅実な基礎に築かれた支店は、一八八〇年には二十軒以上になっていた。のちにはチェーンストア式に英国中に毎週一店ずつの割合で直系店をふやしていった。

セイロン島の視察　イギリスでは一八八〇年代にはいってから喫茶の風習がとくにさかんになったので、茶の卸売商人たちが世界一のチェーンストアを経営するリプトンに目をつけ、彼の店で茶を売らせようとしたところ、彼は茶商が不当な利益を占めている内幕を知り、自分で茶の卸商を兼ね、自家製品をやすく売出すことに熱中した。

当時セイロン島はコーヒーの産地で、害虫が発生してコーヒー園が全滅したことはすでに記したが、セイロンのある土地の代理者だったロンドンの銀行員が、リプトンにその地所を買って茶園を大規模に経営することをすすめた。

一八九〇年の夏、リプトンはオーストラリア行きの船客になり、セイロンで先発の調査員に逢ってその報告を受けた。彼は現地の状況を知るため、調査員をおくっていた。リプトンはコロンボにとどまり、翌日には茶園のある地方に向う汽車に乗っていた。栽培園の地価は非常にやすかったので、リプトンは絶好の機会だとみて、即座にそれへの投資を決意した。

彼は三週間の旋風的な旅行で二八〇〇ヘクタール以上の土地を手に入れたが、土地の代金は所持金（七万五千磅）の半分だけであった。これは彼が茶を扱うようになった翌年のことであった。彼はそこにアッサム種の茶を植え、「茶園から直接ティー・ポットに」というスローガンで、大々的な宣伝をはじめた。

包装売りの先駆　その頃、ロンドンの茶の商人たちは、茶を大衆に買いやすく売ることはほとんど考えていなかった。それに対し、リプトンはそれを彼の支店で、日常的なハムやベーコンやバターといっしょに扱った。

茶はその時代には一ポンドが三シリングで、一週二磅で生活している階級には買いにくい商品だった。彼は仲買人を通さなければ、その値段を一シリング七ペンスに下げても、なおかつ多少の利益があげられると考えた。つぎにリプトンはその宣伝法として、茶を一ポンド、半ポンド、四分の一ポンドの袋に入れることを考えた。それまでの茶は店頭の箱に入っていて、目方をはかって売っていたので、客にはそれが新しいかどうかが疑わしかったし、目方も正確であるかどうか疑わしかった。袋入りだと茶が新鮮さを保ち、品質が明記でき、受け渡しに便利だった。彼はさらに茶の袋に茶摘み姿のタミール（セイロンに住む一民族）の娘をあらわし、「茶園から直接ティー・ポットに」というスローガンを印刷したレッテルを貼って、視覚的に魅力をつけることを考えたが、彼の事業が世界的に拡大するにしたがって、彼のセイロンの茶園でつくったものはほんのわずかの分量で、大部分はコロンボ、カルカッタ、ロンドンの市場で集めていた。

最初リプトンは、茶がそれほど大きな商売になるとは考えていなかった。ところが一ポンドにつき一シリング七ペンスの袋入りが売出されると、需要は急速にふえて、彼の三百の店で売るだけでは需要を十分にみたすことができなくなった。リプトンは、茶の前途を過小評価していたことに気づいた。彼は茶をほしがっている人々のすべてにそれを供給し、需要のあるあらゆる場所でそれを売った。買手に売るだけが彼の商法ではなく、それまで茶を買わなかった人々に買わせることが、彼の目標だった。

以上のリプトンの経歴は、イギリスの広告史や、アレック・ウォーの『トオマス・リプトン伝』（英、1951）によったものであるが、本当をいうと、茶を包装してやすく売った先駆者はジョン・ホーニマンで、ホーニマンはリプトンが生れる以前に、それをはじめていたので、おそらくリプトンはそれを知っていたはずだが、世間ではそれがリプトンの発案のようにいわれているのは、ホーニマンにとっては気の毒であった。

なにしろリプトンの茶が、もの凄い売行きを示すようになった十九世紀の末は、イギリスで消費される総量が、

一八七五年　一億四四〇〇万ポンド
一八八五年　一億八二〇〇万ポンド
一八九〇年　一億九四〇〇万ポンド
一九〇〇年　二億四九〇〇万ポンド

というように、うなぎ上りに増加した時代だったので、ほかの茶商でも包装売りをやっていたはずで、トワイニング社の社史を調べてみた範囲でも、銘柄名、商標、小売価格を表示した包装売りは、一八八〇年代に多数の茶商がやりだしたが、トワイニング社では高級な客を相手に店売りを主にしていたので、それをはじめたのは一八九二年からだったと、記録している。

トワイニングの社史によると、紅茶を混合するのは、最初は同一種類の茶の数個の茶箱の茶を混合して、同一品種の茶を客に供給することがはじまりで、オールド・ファッションの小売

1820年頃のロンドンの食料雑貨・茶商，W. ジェームズのレッテル（木版画）。

店では、客のみている前で混合し、客が満足する味になるまでそれをつづけ、それを売っていたし、客のなかにはオリジナルな茶箱から茶を買い、それを自分で混合する者もいた。高級な茶商では、支配人が個々の客の好みを記録して保存し、いつでもその好みに応じていたというが、そのような習慣は、一九三〇年代に終ったと述べている。

一九〇〇年以前には包装した茶は、全体からみるとわずかで、大部分の茶はバラで卸売商の段階でか、または小売商の段階で混合されていた。バラ売りを包装売りが凌駕しだしたのは一九〇〇年から一九一四年のあいだで、今日のイギリスの食料雑貨店の大部分では、バラ売りをせず、包装したものだけを扱っていると、トワイニングの社史では説明している。

サンドイッチマン　包装売りはたしかにリプトンが茶を売りはじめる以前に、すでに一般化していたが、それを直営ないし直系の店で、大々的に売出し、信用のできる茶をやすく広めたのはリプトンの大きな功績だった。

彼はあらゆる機会に、"Lipton Tea" という名前を宣伝した。その一つにサンドイッチマンの行列があった。サンドイッチマンが人目につきだしたのは一八五〇年代だったが、リプトンはそれを大がかりに利用して、二百人のサンドイッチマンに中国人の服装を着せ、リプトン茶の広告行列をさせた。彼はまた自社に印刷所をつくって二十数ヵ国語の広告文とポスターをつくって、世界各国におくりだした。

1850年頃のロンドンのサンドイッチマン。

茶の売上げは百万長者を千万長者に押し上げた。その頃の所得税は五パーセントだけで、累進税は考えられていなかった。あまりたくさんの金がもうかったので、勘定ができないほどといわれた。彼はもうけた金を私生活に使わず、その全部を商売に注ぎこんだ。

これは彼が商売をはじめた最初から一貫した信条だった。彼の茶園、工場、倉庫、店に働く人々は一万人を超えるようになり、事業の本拠もグラスゴーでは不便になったので、ロンドンに本店を移した。

それまで彼の広告は、支店の所在する土地に限られていたが、茶を扱うようになってからは、全国的に広告をするようになった。茶の広告で"Lipton"は日常の一般語になった。

リプトンは、ロンドン郊外の広大な庭をもった邸宅に住み、茶の輸入税として三万五千磅以上の小切手を支払って世間をおどろかせたが、その私生活はグラスゴーで二軒の店をもって商売に熱中していた当時と全く変らなかった。両親は世を去り、兄弟も妻も親類もなかった彼は、しばしば邸に帰るのをやめ、ロンドンの本店のカウンターの下に寝ころんで、一夜をあかした。

伝記資料　リプトンは、私生活を伝える日記とか、手紙とかいったものをなにひとつ残さなかった。秘書に口述で書かせた手紙はすべて取引上の用件だけであった。彼の伝記の材料は、一八七七年以後の彼に関する記事を集めた新聞の切抜き帳だけであるが、それが大きな本に製本され、八十四巻に達しているので、そのなかで彼が新聞記者に語った言葉が、有力な手がかりになっている（この切抜き帳は、グラスゴーのミッチェル図書館に収められている）。

貴族に列せられる　リプトンは私生活ではタバコも酒もやらず、趣味と呼ぶべきものはなにひとつもっていなかった。また千万長者でありながら、社交界にも顔をださなかったが、だからといって彼は守銭奴でも世捨て人でもなかった。服装はきちんとしていて、他人に対してはていねいで、気前のよい人柄であった。

一八九八年にビクトリア女王のダイアモンド記念祭（即位六十年祭）が行なわれようとしたとき、『タイムズ』紙上に皇太子妃の名で、記念祭当日に貧しい放浪者や乞食に食事を与える組織をつくってほしいという手紙がのせられ、皇太子妃はその基金の一部として百磅の小切手を贈ったことが報じられた。

リプトンはしばしば地方の慈善団体にハムや茶を贈ったことがあった。博愛主義からというよりも広告のためだったとみられているが、皇太子妃の手紙は、彼の見通しでは、すばらしい広告のチャンスに思われた。彼は即座に給食に必要な茶と砂糖の全部を寄付すると、ロンドン市長に申しでた。

リプトンの予期したごとく、この寄付は世間の評判になって広く宣伝され、市長からは丁重な感謝がささげられた。リプトンは市長に基金の集まりはどうかときくと、給食には三万磅が必要だが、寄付金はその六分の一しか集まっていないということであった。リプトンは再び広告には絶好のチャンスだと判断して、即座に小切手帳をだして二万五千磅の金額を記入し、この寄付金の贈り主の名は発表しないでほしいといい添えた。

匿名にしたのは寄付金の評判を二倍にするリプトンの賢明な計略だった。自然の成行きに任せておいたら、皇太子妃の希望は達せられず、彼女の声望を傷つける結果になりかねなかった。彼女は苦境に立たされていた。誰れかが、たとえばサー・アーネスト・キャッスル（財閥で博愛主義者）のような大物が彼女を救うためにあらわれねば、取返しのつかない事態におちいるであろう。リプトンの寄付金は人々が全く予期しないところからでたというので、たちまちジャーナリズムの注目の的になった。リプトンはおそらく本能的に、このような「完全なタイミング」のチャンスをつかんだだろうと思われる。ロンドンの新聞界では、匿名の寄付者が誰れであるかを推測する記事で大競争がはじまった。新聞では有名な金持の名前をあげて、戸別にその訪問記を書きたてた。リプトンのところへも記者がやってきたので、彼は「私に二万五千磅貸してくれる人を教えてもらいたいね」と、笑って答えた。

十日間のセンセーションがつづいて、そろそろその熱がさめかけようとしたとき、リプトンは市長に秘密の公開を許した。彼の寄付金は彼の予想のごとく、もう一度世間の大評判となり、二重の広告効果をあげた。

リプトンはいつも「商売の広告はするが、自己宣伝はしない」という信条を公表していた。事実、世間ではリプトンの名をハムやバターの店の名前として、あるいは茶の商標として知っていたが、その裏にいたリプトンという人物についてはあまり注意を払っていなかった。ところがこの寄付金以来、彼の名前はイギリスの大富豪サー・アーネスト・キャッスルや、ウィリアム・W・アスター（アメリカ生れの資本家。一八九九年にイギリスに帰化、一九一七年に子爵を授けられた）と同等にみられるようになった。それまでリプトンの儲けは年収六万磅（1893）、九万三千磅（1896）の水準だったが、一八九七年には一躍して十七万五千磅にはね上がった。この数字からみても、二万五千磅の寄付金は十分にもとを稼いだといっていい。

記念給食につづいて、彼が力を入れたのは、ロンドンの貧民に数ペンスで栄養のある食事を与えるという計画で、これにはアレクサンドラ基金という名前がつけられた。彼はそれに十万磅を寄付した。アレクサンドラというのは皇太子妃で、これらの事業でそれまで王室となんの関係もなかったリプトンが、思いがけなく皇太子妃の信頼を受けるようになった。

一八九八年にリプトンはナイト爵を授けられ、サー（Sir）の称号で呼ばれるようになったが、世間の評判では、この叙勲はアレクサンドラ皇太子妃が、自らそれをビクトリア女王に望まれたと伝えられた。その年リプトンは事業の個人経営をやめて会社組織に改め、その会長になった。爵位を金で買ったと酷評した新聞もあったが、世評は概して彼に同情的で、彼をすぐれた実業家で、集積した財産を惜し気もなく慈善事業に投じたことを賞讃した。彼はつづいて一九〇二年に準男爵（バロネット）になり、イギリスの貴族の一人として押しも押されもせぬ人物になった。

ヨット・レース　商売から引退したリプトンは、莫大な財産を米英のヨット・レースで有名な「アメリカズ・カップ」の争奪戦に投じた。これはヨットの歴史では有名な話であるが、本書ではそれに立ち入ることを避けたい。

リプトンの死　リプトンが死んだのは一九三一年九月で、その月の十三日には午前中戸外で動きまわり、夜は少数の友人と食事を共にし、玉突きを楽しんだが、その晩自室で倒れ、意識を失っているところを発見され、二日後にこの世を去った。葬儀は故郷のグラスゴーで行なわれ、彼の一家の墓のある貧民の墓地に埋められた。身よりのない彼の遺産は遺言によって全部グラスゴーに寄付され、病人と貧民を救う施療院または病人の経費にあてられた。

喫茶店のはじまり

コーヒー・ハウスから独立した、ティーとケーキの喫茶店（ティー・ショップまたはティー・ルーム）は、一八八〇―九〇年代から急に増加しはじめたが、それらの先駆をなしたのは現在も盛業の「ABC」と「ライオンズ」であった。

「ABC」 ロンドンで最初にティー・ルームを開いたのは「ABC」というパンの会社だった。これは“Aerated Bread Company”の頭文字で、“aerated bread”はダウグレーシ博士が特許をとった無酵母の（炭酸でふくらました）パンという意味である。この会社のロンドン・ブリッジに近いパンとケーキの売店では、年長の女支配人が二、三人の馴染みの客のために、奥の部屋でお茶を飲ませていた。それがお客によろこばれることを知った彼女は重役に、お茶を飲ませるのを事業の一部にすべきだと進言した。重役はそれに賛成し、「ABC」のティー・ルームがロンドンにおける同業の第一番として開設されたのは一八八四年で、一九三六年頃までに店の数を六十五に増加していた。

「ABC」ではお茶を一碗で二ペンス、ポットに入れてだす場合は一人当り三ペンスの代価だった。ロンドンの一般のティー・ショップでは一碗が二―三ペンス、ポットは一人当り三―四ペンス、ホテルのロビーではサンドイッチないしケーキつきで六ペンスであった。

「ライオンズ」 「ライオンズ」の実質的な創始者モンタギュー・グルックスタインの実家は、二世代（一世代は約三十年）にわたって葉巻の製造をしていた。

その事業は成功していたが、なにぶんにも家族が多いので、近い将来なんらかの新しい事業に進出する必要があった。

モンタギューは葉巻の外交面の仕事でいつも旅にでていたので、「旅行中に一般の人々がなにを望んでいるかをじかに知り、自分自身が不便を感じるとともに、一般の人々も不便を感じていることを、どのようにしたら満足させることができるかを、考えはじめる」ようになった。彼にその考えを最も切実に感じさせたのは、彼が博覧会で葉巻の宣伝をしていたときであった。当時、人々に飲食をさせる商売は全くなっておらず、博覧会にきた人々は場内の金取り主義の、客扱いのひどい食堂にゆくか、場外のパブリック・ハウス（居酒屋）にゆくか、あるいは昔ながらのコーヒー・ハウスにゆくかの、三つの場所しかなかった。パブリック・ハウスやコーヒー・ハウスは食事をさせる場所ではないが、町を歩いていて、簡単に食事のできる場所はそれ以外に全くなく、そういう場所（商売）をやろうとおもう者はいなかった。

モンタギューは、給食事業に目をつけ、博覧会を目的にして、どれくらいの客があるか、その大まかな経費はどれくらいかなどの研究をはじめ、親族のグループを説得して、非アルコール飲食店の設立を計画した。

その頃、一八八七年に、ニューキャッスルでビクトリア女王の在位五十年記念の博覧会が開かれることになったので、そこで食堂を経営する権利を手に入れ、その経営の代表者になる人物を探した結果、モンタギューの兄弟の妻君の遠縁にあたるジョゼフ・ライオンズを引き入れることになった。

ライオンズは、当時リヴァプールの博覧会で売店をもっていた。モンタギューは、ある晩ライオンズのところに急行し、一枚のありふれたノートブックの紙に書いた計画書をだして、ライオンズに売店をやめ、新事業を受けもつように説得した。

モンタギューは、承諾したライオンズを会長に据えるとともに、彼の姓をとって会社の名称にし、自身は共同経営者として働くことになった。

グルックスタインの一族が資金をだしていながら、なぜこの会社にグルックスタインという名前をつけなかったかというと、グルックスタインの一族のあいだでは、食堂などという商売は、「葉巻製造のような貴族的な事業をしている人間のやることではない。したがって、その経営にグルックスタイン家の名前をだすことは以ての外だ」という反対意見があったためだった。

図にあたった経営方針　「ライオンズ」の経営方針は、最上級の茶を手に入れ、それをティー・ポット入りで二ペンスで飲ませることと、迅速なサービスということであった。その頃「ABC」では一碗で二ペンス、ポットでは一人当り三ペンスをとり、一般のティー・ショップでは一碗が二―三ペンス、ポットは一人当り三―四ペンスだったことは前に記した。「ライオンズ」の茶は値段がやすく、その上、ティー・ポットは"tea for two"（二人分の茶）に十分だったので、その評判はすばらしかった。

ニューキャッスルの博覧会での「ライオンズ」の店は平家のバンガローで、J・ライオンズは客を集めるために人気の高いハンガリア人のバルツァ・オーケストラを一週間百五十磅で契約した。

好調の波に乗った「ライオンズ」はグラスゴーの博覧会でビショップス・パレス・ティー・ルームをひらき、ウェートレスにメアリ・スチュアート（スコットランドのメアリ女王）のコスチュームを着せて人気を集めた。つづいて一八八九年には第四回パリ博覧会（この時にエッフェル塔ができて、博覧会の呼びものになった）に進出して、「仏英カフェ&レストラン」を開店した。

喫茶店を開業　それまでライオンズは各地の博覧会に集まる見物客を相手に商売していたが、一八九四年にロンドンのピカデリー二一三番地にはじめて喫茶店（tea shop）をひらき、同じ年にロンドンに二店を増加し、翌年には十二店に拡大した。

その頃、この社は同族会社から株式会社に転換し、二つの重要なシステムをはじめた。その一つはチップの辞退と、それに代るウェートレスへの手当て（手数料）で、いずれも成功であった。

つづいてロンドンの二ヵ所に「スーパー・カフェ」を、マンチェスター、リヴァプールその他に「ステート・カフェ」(後出)を開店する一方、ウェスト・エンド(ロンドン西部の金持の邸宅や劇場や高級レストランや流行品の店が集まっている)のトロカデロ・ミュージック・ホールのグリル・ルームを借入れる契約をし、ウェスト・エンドでも大衆的な料金でレストランが経営できることを実証した。

このトロカデロ・ミュージック・ホールのグリル・ルームの建設には、建築費が当初の予算よりも四倍もかかり、十万磅が必要になった。それに対し一族の一人がその資金を貸してくれることになったが、この人が急死して、問題は出発点に逆戻りしてしまった。モンタギューは同族を説得して、数人の同族から十万磅の資金をださせることに成功したが、その際、株式公募に応じた外部からの資金は、たった百磅であった。もし誰れかが、その時ライオンズの株式をまとめて買っていたら、大変な金持になっていただろうと、モンタギューは晩年の回想のなかで語っている。これはレストランの経営ということが、その時代には投資の対象に認められていなかったことの一つのあらわれであった。

ウェートレス　「ライオンズ」の店では、ウェートレスには明るくて、品位のあるサービスをさせることを目標として、絶えず時勢にあったキビキビした服装をさせたことでも有名で、とりわけ昔は高いカラーとカフスにエプロンというスタイルが名物だった。

手元にある英和辞典で“nippy”という語を引くと、「ライオンズ（英国の喫茶店名）の女給」と解説がでているが、この語は俗語で「活動的な、元気のある、注意のよく行届いた」という意味で、ロンドンでは「ライオンズ」のウェートレスをさす日常語になっている。

事業の拡大　「ライオンズ」では、各地の直営ないしチェーンの喫茶店と、家庭向きの需要に応じるため、ミドルセックス（ロンドンの西隣の州）のグリーンフォードに、約一六万三〇〇〇平方メートルの巨大な工場をつくった。

一九三五年頃までに、「ライオンズ」は二百五十ヵ所のティー・ショップをもったが、そのなかの四十ヵ所以上は地方の都市であった。「ライオンズ」はまたH&F・J・ホーニマン社の所有するロンドンの「ストランド・パレス」「リージェント・パレス」「アンバーランド・ホテル」などのホテルの経営に参加（株式の交換）し、また一九二一年には「オリンピア」で『デイリー・メール』の社長ノースクリッフ卿の七千人の宴会を引受け、一九二五年にはおなじ場所で八千人のフリー・メーソン（友愛・共済を目的とする国際的な結社）の大会を引受けたが、これは当時世界最大の宴会といわれた。なお「オリンピア」というのはロンドンの西部にあるガラス屋根の、二万四三〇〇平方メートルの巨大な建物で、一八八六年に開業し、大仕掛けの見世物、自動車、飛行機、その他の展覧会などが行なわれることで有名な場所である。

なお前記のホーニマン社は、一八二六年にジョン・ホーニマンが茶商人として開業し、それまでバラ売りだった（したがって混ぜものが横行した）茶を袋詰めにし、「ホーニマンの純良茶」というスローガンで売出したことで知られている。「ライオンズ」は一九一八年にホーニマン社と株式を交換し、茶を直接手に入れるルートをつくった。

イギリスはお茶の国なので、ロンドンには名前の通った喫茶店が多く、「ＡＢＣ」はじめ、五十軒以上の店をもつ「パイオニア・カフェ」や、「ブザード」「リッチウェイ」「キャビン」「カラード」「フレミング」「ルラー」「Ｊ・Ｐ・リプトン」「メッカ・カフェ」「スレーター」「スチュワート」「ウィリアムスン」といった店がよく知られている。

王室の御用　「ライオンズ」は、ティー・ショップ（喫茶室）、レストランの経営から、さらにガーデン・パーティー、個人の宴会、結婚式の招宴などを引受けるようになり、その評判が高まって、十九世紀の末には当時の皇太子（のちのエドワード七世）の御用を承るようになり、それ以後、恒例のバッキンガム宮殿のガーデン・パーティーをはじめ、王室のお茶の会を引受けるようになった。

スーパー・カフェとステート・カフェ　モンタギューの哲学は、お客に慰安を与えるためには、日常的なサービス以外に、飲食の場所にぜいたくな雰囲気を感じさせること、そのぜいたくとは、洗練された慰安を与えることにあると考えた。

それがライオンズの「スーパー・カフェ」と「ステート・カフェ」の構想であった。ステートは「国」という意味だが、東京でいえば帝国ホテルの「帝国」といった意味である。そこではナイフやフォークのような食器や、陶器類に、ぜいたくな品を選び、上質のテーブル・クロースのリンネルの真っ白な美しさや、室内の音楽に細心の注意を払って、そこにきた普通の収入の客とその妻君に、彼らの十倍の収入のある階級人の特権と考えられていたぜいたくでエレガントな食事がたのしめることを発見させた。

そういう食事の場所は、ヨーロッパ大陸やロンドンにも、ごく限られた階級の人々のためだけに存在していたが、それがイギリスの中産階級人たちに、いままで近よれなかった食事の場所で、いままで口にしたことのない料理を食べ、洗練された音楽をきくたのしさを覚えさせた。

「ライオンズ」がロンドンのコヴェント・ストリートに開いた「コーナー・ハウス」（「町かどの店」という意味）には、噂をきいて、どんなすばらしい高級な店ができたかをみるために、入店の順番を待つ客が、四〇〇メートルも行列をつくった。

「ライオンズ」が、本業である喫茶店で、ウェートレスにキビキビした服装をさせ、チップを辞退し、品位のあるサービスを行なったことは前に記したが、「スーパー・カフェ」「ステート・カフェ」の経営でも、今世紀のはじめの二十五年間に、イギリスのレストランの環境づくりに、先駆的な役割を演じたと、モンタギューは晩年の回想のなかで述べている。

なお、ライオンズはのちにサー（ナイト爵）の称号を与えられている。

食品事業への進出　「ライオンズ」は喫茶店とレストランの経営から、さらに食料品の分野にも事業を拡大した。最初は客のなかの茶やパンなどの食料品を買いたいという要望に応えるために、自家の喫茶店やレストランに供給する食品工場の規模を拡大したことが動機だったが、食品の小売がしだいに増加したので、それを独立させるようになり、パンを一例にあげると、一九二〇年代にこの会社のパン工場では、一時間に一万以上のパンと、併せて数千個の菓子を製造していて、世界で最大のパン工場になっていた。

また茶の工場では、一日に百万袋以上の茶を包装（今日のティー・バッグでなく、小売用の包装）していたし、自家用の冷たい飲みものを製造するため、独立の製氷工場をつくった。この工場は氷と冷たい飲みものの本場であるアメリカの最大の工場に匹敵する規模であった。

「ライオンズ」はこれらの製品を、自家経営の数百の店と、数千の特約店に配達するため、専用の流通組織をつくった。したがってそれらに必要な従業員はたいへんな数で、博覧会内のレストラン（複数）だけで七千人を雇ったし、本社ならびに各工場と直営の喫茶店、レストランなどでパーマネントに働いていた従業員は三万人に近かった。それらのなかには、化学者、医師、エンジニア、経理士、弁護士のような専門家や、鋳造、機械の取付けならびに電気技師などの技術者や、屠畜業者、パン焼き人、料理人その他の職人がふくまれていて、食品の会社でこんなにたくさんの従業員をかかえた組織は、ほかになかったが、それ以外に三万人というマンモス従業員の衛生福祉のために歯科医、足を治療する医師（まめ、たこなどの治療がふくまれている）から、マニキュアの専門家などがふくまれていたし、専属楽士のために、毎年十五万磅を払っていた。これはイギリスにおける喫茶店やレストランで楽士を常備した草分けであった。三万人という従業員の数は、一つの食品会社としては、世界で、唯一であった。

ライオンズのローマンス　「ライオンズ」の数々のローマンスのすべては、上記のようなこの会社のマンモス組織から生れたといってよい。なにしろ数字がケタ外れに大きい。それをまとめて記すと、オリンピアでひらかれた、『デイリー・メール』の社長ノースクリッフ卿の宴会（1921）では七千人、一九二五年の夏におなじ場所で行なわれたフリー・メーソンの宴会では八千人の客を引受けたが、当時これだけの人数の宴会は、世界で最大といわれた。アバーディン（スコットランド）のストラスコーナ卿の二千五百人の宴会を引受けたときには、ウェーターと料理をロンドンから特別列車で運び、料理の一部を進行中の列車のなかで行なった。

また一九二四年にミドルセックス州（ロンドンの西隣の州）のウェンブリーで英帝国博覧会がひらかれたときの数字は、そのマンモスぶりが、改めて世間をおどろかした。その数字をあげてみると、

従業員　七〇〇〇人
ケーキ　一〇万個
一個二ポンドのパン　一〇〇万個
ロールパン　四万九〇〇〇個
干ブドウの入った、甘いパン　五一六万個
バター　三〇万ポンド
茶　一二万ポンド
食事の供給　八〇〇万人分

で、サービスに使った食事用の道具は、

カップ、皿　二〇〇万個
グラス　七五万個

ナイフとフォーク　五〇万個
椅子　三万脚
ナプキンとテーブル・クロース　二五万枚
という大変な数だったが、それの破損もケタ外れで、
カップ　一三七万八〇〇〇個
カップの受け皿　四一万枚
ティー・ポット　四五万個
であった。この博覧会は、一九二五年にも引きつづいて開催されたが、「ライオンズ」はこれらの資材をすべて専門の業者からリース（賃借り）した。三万脚の椅子や二十五万枚のナプキンとテーブル・クロースを貸出すリース会社が存在していることにはおどろかされるが、常用のカップと皿の二百万個に対し、その受け皿の破損が四十一万枚という数字もケタ外れだった。

私の生家は輸出陶器に絵をつける小工場だったが、時々大量の安物の陶器の注文が入ったことがあった。それらは大規模の戸外の宴会などで、一回きりで使いすてになるという話をきいた。ウェンブリーの博覧会内の「ライオンズ」の食堂で使われた陶器やグラスはおそらくその種の一種の消耗品だったらしい。

午後のお茶の集まり（19世紀の版画）。

喫茶の風習

「午後のお茶」 お茶といえばわが国の茶道を別にすれば、イギリスの「お茶の会」（ティー・パーティー）、あるいは「午後のお茶」（アフタヌーン・ティー）が有名で、イギリスの風俗史の主要な一部になっている。「午後のお茶」は「五時のお茶」（five o'clock tea）とも呼ばれ、それがはじまったのは十九世紀の半ば頃だった。それをはじめたのは七代目ベッドフォード公爵夫人アンナ（1788-1861）で、その頃の食生活では、盛りだくさんの朝食を食べたので、昼食（ランチョン）は簡単で、召使の手をかりないのが普通だった。その一方で社交的な晩餐は一八二〇年頃からだんだんおそくなり、夜の八時頃になったので、公爵夫人は午後に茶と菓子（あるいは茶とパン

初期の茶碗は，中国からの輸入品の形を模してつくられ，小型だった（イギリス）。

とバター）を食べることを考えた。夫人によると、その時間には胃のなかが軽くなるので、それをみたすためだったというが、夫人は同時に彼女を訪ねてきた夫人たちと、午後のお茶をたのしんだので、その風習が上流社会にひろがった。それが公爵夫人からはじまったかどうかは別問題として、この風習がはじまったのは十九世紀の半ばだったことに間違いはないといわれている。それが「午後のお茶」＝「五時のお茶」となり、単に「お茶」といえば、それをさすようになった。

家庭内での、女性からはじまったこの風習は、その後カフェのような戸外の店でも要求されるようになり、今世紀のはじめには、戸外の午後のお茶は、すべてのホテル、百貨店にも普及した。

ハイ・ティー 手元にある英和辞典類をみると、“tea”といえば午後のお茶（お茶つきの軽い食事）、“early tea”は朝食前のお茶、“high tea”というのは「肉料理つきのお茶」（正餐が昼に行なわれたときにだす）となっている。「肉のティー」（meat tea）とも呼ばれ、パン、バター、お菓子もでた。お菓子ではマフィン（まるい形の軽焼パン）が一番よろこばれた。一八八四年の婦人雑誌に「正餐（ディナー）のパーティーを行なわない人々のあいだでは、肉料理つきお茶の集まり（ハイ・ティー）が主要なならわしになっている」と書かれている。

ハイ・ティーは「お茶の時」（五時のお茶）が一般的な風習になったのちにはじまったとみられているが、それがいつ頃からだったかはイギリスの風俗史家にもわからないといわれている。最近の『ランダムハウス英語辞典』では、「午後おそくの、また夜のはやい茶で、普通、肉、サラダ、果物、菓子、茶で成りたっている」とでている。

「ホーム」のくつろぎ 「五時のお茶」が一般の家庭での風習になったのは、お茶の値段が下がって一般の人々に日用品としてそれが買えるようになってからであった。

遠方の中国から運んできた茶の代りにインドで茶がつくられ、最初の製品が市場にあらわれて、中国茶一ポンド三十四シリングに対し、十六シリングで売出されたのは一八三九年だったが、一八六五年には茶の税金が一ポンドにつき二シリング三ペンスからただの六ペンスに下げられたことなどが原因で、その後十三年間にイギリスでは一人当りの消費量が一年一・二ポンドから三・二九ポンドにふえ、それまでのお茶に使っていた小型のティー・ポットや茶碗は各家庭から姿を消したし、お茶の容器に鍵をかけておく習慣もなくなった。ちょうどその頃、というと一八六〇年代のことであるが、家庭での午後のお茶は、婦人の私室での風習でなく、子供部屋の風習にもなっていた。

イギリス人がどんなにお茶をたのしんできたかは、イギリス特有のエッセイをみるとよくわかるし、イギリスの好きな外国人によっても、その雰囲気がインチメートに（親しみぶかく）伝えられている。

たとえば「お茶の時間にはなにか神々しいものが感じられる」といったジョージ・ギッシング（1857–1903）など、その回想的な『ヘンリ・ライクロフトの私記』を読むと、イギリス人の生活にお茶の時間がどんなに大切な役割をはたしているかが、しみじみと感じられる。

「この午後のお茶という宴楽——と呼んでもほとんど差支えないであろう——の慣例ほど、イギリス人の家庭趣味を顕著にあらわしているものはない。賤が伏屋にあつても、お茶の時間には何か神々しいものが感じられるであろう。なぜなら、それは家庭の仕事や煩労が終つたことを、そして安らかな団欒の夕べが始まつたことを、しるしづけるものであるから。茶

碗と台皿とがカチリと触れあう音ばかりで、心はめぐまれた安息へと整調されていく。(中略)

家政婦が茶盆をはこんでくるとき、その姿は見るからに好ましいものだ。彼女の顔つきは楽しげである。がしかし、彼女のほほ笑みには、光栄ある役目を果しているときのように、何か厳粛なものが見られる。(中略)彼女が口をきくとしても、それはほんのひと言かふたことの、気軽な言葉であろう。なにか大切な用談があるなら、その時間は茶の前ではなく、かならずその後であろう」(中西信太郎訳『ヘンリ・ライクロフトの私記』新潮文庫)

お茶を飲むことが生活にすっかりとけこんでいる有様が目にみえるようである。イギリス人は「ホーム」という言葉に特別の愛着をもっている。「わが家」という言葉は人の心に光明を与える言葉だとギッシングは別のところに書いているが、その「ホーム」のくつろぎを象徴しているのがお茶にほかならない。

お茶好きなイギリス人 イギリス人のお茶好きなのは特別で、一年に一人当り、

イギリス人	二〇〇〇杯
アメリカ人	四〇〇杯
ロシア人	二七五杯

ドイツ人　　　三六杯

という統計がでたことがあった。

それに対し、フランスはコーヒーの国で、滝沢敬一の『フランス通信』によると、「フランスで茶というと煎茶の如く、イギリスでコーヒーはにがい墨汁にすぎない。リプトンの茶包みでは仏文で使用法がこまごまと説明してあるにかかわらず、フランスの女中はなまぬるい湯に茶を投げこむ」と、苦情が書かれている。

イギリスに旅行した人は、国際会議でもお茶の時間がくるとひと休みになると驚いている。賀川豊彦氏が豪州にいったときの旅行記『世界を私の家として』にも、彼の地では朝七時、八時、十時半、昼食後、三時半、夕食時、寝る前にお茶を飲むと報告されている。

紅茶のいれ方　今世紀に入ってから、イギリスでは大人はもちろんのこと、子供でも味のいい紅茶のいれ方についていっぱしの知識をもつようになった。彼らは世界中のどこの国よりも、紅茶のいれ方や飲み方について、すぐれた心得があると自信をもっていて、それを芸術だと思っている。

大部分の紅茶はインド、セイロン、ジャワ、中国の茶をブレンドしたものであるが、若干の人々はインドないしセイロンの茶を混ぜないで、ストレートで用いることを好んでいる。

イギリス人にとって、茶のいれ方は日本の茶道のように「儀式」だといわれていて、まず最初にティー・ポットは三時間以前によく洗って乾かしておき、それに湯を注いで温める。茶の葉は冷たい陶器になじまないからである。茶葉は注意ぶかくスプーンで計らねばならない。一人につきスプーンに一杯と、さらにティー・ポットのために一杯を加える。ヤカンの湯は沸騰させ、ティー・ポットをヤカンのところにもってゆく。ヤカンをティー・ポットのあるところに運んではならない。湯は沸騰しているのをティー・ポットに注ぐべきで、湯が沸騰していないと（すこしでも温度が下がると）茶は完全に駄目になる。そして茶を軽くゆすぶり、ティー・ポットのフタをして保温カバー（茶帽子＝tea cozy ともいう）で一分ないし二分そのままにしておく。

以上は最近読んだサー・アンソニー・グリーンという文人の書いた『イギリス人の肖像』というエッセイからの引用であるが、これは戦前に読んだお茶のいれ方と全く変っていない（日本の茶道の作法が昔と変っていないのと同じである）。

そのほかティー・ポットにそのまま茶液を入れておくと茶のにが味が濃くなるので、それを避けるため、別の前もって温めたティー・ポットに茶液を移して、茶葉といっしょにしておかない家庭もある。あまりむつかしく考えない家庭では、茶葉をティー・ポットに直接に入れないで、バスケット状の「茶入れ器」に入れる。そうすれば茶液を別のティー・ポットに移す手間がはぶける。ただし、布製の茶袋は使わない。味がわるくなると、考えられているからである。

一般にミルクまたはクリームが茶液に加えられる習慣で、大部分は冷たいミルクを用いているが、なかには、それを温めて加える人もある。ミルクはお茶を注ぐ前にカップに入れるのがオーソドックスないれ方である。ガラスのコップに茶を注ぎ、レモンの薄片を浮べるのはロシア風のいれ方といわれているが、イギリスでも少数の人々はその種のレモン・ティーを好んでいる。砂糖は各自の好みにまかせられている。

ティー・ポット カフェや料理店でお茶を注文すると、ティー・ポットに入れてもってくる。ティー・ポットには一人用、二人用、三人用といったふうに、色いろの大きさのものがあって、三人の客だったら三人分の茶を入れたポットをもってくるわけである。たいてい追加用の湯を入れたジョッキ（水差し）がついているので、それを加えると一人分の茶が茶碗三杯にふえる。戦前はそれが中級の店で四ペンスくらいだったから、わずかの期間に茶は非常に安価な飲みものになった。

お茶と菓子 野外でお茶を飲む習慣が、ロンドン人の生活に定着したのは十八世紀の半ばで、その後、客間の「午後のお茶」がはじまり、お茶といっしょにケーキ（小麦粉を使った菓子）を食べるようになったが、そのはじまりは七代目のベッドフォード公爵の夫人アンナだったといわれる。

その頃の食生活では、朝食をたくさん食べ、昼食（ランチ）は軽く、夜食（ディナー）は八時頃だった。アンナ夫人は午後五時頃になると「気力がなくなる」（と彼女は書いているが、その原因は空き腹であった）ので、召使にお茶とケーキを運ばせた。午後に「気力がなくなる」のはほかの夫人たちも同じだったので、この風習はじきにアンナ夫人の知りあいの夫人たちのあいだではやりだした。その頃の名女優だったファニー・ケンブル（1809-93）は才媛で、詩や若干の戯曲や回想録を書いたが、彼女の『後半生の回顧』によると、彼女が午後のお茶をはじめて知ったのは、一八四二年にルトランド公爵のベルヴォアール城を訪れたときで、彼女はこの風習がそれ以前にはじまったとは信じられないと、感想を述べているので、大体その頃には上流階級だけの風習で、その後一般に普及したことがわかる。

女性のあいだに家庭におけるお茶とケーキが一般化したので、セルフリッジ、ハロッズ、バーカーズなどのロンドンの大百貨店では、婦人の客がお茶の時間になると外へお茶を飲みにでてゆくのを防ぐため、ティー・ルームを設備し、ホテルでも宿泊客や外来客のためにロビーで午後のお茶をだした。

『茶のすべて』(二巻本、1935)の著者ウィリアム・H・ユカーズが、その後『茶のローマンス、茶と喫茶の概要史』(1936)という一般向きの本のなかで、その頃の喫茶の風習を書いているので、前項と若干重複するところがあるが、それを紹介することにしよう。

イギリス人は当時いずれも英領だったインドとセイロンでつくった茶を好んだが、くろうとのなかには依然として中国産の茶でなければ満足しない人々がいた。いずれにしても、茶はカップ一杯につきティー・スプーン一杯と、さらにもう一杯を加えてあらかじめ温めたティー・ポットに入れ、それに煮立てた湯を注いで約五分間そのままにして、茶を浸出させる。この場合、茶を布の袋に入れて湯を注ぐことは禁物で、その場合は金網の茶漉《ちゃこ》しを用いて、ポットに入れる。五分たったら茶漉しをポットからとりだす。茶葉を長く湯につけておくと茶の収斂性(酸味)が生じるからである。もし、ポットにじかに茶を入れて湯を注ぐ場合は、約五分後に茶液を別の温めたティー・ポットに移さねばならない。

茶液にミルクまたはクリームを加える場合には、最初にそれをカップに入れる。大部分の人は、冷たいミルクを用いるが、それを温めて用いる人もいる。少数の人々はロシア風に、茶液をグラスに入れ、それにレモンの薄片をつける。砂糖を用いるか否かは、各人のテースト(趣味)の問題である。

階級による風習のちがい　イギリス人のお茶好きは、外国人にとっては全くの驚きであるが、イギリスでは社会階級によって喫茶の慣習がちがっていることは、イギリス人自身にとっても驚きのタネである。

召使のいる階級のあいだでは、早朝に一碗の茶をベッドに運ばせるのが慣習で、それが目醒めと、元気づけの役目をはたし、それによって一日がはじまる。この慣習はホテルでも行なわれているので、勘定書に「寝室に運んだ茶」の料金が書きこまれるようになった。

それに対し労働者の階級では、一日十時間労働の時代には、朝の五時半に一碗の茶を飲むことで一日がはじまった。親切な夫は自分で火をおこすか、ガスに点火して茶をつくり、家を出る前に、一碗を妻君のところにもってゆくのを家庭的だと考えていた。

労働者はそれから二時間半後に働く場所で朝食を食べるが、その時にも茶を飲んだ。八時間労働になった現在では、朝食は自宅で食べ、十回のうち九回はそれといっしょに茶を飲む。

上流階級では、朝食のさい、時々コーヒーを用いるが、大多数の家庭では茶である。これはホテルで朝食のさい、コーヒーより茶を求める人のほうが多いことでも立証されている。

普通、夜の七時か八時になると、ティー・ポットは戸棚に片づけられるが、なかには十時頃に少量のパンとチーズで最終の茶を飲んだあとでなくては休息のできない人々もいる。

新聞社その他の徹夜で仕事をする職場には「コーヒー台」（あるいは売店）でいつでもコーヒーまたは茶を飲むことができるし、また夜警は小さい部屋で、路上で道路修理にしたがう人々は木造の仮小屋に入って、食べものやお茶でひと休みする。

社会情勢の変化で、家庭の召使や店員や事務所の女性たちのあいだで、早朝や正午にお茶を飲む習慣がひろまった。富裕な階級のあいだでは、正午にお茶を飲む習慣は一般的でないが、労働者や中産階級の下層のあいだでは普通になった。それらの人々にとって正午の食事は一日の主食事で、肉と野菜と甘いものを食べたあとで、一碗の茶を飲んだ。

郊外でのお茶　ロンドンの人々は、土曜日の午後と日曜日には都会生活から解放されて郊外にでかけるようになり、家族づれはテームズ川でボートを雇い、ピクニックのバスケットと湯わかし道具をもちこみ、午後のお茶の時間がくると岸辺で茶をたのしんだが、若い連中は集団でオートバイやサイドカーでロンドンから三〇キロないし五〇キロ離れた美しい森や丘の上にでかけ、路傍の芝生にテーブル・クロースをひろげ、「ピクニック・ティー」をたのしんだ。

その後、南イングランドには「キャラバン・ティー・ショップ」（移動ティー・ショップ）があらわれ、小型自動車でそれをひっぱって、自動車やオートバイの集まる場所で店をひらくようになった。また、郊外では、民家の客間や庭を開放して、お茶の時間にお茶を飲ませるようになり、戸口や窓や、ときには旗竿に"Teas"と書いたビラや旗を出すようになった。

ロンドンのハイド・パークやケンジントン・ガーデンズ（公園）や動物園、キュー植物園などにもティー・ガーデンができ、庭の木陰や、白い日除け傘の下のテーブルで、午後のお茶をたのしむことができる。どこでも一個のティー・ポットの茶が四ペンスである。お茶はあらゆる社会的行事につきものとなり、国王（ないし女王）のバッキンガム宮殿におけるガーデン・パーティーをはじめ、アスコットの競馬、ヘンリーのボート・レース、ウィンブルドンのテニスなどにもお茶はつきもので、もしそれらの行事にお茶がなかったら、イギリス的な雰囲気は全く感じられないだろうと、イギリス人はいっている。

鉄道とお茶　イギリスで独特の情景の一つに、鉄道のお茶がある。鉄道のお茶といえばわが国でも駅のプラットフォームでお茶を売っているが、これはイギリスと日本だけの風俗らしい。イギリスの場合は、それが本格的な点で、特別だといってよい。

ロンドンの大きな鉄道発着駅では、プラットフォームで「ティー・ワゴン」（ワゴンは鉄道貨車という意味だが、お茶専売の車のこと、トロリー＝手押車とも呼ばれている）が車の上に大きな湯わかしの容器をのせ、揮発油のストーブで湯をたぎらせている。また、駅のティー・ルームもひらかれていて、旅行者は列車に乗る前にお茶やコーヒーを飲んでゆく。とくに、夜行列車に乗る人々に対してそれらのサービスは欠かせない。夜行列車が深夜にロンドンから一五〇キロないし三〇〇キロの駅に到着したときには、乗客が駅のビュッフェ（売り台式の飲食店）で熱い茶またはコーヒーを飲む時間をみこんで停車する。

また、コンパートメント（映画などでいつもみかける客車内の仕切った客室）の旅行者には座席を離れないで熱い茶が飲めるように主要な駅で「ティー・バスケット」を停車中の客車の窓まで運んでゆく。これはイギリス独特の風俗で、グレート・ウェスタン鉄道のバスケットでは、エナメルを塗った鉄製の容器にティー・ポットと、追加の湯を入れた容器と、ミルクと砂糖と三片のパン、菓子、バナナあるいはその他の果物がつめられていて、値段は一シリング三ペンスである。昼間はお茶の時刻に売られるが、夜は夜中売られる。バスケットは使用後は座席の横か下においておくと、大きな駅でそれを集める係員が集めにきて、発売した駅に送り返す。

イギリスの鉄道の経営者たちは、お茶なしで乗客を満足させることはできないことを知っていたが、同時にそのお茶が上等の品質でなければ乗客が満足しないことも知っていた。乗客の階層は上から下まであって、それぞれの財布に見合った値段で供給しなければならないが、値段のやすいお茶を飲ませる場合でも、茶の品質は上等でなければならない。やすく飲ませるのだから、多少品質が劣っていても止むを得ないという理屈は通用しないというのが、経営者たちの泣きどころである。

イギリスの鉄道が発達して、乗客に慰安と便宜を与えるサービスがはじまったのは前〔十九〕世紀の後半からで、その最初は列車のなかで茶を飲ませるために、コンパートメントの客にティー・バッグを考えだしたが、同時に長距離の列車に食堂車をつけることがはじまった。それの草分けは、ロンドンとリーズ（ロンドンから北へ三〇〇キロ）を走るグレート・ノーザン鉄道で、その後たいていの長距離列車が食堂車をつけるようになり、ロンドン・ミッドランド・スコッティシュ鉄道では、食堂車で年間約百十六万杯の茶を飲ませたが、一碗の茶は四ペンスで、茶とトースト・パンとバター、ないし茶と菓子は九ペンスであった。また、グレート・ウェスタン鉄道では、年間二百五十万杯の茶、一万七千個のティー・バスケットを供給した。

空の旅とお茶　また、インペリアル航空会社では、ロンドン―パリ間の定期便で、一九二七年にはじめて「空のお茶」を乗客にたのしませた。この会社では、五月から十月まで、毎日午後ロンドン上空を飛行して、茶を飲みながらロンドンの名所を空から眺望するサービスをはじめたが、その料金は三十シリングであった。

工場のお茶　第一次世界大戦頃まで、工場の労働者たちは午前十一時頃になると、お茶を飲むため近くのお茶の店にゆく時間が与えられていたが、大戦中から女性が工場で働くようになったので、多くの工場では彼女らのため、駅のプラットフォームのティー・ワゴンと同じものを職場や工場内のベンチに巡回させるようになった。

工場でのこの風習は、その後立ち消えになったが、多くの工場や大商店や事務所では、なんらかのかたちでそれに似たサービスを女性の従業員に行なっている。

百貨店の喫茶室　わが国の百貨店では、食堂がつきものであるが、その草分けはロンドンの百貨店で、婦人の買物客が、買物の途中でお茶を飲みにいって戻ってこないようなことがあってはならないというので、店内に喫茶室をつくって婦人客をひきとめたのがはじまりであった。

議会もバラバラ　また、ロンドンの事務所では「午後のお茶」は普通で、店員（とくに女性）がそれによって元気をとり戻した。また、重役会でもその時刻にはお茶が運びこまれ、議会でもその時刻には議員がティー・ルームにでていくので、議席はバラバラになり、天気のよい日には、テームズ川に面した議院の青天井のテラスが満員になる。

自動販売機とティー・バッグ

自動販売機

自動販売機は近年わが国でも到るところに見られるようになったが、英米や仏独（ドイツでは自動販売機の開発が盛んである）ではそれの種類が多く、また売り方も、

①一定の完成品（商品）を売る（それを「小売自販機」といっている）。

②食品をその場で飲食できるようにして売る（それを「サービス自販機」といっている）。

と、はっきり二種に分かれている。

ここで自動販売機の話を書くのは、全くの場違いであるが、英米にはコーヒーの自販機と同様に、お茶の自販機があって、とくにお茶の国のイギリスでは、お茶の自販機が主で、コーヒーの自販機などは物の数ではない、といっているから、それの情報を中心にして、とりあげて

みることにした。

自動販売機の発達　自販機はドイツ、アメリカ、イギリス、日本など、たいていの先進国に発達していて、その品種は、駅の切符、切手、保険（傷害保険などの一回限りのもの）、チョコレート、菓子、ガム、アイスクリーム、コーヒーなどが普通で、茶を飲む国ではそれが加わり、そのほかバター、チーズ、ベーコン、タマゴ、缶詰食品、その他が無数にあり、ナイロン靴下、茶、絵ハガキなどもある。缶詰食品といっても、単に市販の缶詰食品を売るのではなく、その場で食べるためにマメ類、ソーセージ、スパゲッティなど多種類の食品を温めて売るのである。

また花の自販機というのは駅や空港などで、乗客や見送り人に、十分な時間がないときに利用され、ほかにスーヴニール（記念品）、本、ペン、紙、ノート、絵ハガキ、アスピリン、果物、旅行病のクスリなどの自販機がつくられている。

余談であるが、横浜に大仏（次郎）記念館ができたという新聞記事をみて、それをみにいったとき、桜木町で降りてタクシーでゆこうと思ったら、運転手はその場所を知らないという。タクシー乗場の整理員に聞いても同じ返事なので、交番まで（地下道を上り下りした大通りの反対側）にいったら警官は不在、駅に戻って駅長室で聞いたら、そこでもわからないという返事だった。それでも色いろの書類を調べて、そこに近い国鉄の駅を教えてくれたが、どうも方角ちがいらしいので、再びバスの乗場に戻り、そこに行列している人々に聞いたところ、横浜へいった人ならたいてい知っている元町の背後にある山の手の公園の地つづきで、バスは公園の前でとまることがわかった。こんな場合、駅のどこかに観光地図や簡単な案内パンフレット(単行本でなく)の類を売る自販機があったらと思ったが、これは鎌倉や神戸(新幹線)の駅に着いたときにも同じだった。日本中の観光地にいくと、どこでも絵ハガキを売っているが、欧米では旅客の集まるところには絵ハガキの自販機があるし、自販機のなかには客が商品を取りだすと、声をだす仕掛けのものがあって、色いろのメッセージを伝えるが、観光地などのメッセージのなかには、「絵ハガキの自販機がありますから、どうぞお忘れなく」と、しゃべるのがある。絵ハガキ自販機といっしょに、たいてい切手(スタンプ)自販機がある。スタンプというのは、切手型のシールの名称でもあって、多くの小売店では郵便切手のほかに「貯金スタンプ」ないし「クリスマス・クラブ・スタンプ」を自販機で売っている。前者は筆者には詳細不明だが、後者は、そのスタンプを台紙に貼って、クリスマスの時の買物にあてる仕組みらしい。これは店の出口に置いてあって、店主は釣銭をだすとき、六ペンスの貨幣をたくさんまぜてスタンプを買うのに便宜をはかっている。

サービス自販機　「サービス自販機」というのは、アメリカが新種の先頭を切っていて、後述のように、工場内の酒保（canteen, 料理場のない、食品を売るところ）、ないし全店が自販機で成りたっているオートマチック・カフェテリア（本来のカフェテリアは、客が自分で料理を食卓に運んで食べる軽食堂。アメリカから普及）で発達したもので、カフェテリアで食べるのと同じように調整した料理（というより飲食物といったほうが適当）を自販機で売るシステムである。取扱っているのは、ホット・ティー、ホット・コーヒー、ホット・チョコレート、ホット・スープ、コールド・ドリンクス、ホット・ドッグ、ホット・パイその他、温めた缶詰食品（前出）、冷凍食品、アイスクリーム、サンドイッチ、ケーキ、ビスケット（これは日本でビスケットといっているものでなく、一種の即製パン）、ジャガイモの揚げもの（マクドナルドで売っているのはその一種）など数えきれない。

自販機の普及した原因　自販機の種類や機能は、それの設置される場所によって異なっていることはいうまでもないが、英米を例にとると、工場ないし事務所と、一般向けの道路に面した場所または団地などの商店街から離れた場所に設置するものとに分かれていて、後者は二十四時間稼動する。

とくに発達したのは前者で、その必要性はその国の労働ないし執務の慣習によって生れた。それをイギリスの例でみると、この国の大部分の工場や事務所では、一日の労働時間が四つに区切られて、その中間に三回の休憩時間がはさまっている。その中心はランチ（昼食）の約一時間で、あとは午前と午後の休憩時間である。

工場や事務所は、三回の中休みに酒保で全サービスをしているが、なかには朝のコーヒーと午後のお茶を手押車にのせて、工場内や事務所を回らせているところもある。どちらの場合も、大工場では例外なしに経営のマイナスになると悩んでいる。とくに午前と午後の休憩時間に、多数の工員が酒保に押しかけると、自動装置が動いている作業に支障を与えることは避けがたいからである。

また事務所ではなく、特殊技能者の集まっているところなどでは、お茶をつくる女性がいて、それを配っているが、その女性が病気で休んだりすると、たちまち混乱が生じて、時間が空費される。時間の無駄だけでなく、お茶をいれて配ったり、酒保をつくったりすると、経費がかかり、利用者に満足を与えることに気を遣わなければならない。

それに対し、工場でも事務所でも自販機は広範囲の飲みものと食べものを、その必要なときに供給するし、それの管理にたいした人手を要さない。そんなわけで自販機の製造会社にとって、大口の供給先になっている。

工場内の現場に自販機を入れると、工員が気ままに職場をはなれ、作業が邪魔されることを経営者はおそれたが、アメリカの法律では、工場内で飲料水はいつでも、ただで飲めるように

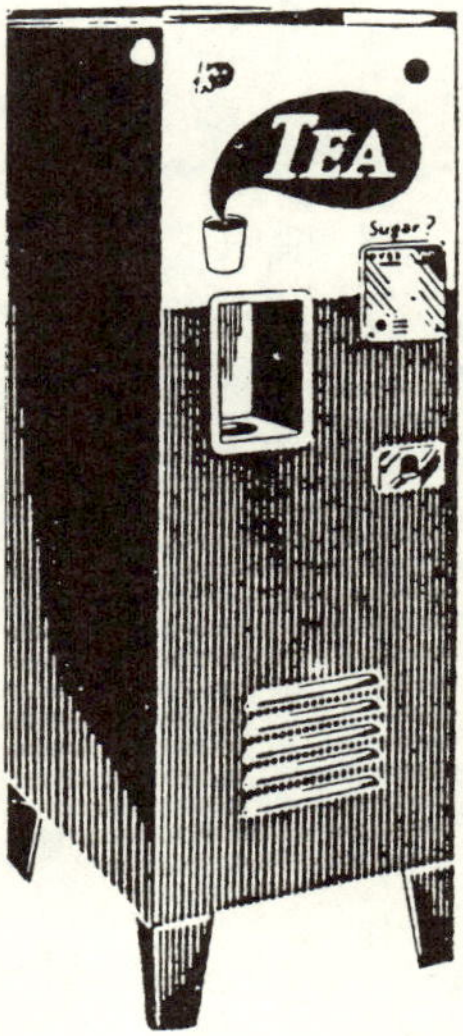

イギリスの紅茶の自動販売機。

供給することが義務づけられているので、それが「甘味をつけたり、冷したりした水」に代ったただけだと考えれば、問題でないことがわかった。

お茶のサービス自販機の構造　お茶のサービス自販機の構造は、アメリカならびにドイツで開発されたコーヒーのサービス自販機を手本にしたものだが、アメリカではコーヒー自販機のように普及していない。イギリスで発達したもので、

①茶のインスタント・パウダーでつくった液を濃縮したもの

②一回ごとに茶葉を用いるもの

とに分かれているが、なにしろ茶はイギリスの国民的飲料なので、それに対する好みがむつかしいので、コーヒーの自販機のように単純に機械化できないといわれている。①のうち、機内に冷凍して保存するタイプのものは、「きわめて良い茶」をつくるといわれている。

むつかしいのは②の茶葉を直接用いるタイプであるが、茶は家庭の場合と同じく、それをいれるのに若干の時間が必要で、それだけ時間が無駄になり、稼動の回転率が低下するのが泣き

どころになっている。そのために、それをいれるのにつぎのような操作が行なわれる。それの機械的な構造の説明は、筆者には不得手であるが、第一の要点は、お茶の葉に通す湯を華氏二五〇度（華氏の沸騰点は二一二度）に加熱し、それの一定量を一杯分の茶葉をいれた「茶漉《ちゃこ》しカップ」に注ぐと、葉液はその下のカップに落下するので、それに砂糖とミルクが加えられる。つづいて「茶漉しカップ」は自動的に移動して使用ずみの茶葉を機械に捨て、もとの位置に戻るという仕掛けで、貨幣を投入してから、前記の操作が行なわれ、つぎの操作がはじまるまでの所要時間は十七秒に短縮されている。

工場や事務所では利用者がきまっているので、コーヒーでも茶でも自分のカップで出来上がった液を受けることもできる。

ティー・バッグ

今世紀になって、アメリカ人の食生活が変って、夜食に主食（ディナー）を食べ、コーヒーを飲むようになったので、それまで主食を昼に食べ、夜は軽い食事（supper）で茶を飲んでいた慣習が失われて、茶の消費が減ったことは、一一二―一一三ページに記したごとくであるが、その時点で、茶の需要を支える思いがけない救いの神があらわれた。それはティー・バッグと、アイス・ティーで、いずれもアメリカでの発明であった。

初期のティー・バッグ　ティー・バッグについて、『茶のすべて』（米、1935）を書いたウィリアム・H・ユカーズは、

「ティー・バッグないしティー・ボール（tea ball）はアメリカの家庭だけでなく、料理人や給仕人のあいだにも、茶を普及するのに大きな役割をはたした。料理人や給仕人たちは、ティー・バッグはいれ方が簡単で、出来上がりがよく、いつでも同じ出来上がりが保証される、と信じている」

と、述べている。『茶のすべて』にはこの書が出版された一九三五年頃のティー・バッグの写真がでているが、当時のティー・バッグがどんな状態だったかを、同書によってうかがってみよう。

「アメリカ国内には、最低一ダースの会社が卸売商から茶を買って、それを小型のガーゼ（薄い織物）に詰めている。また二十社以上の有名な茶のパッカー（packer，茶を袋または缶に詰めて、市場に出している業者）が、ティー・バッグの袋をつくる機械と茶を袋に詰める機械を設備している。それらの機械で評判のよいのは、一組で一万二千ドルもする。

今日、アメリカの市場に出回っているティー・バッグには、四つの異なるタイプがある。

第一は「ティー・ボール」と呼ばれているガーゼのまるい袋（昔の金入れのタイプ）で、袋の口は糸で締めてある。第二は「ティー・バッグ型」で、二枚のガーゼの縁を縫いあわせた長円形の袋で、茶を詰めたのち、袋の口を締めたものであるが、袋の口をアルミニウムのバンドで締めた特許品が好評である。第三は円形のもので、第四は細長いガーゼを二つ折りにして、三方を縫った枕形である。どの袋にも茶の種類と、商標と、発売元を表記した小型の札が糸で結ばれている。この糸は茶が十分にでたとき、それを引き上げる役目をはたす。

そのほかに、セロファンに小さい穴をあけたものがつくられていて、まるい形と、四角のものがある。

ティー・バッグには、普通ワン・カップ用と、ティー・ポット用の二種類のサイズがあり、後者には、二カップ用と四カップ用がつくられている。

ワン・カップ用のティー・バッグは、一ポンドの茶で、二百袋ないし二百二十五袋をつくるが、なかには二百五十袋にしている会社もある。ティー・ポット用のサイズは、一ポンドの茶を百袋ないし百二十袋に分けたものであるが、なかには百五十袋に分けたものもある。ただし紅茶の場合は、百袋が標準である。カップ・サイズの二百袋に分けたバッグは一オンスの一二分の一で、ポット・サイズの百五十袋に分けたものは、一〇分の一オンスの目方である。袋に詰める場合には、茶の品質と量によって、茶の原価の二―三倍の加工費がかかる。

アイス・ティーが一般化したのは最近だが、それのティー・バッグには、一—四オンスの茶が詰められている。一オンスの袋で一ガロンの茶汁がつくられる。

茶を袋に詰める作業は、きわめて完全で、全部が自動的に行なわれる。その機械は、一貫作業で原料の茶をガーゼの袋に詰め、糸でしばって完成品にする。この種の機械では、茶は頭上のホッパー(漏斗状の貯蔵タンク)から旋回するチューブを通して下におくられるが、このチューブの内部にはライフル銃の内部のような旋条がついている。チューブの中で茶は正確な速度で流れ、自動的なハカリによって一定の目方に達すると旋回をやめ、内部の茶をガーゼの袋に詰める。

この機械は、ガーゼの寸法をナイフで自動的に切断する。その寸法は必要な長さに調整することができる。機械を調整しておけば、一ポンドの茶を一定の数の袋に詰める作業は、狂いなく進行する。出来上がったティー・バッグにつける下げ札には、穴があいていて、糸が自動的に穴を通り、袋の締め口に結びつく。一日八時間の労働で、一台の機械が一万八千袋を仕上げる。ニューヨークのある工場では、この機械五台が稼動している。

初期には、製造家がほとんどあらゆる種類のガーゼをティー・バッグに使用したが、木綿の要素を徹底的に実験した結果、漂白した吸収性のガーゼが最良だということがわかった。アメリカ全国で、このガーゼがティー・バッグ用に、八〇〇万ヤード以上も使われている」

「ティー・バッグがアメリカの市場にあらわれたのは一九二〇年頃で、それ以後、急速に需要が高まったが、最初に使ったのは、飲食店だけで、その後しだいに家庭に入った。現在でも、それの産額の八〇パーセントはレストランで、家庭では二〇パーセントである。ただし、家庭での需要が増加する傾向が明らかで、遠からずその比率は逆転するきざしをみせている」

ユカーズの『茶のすべて』によると、当時ティー・バッグには緑茶を入れたものがあったことがわかるが、アメリカではその頃には紅茶と緑茶とウーロン茶の三種が用いられていて、緑茶はおもにオハイオ、インディアナ、ミズーリ、ケンタッキーなどの中央部の諸州で用いられていた。

茶の値段　つづいて彼は、一九三六年にだした『茶のローマンス』で、その頃、軽い食事をだす店でのお茶は、一碗が十セントで、二人用のポットは砂糖、クリームないしレモンつきで二十五セントだが、上流階級のゆくホテルその他のティー・ルームでは、「ウォールドルフ・アストリア」「リッツ・カールトン」「サヴォイ・プラザ」では五十セント、「セント・レディス」では四十五セント、「ルンペルマイヤー」では四十セントだが、「アスター」は二十五セントであることや、どのホテルでも紅茶、緑茶、ウーロン茶を飲ませること、普通ティー・バッグを用いているが、「ルンペルマイヤー」では用いないこと、ニューヨーク以外の土地の一流ホテルでは平均一碗二十セント、二人用ポット三十セントで、有名なチェーン・レストランでは、「シュラフト」がポットで一人十五セント、「チャイルズ」では十セントで、いずれも砂糖、クリームないしレモンつきである。

チェーン・レストランの「チャイルズ」が、砂糖、クリームないしレモンつきで、十セントで茶を飲ませていることなど、アメリカ的な経営法として珍しい。

ここでちょっと解説が必要なのは、ニューヨークの「ルンペルマイヤー」が、なぜティー・バッグを使用しないかということで、ここのティー・ルームはイギリス系で、ロンドンの「ルンペルマイヤー」は、十九世紀の初期から上流階級の出入りする場所として有名で、生粋のイギリスのティー・ルームの伝統を守っているためで、ティー・バッグなどは絶対に使わないのであろう。「ルンペルマイヤー」はパリのリヴォリ街にも店をひらいているので、アメリカ人やイギリス人の茶をたのしむ場所となっている。

イギリス人とティー・バッグ　念のため、エドワード・ブラーマの『茶とコーヒー』（英、1972）を調べてみたら、おそろしく国粋的で、イギリスの女性は、ヨーロッパを旅行するとき、イギリス風の茶を飲ませる店のある大都会を離れると、お茶をいれる道具もないところが普通なので、それの用意にティー・バッグをもっていく。ヨーロッパ大陸でも、今日ではティー・バッグをつくって売っているが、彼女たちはイギリス製のティー・バッグでなくては満足しない。彼女らはそれをティー・ポットに入れてヤカンの湯を注ぐが、ティー・ポットもヤカンもない土地ではやむなく茶碗にバッグを入れて湯を注ぐが、その場合にはせっかくイギリスから持参したバッグも、そのなかの茶は、イギリス製のポットに入れてつくった茶の味とは、まるでちがった味しか味わえないと記している。

イギリスの茶の老舗《しにせ》であるトワイニングでもリプトンでも、そのティー・バッグは日本の市場を独占したかたちで進出していることは周知のごとくであるが、その本国であるイギリスでは継子扱いであるらしいことが、ブラーマの記述によってうかがわれる。

またティー・バッグはアメリカの発明品で、イギリスの喫茶の伝統からみると、茶の本来の味を台なしにする、とんでもない代物《しろもの》だという反感もあらわれているらしい。いずれにしても、イギリスの茶の本で、ティー・バッグの起原らしいものを探すのは、無理な話だということがわかった。

ティー・バッグの起原　『茶のすべて』でユカーズは、

「ティー・バッグに用いるガーゼ（薄い織物）はほとんど純粋に近いセルローズ（繊維素）で、

化学者と製造家は、それを使用することで、バッグの化学的成分が茶の味と混じらないように、最大限の研究をしている」

と、当時の状況を伝えているが、ティー・バッグがいつ頃、誰れによって、あるいはどんな動機でつくりだされたかについては触れていない。ユカーズほどの大家が、それを知らないらしいのは不思議である。その後、一九七五年にわが国ででた紅茶の専門家の本を手に入れて調べたところ、「ティー・バッグは一八五六年にイギリスのチャールズ・カレーという人が、モスリンに金属のワクをつけた茶漉しをつくったのがはじまりで、一九〇九年にはアメリカのランダースとフラリーがティー・ボール用のティー・ポットの特許をとり、一九二〇年にはアメリカでティー・バッグの取引が正式に認められた」となっているのを発見した。しかし、この記述は若干の点で曖昧なので、取り上げかねる。

専門家にもわからない発明の起原や、定説のある発明の起原をくつがえすような事柄を発表する場合には、できるなら、その資料をどこで得たか、ないし、それを傍証するなにかの記録を提出するのがならわしである。たとえば「一九三六年のアメリカの雑誌にティー・バッグの六十周年の記事がでた」というような記録を提出すれば、一応ティー・バッグの起原の正確性が与えられる。

ティー・バッグがアメリカからはじまったことは間違いない。わが国のその分野の専門家が、

「イギリスではじまったティー・バッグはアメリカに渡って」云々というような書き方をするのは、みっともない(私はこの著者を個人的に攻撃する意思はないので、ここでは著者名と書名はあげないことにした)。

ティー・バッグがどこで、いつ頃考えだされたかについては、とにかく私の集めた資料では、その手がかりは得られなかった。

その後、偶然に、カルカッタ(英領時代のインドの首府)からでている『アッサム・レビュー&ティー・ニューズ』という月刊の業界誌の一九六三年十月号に、「ティー・バッグの六十周年」というニュースがでているのを発見した。

このニュースのもとは、アメリカで発表されたものだが、カルカッタはアッサム茶の集散地なので、このニュースが伝えられたものらしい。

アッサムは、ヒマラヤ山系の南側が、東に延び、中国の西端(四川省)に接した地域で、十九世紀の前半に、アッサム種(中国種と品種のちがった)が自生していることがわかり、それがインドにおける茶の栽培のきっかけになったことはすでに記した。

発明されたのは一九〇四年　多くの発明が、偶然に得られた例は数えきれないほど多いが、ティー・バッグもその代表的な一例であった。

一九〇四年のある日、ニューヨークで茶の卸商をしていたトオマス・サリヴァンは、茶の見本を、絹の袋に入れていた。そこにあらわれたのがレストランを経営していた客で、その袋を、湯をわかしたティー・ポットに入れた。彼はそれによって、バラ（缶入り）の茶をポットに入れ、それに熱湯をかけ、浸出した茶液を茶漉しでこす、その頃の茶のだし方にくらべると、非常に簡単で、手間が省けることを知った。

これが、ティー・バッグの生れた発明談のすべてであった。

ただし、その発明が、今日のティー・バッグに発達するまでには、多くの人々の考案と、試作と、経費が積み重ねられた。彼らの研究は、二つの部面ではじまった。

その第一は袋の材料で、第二は茶を袋に詰める機械をつくる研究であった。

第一の袋の材料では、サリヴァンの絹のティー・バッグの代用品として、それに適した材料を選ぶことだったが、さしあたっては、チーズクロース（一種のあらい綿布）、ガーゼ、セロファン、紙に穴をあけたものなどが、多くのメーカーによって開発され、それが出回った。

初期には、袋と同様に、ボール（球状のもの）に目方をはかって茶を入れたが、ガーゼを巾《きん》着《ちゃく》形にして茶を入れたものはボール型の一種で、上端は縫わず、長い糸で巾着の口を締めるように結んだ。

ティー・ボールには、色いろの材料を使ったものがあらわれたが、材料としては、最初はガーゼが主として使われた。

また細長いガーゼを二つに折り、両側を縫った長方形のものもあって、初期には、その口をアルミニウムのバンドや、締め金でしばったものがあった。

また、ガーゼまたはセロファンをクッキーのような形に打ち抜いて、それを二枚重ね、口を縫ったものは「クッキー型」と呼ばれた。また、長方形のガーゼの四辺を全部縫ったものがあったが、これは今日のティー・バッグに一番近い考案であった。

これらのティー・バッグは、袋をつくる作業と、それに茶を入れて封をする作業が、別々だったか、同時に行なわれたかは、私の集めた資料ではよくわからないが、その作業がつぎつぎに機械化され、一貫作業になったことは、いうまでもない。その一つの手がかりは、袋の材料がガーゼやその他から、紙に変ったときからだったが、初期には、その機械が一台一万二千ドルもした上に、新しいプロセスが開発されると、その機械を買わねばならないことに、業者は悩まされた。

紙袋の開発　紙袋は、紙を一定の大きさにパンチ（打ち抜く）して使用したが、パンチが不正確だと、茶葉が茶碗にこぼれたり、茶が十分浸出しなかったりする欠点があった。また茶葉の粉が紙の穴を抜けて、茶碗にカスを残すのを防ぐことができなかった。

それらのむつかしい問題を、解消する第一歩として、バッグに使う紙の繊維を改良することに取り組んだ人々のなかに、技術者のC・H・デクスター父子がいた。

デクスター父子の会社は、一七六七年の創立で、最初は粉ひきの工場だったが、その時代には、繊維の短い、複写紙、包装紙などの薄い紙をつくっていた。この会社では、新しいプロセスで繊維の長い、手作りの紙を、工場生産に移す実験を試みていた。それでつくったティー・バッグは、水に濡れてもやぶれず、茶の浸出もよくなることがわかった。

デクスター父子会社では、研究所をつくって実験を重ねているうち、一九三一年にはじめて一枚の手製の紙をつくることに成功し、その年の末には、研究所内でそれの製造機の試運転をはじめた。

一九三三年に、オークランド・ミル社がそれの試験機の設計図を発表したので、そのつぎはそれを商業的に生産することが課題になったが、この機械はデクスターの試験機械よりさらに長い繊維の紙を使ったため、全く新しい機械をつくらねばならなかったので、最初はその機械を手作りでつくりあげた。

一九三六年の半ばに、その製法と製品は、アメリカならびに外国の特許を得た。それが新式の繊維の長いティー・バッグが登場したはじまりだった。

それまでデクスター社は、十九世紀に開発した包装紙のパイオニアだったが、ティー・バッグ用紙の生産が本業になったので、それまでの短い繊維の製紙を打ち切った。

その一方でこの会社は、長い繊維の用紙がティー・バッグ以外に、銀製品を包む紙や、謄写版の原紙や、肉を包む紙や、さらにグリーティング・カード（クリスマス・カードや、季節の挨拶のカードや、誕生日のお祝いのカード）などにも利用の範囲をひろげ、この新製品の開発では独占的な地位を固めた。


加熱密封法　バッグに使う紙のことは、上記のごとくで、大体の見当がつくが、それを包装機にかけたとき、どのようなプロセスで袋ができ、それに茶が詰められ、最後に密封されるかは、私の集めた資料の範囲ではよくわからない。最新式の機械は精密なメカニズムで、きわめて高価なので、現在でもアメリカではそれを使わず、簡単な道具で袋をつくり、それにミシンをかけた古い製法によったものが市場でみられると、いわれている。

話が横道にそれたが、デクスター社では絶えず研究を進め、一九四一年に、加熱によって密封のできる新しい紙の研究をはじめた。これにはいままでの機械を使うこと、熱加工に際して紙の細孔をふさぐと、茶の浸出をさまたげるので、それを避けること、また加工に使う物質の味が茶の味に加わらないこと、という色いろのむつかしい条件があった。

最初に考えだされたのは、熱可塑性（熱を加えると軟らかくなる）の物質をスプレーで紙にかけ、紙の表面を被覆したものであった。被覆物質は微妙な（手のこんだ）、複数の合成物で、それらを単独で使用すると紙は台なしになるが、合成したものには、その心配はいらなかった。

デクスターでは、それをティー・バッグに利用するため、さらに研究を重ね、一九四五年に、熱可塑性の繊維で巻取紙をつくる技術を開発した。この紙で包装するには新しい機械が必要だったが、それの特許は一九四〇年の末に取得していた。

デクスターの研究所では、引きつづいて一九六二年、茶の浸出が異常に速い、新しいティー・バッグ用紙を開発した。同時に大手の紅茶会社と共同で、各紅茶会社の茶葉に適応したバッグの用紙も開発したが、その一方で、製茶会社では、バッグに入れた茶が速く浸出するように、茶葉の仕上げ法を変え、さらにそれをこまかくカットする製法を考えだした。したがって、バラで缶に詰めて売っている茶と、ティー・バッグ用の茶とは、製法がちがっているのが現状である。

デクスター社は一九六二年に、コネチカット州に九八五〇平方メートル、五百万ドルの新工場をつくり、長さ六〇メートルのティー・バッグ用の巻取紙をつくるようになった。というのが、ティー・バッグの発明以来六十年を迎えた、一九六三年までの歴史の大要である。

ドイツの進出　現在、アメリカでは、デクスター以外の包装機があらわれているが、ヨーロッパ（とくにイギリス）では、ドイツで開発した「コンスタンタ」機が主位を占めている。「コンスタンタ」をいちはやく採用したのはリプトンで、わが国へも昭和三十六年に、リプトンの総代理店によって五台が輸入された。わが国に出回っているイギリス系の会社と日本の国産のティー・バッグは、だいたい「コンスタンタ」製品であるが、この機械の開発された年代や製品化のプロセスの詳しいことは、筆者の集めた資料の範囲ではわからない。

なお、シェル（石油会社）の刊行した発明年表（ロンドン、1974）には、「一九二〇年頃、サンフランシスコのジョゼフ・クリージャーが、ティー・バッグを最初に生産した」と、記載されているが、簡単な記述なので、どういう記録ないし資料によったものか、詳しいことはわからない。

紅茶の飲み方

冷たい茶　冷たい茶（iced tea）が、アメリカで考えだされ、ソーダ・ファウンテン（非アルコール飲料、アイスクリーム、軽食などの店）が、熱い茶と冷たい茶をメニューに加えるようになったことで、一般に普及したことは、ユカーズの『茶のすべて』にでているが、ユカーズは例によって、冷たい茶がいつ頃、どういう機会に考えだされたかについては触れていない。

これについてはベッティ・ウォルトンの『料理の歴史、古代から現代まで』（米、1962）に、つぎのようなエピソードがでている。

冷たい茶はアメリカで考えだされたことは事実であるが、それを考えだしたのはイギリス人であった。

一九〇四年にセントルイスで開かれた万国博は、アメリカが一八〇三年にフランスからルイジアナを含む広大な地域（今日のルイジアナ州を含むミシシッピ川の流域から、ロッキー山脈にいたる二三〇万平方キロ）を、千五百万ドルで買収した百年記念の催しであった。

この時代の万国博には、その時代の最も新しい発明品が呼びものだったので、この博覧会でも百六十台の自動車が勢揃いしたのが最大の呼びものだった。これはその前のシカゴの万博（1893）には、「馬なし馬車」（自動車）がわずか一台だけだったのに比較すると、いかにすばらしい見物《みもの》だったかがわかるが、そのほか五個の軽気球が集められて、特別の飛行場がつくられたことや、無線の実験がはじめて公開され、五〇〇キロの通信に成功したことや、直径三〇メートルの花時計が設計され、すべての料理を電気によって行なう実験が公開されたことなど、盛りだくさんのメダマが人気を沸きたたせ、二百十日間の会期に千二百八十万の入場者が集まった。

この博覧会の敷地は、四八五万平方メートルを超え、それまでにアメリカで開かれた博覧会の敷地を全部合せたよりもさらに広く、その四分の一（というと、パリで行なわれた最大の博覧会の敷地より広い）が建物で埋められ、その数は千五百七十六で、そのなかの十五が大物の展示館であった。広い敷地には鉄道が敷かれ、十七の駅がつくられた。

この博覧会の一隅に、リチャード・ブレチンデンというイギリスのセールスマンが、熱い茶が健康によいという宣伝に出張していた。七月のある日ブレチンデンはひたいに汗をにじませながら、大群衆が彼の出店《でみせ》の前を流れるように動いてゆくのを絶望的に眺めていた。

その時彼は、一策を案じ、わかした茶を入れた容器に氷塊を投げこみ、「冷たーいお茶」と叫んで、通行の見物人に呼びかけたところ、暑さにあえぎながら会場をめぐっていた見物人には全くの救いの神で、ブレチンデンの出店はたちまち大繁盛になった。イギリスはインドの茶を宣伝していたので、これは紅茶だったとおもうが、それに砂糖を入れたかどうかはわからない。

ハンバーガー　ついでにこの博覧会には、二つの新しい食べものが登場したので、それについて短く記しておこう。

その一つはハンバーガーで、最初はハンバーガー・ステーキをバン（bun, 干ブドウなどの入った、甘味をつけたロールパン）にのせて売ったという説と、サンドイッチ風にパンにはさんで売ったという二つの説があるが、前説はその道の専門家の説なので、一応書きとめておく。その後、自動車が普及して、走りながら、ものを食べる習慣が生じ、アメリカ全土にハンバーガー・スタンドができた。

アイスクリーム・コーン　もう一つの新登場は、アイスクリーム・コーン（円錐形のカップ）で、これを発明したのは、この博覧会でアイスクリームを売っていたチャールズ・E・メンチェスという青年だった。これには異説があって、この博覧会以前に、イギリスのマンチェスターから輸入されていたと書いた本があるが、メンチェスがこの博覧会で売出したことには間違いはない。なにしろアメリカ人は、アイスクリームの全産額の四分の一をコーンで食べるといわれているので、それをつくる自動機械が開発されている。

アメリカ風のアイス・ティー　アメリカでは、夏季には家庭の「午後のお茶」に冷たい茶が飲まれるようになったことは、伝統的な流儀をまもる人々にとってはおどろきであった。ただしそれらの家庭でも、冬には昔通りの熱い茶を飲むというのだから、奇妙だといわれているが、その場合、たいていの主婦は茶葉に湯を注いで、お茶をだしたティー・ポットを台所からもってきて、それにトースト（焼きパン）と、手製のジャムを添えて、お客にだすのがアメリカ風の「お茶の時」で、夏にはポーチ（玄関、ベランダ）で、冷たい茶を飲んだ。

イギリスのアイス・ティー　本項ではイギリスのアイス・ティーのつくり方を紹介しよう。

「半パイント（一パイントは、イギリスでは〇・五七リットル弱）につき、ティー・スプーン一杯の割合で、前もって温めたティー・ポットに茶を入れ、水を注ぎ、四分間そのままにしておく。それに熱湯を注いでポットをみたし、さらに三分間そのままにしておく。つづいてジヨッキ(把手のついた水差し)に大形の氷塊を入れ、氷塊に熱い茶をかける。

ロンドンのサヴォイ・レストランの料理長レートリーは、アイス・ティーのつくり方に次のような変化を与えている。中国茶(チャイナ・ティー)をややつよくだし、それを一、二分そのままにして、砕いた氷を入れたグラスに注ぐ。砂糖はとくに望まれた場合以外には入れないで、レモンを薄く切ったのをグラスに添えてだすが、茶のなかには入れない」

以上のつくり方によると、イギリスのアイス・ティーは、茶に熱湯を注いで茶液をつくり、それを冷たくしただけのものが基本であるが、サヴォイ・レストランではそのグラスにレモンの薄切りを一、二片添えるが、グラスのなかには入れないというのである。

なに気なく読んでしまえば、それでよくわかったようにおもわれるが、ちょっと考えてみると、最初のつくり方にでている「茶」と、次のつくり方の「中国茶」と書いてあるのが、よくわからない。中国では緑茶と紅茶をつくっていて、どちらも輸入され、使用されている。だから単に「チャイナ・ティー」というだけでは、そのどちらかが、よくわからない。

イギリスの「アメリカン・アイス・ティー」 イギリスで「アメリカン・アイス・ティー」といっているのは、アメリカでのつくり方とすこし違っていて、それよりもあっさりした飲みものなので、それを紹介してみよう。

「つよい茶液をつくり、背の高いグラスの縁まで砕いた氷をみたし、氷の上に茶液をゆっくりかける。砂糖は客の好みにまかせ、レモンの薄片をグラスの横腹につけて客にだす。昼食ないし正餐のあとのすぐれた飲みものである」

となっている。ここでも「つよい茶」（ストロング・ティー）という用語がでているが、その詮索はあとに書くことにする。

レモン・ティー　レモン・ティーは、わが国でも日常語になっているが、そのつくり方を書いたものは滅多にお目にかからない。それのイギリスでの新しいつくり方というのが、ユカーズの『茶のすべて』にでているので、取り上げておこう。

「材料はティー・スプーンに一杯の茶と、一人当り小形のレモンの半分。ジョッキにレモンをしぼって入れ、それに半パイントの熱湯を注ぐ。それを前もって温めた茶葉の入ったポットに移し、四分間そのままにしておく。つづいてポットに熱湯をみたし、三分間そのままにしておき、グラスに注ぎ、レモン薄片をグラスの縁につけて客にだす。

レモン・ティーは、夏には氷で冷たくすると、すぐれた飲みものになる。そのつくり方は茶を完全に冷たくしたのち、各々のグラスに氷の小塊を入れ、それに冷たくした茶を注ぐ。これにはレモンの代りにオレンジを用いてもよい」

となっている。

ミルク・ティー　紅茶にミルクと砂糖を入れて飲むことは、わが国でも日常に行なわれているが、米、英でミルク・ティーというとミルクを主にした飲みもので、そのつくり方は、イギリスでは二通りあって、

「①ティー・スプーン一杯の茶と半パイントの牛乳が材料で、最初に牛乳を沸騰点まで煮る。ティー・ポットを熱湯で温め、茶葉を入れ、それに沸騰した牛乳を加え、七分間そのままにしておく。

②ティー・ポットを温め、茶葉を入れ、熱湯をポットの半分まで注ぎ、四分間そのままにしておき、さらに沸騰した牛乳をポットが一杯になるまで注ぐ。この方法だと、牛乳くさい味が消える」

とユカーズの『茶のすべて』にでているが、イギリスの『コンサイス食通エンサイクロペディア』（アンドレ・シモン編、1952）によると、

「茶を普通どおりに浸出させるが、この場合熱湯は普通の半分の量で行なう（注、つまりそれだけ濃い茶がでるわけである）。それをカップの半分にみたし、あとの半分を温かい牛乳（沸騰させた牛乳でなく）でみたす。砂糖は各人の好みにまかせる」

となっていて、牛乳の温め方がちがっている。

ティーのカクテルとハイ・ボール　ティー・カクテルのつくり方は、「醱酵させた茶をとくによくだし、それに三分の一の果物のジュースを加え、それをカクテル・シェーカーでオーソドックスの振り方で振盪《しんとう》する」となっている。「醱酵させた茶」というのは紅茶で、できたものはカクテル・グラスに注ぎ、サクランボを添えて供する。

また、ティーのハイ・ボールは、茶を四分の一、それにソーダ水またはジンジャー・エール（ショウガの味をつけた清涼飲料水）を加えたものである。

ティー・カクテルもティー・ハイ・ボールも、アルコールをふくまないので、正しくいえば「混合飲料」である。禁酒法の時代にアルコール抜きの飲みものに、アルコール飲料のような名前をつけたときの名残りかもしれない。

ポンス　わが国ではどこの家庭にも、調味料の一つとしてポンスがある。「ポン酢」とも書き、そのものはダイダイのしぼり汁で、水たきなどのつけ汁に使っている。

この言葉のもとはオランダ語の pons（古くから西洋でつくられている混合酒）で、カクテルの祖先である。ただし、ポンスは多人数の客が集まったときの飲みもので、大きな立派な鉢（ボール）で調合する。それが宴会の雰囲気を盛りあげるシンボルでもある。また家庭でも、クリスマス前夜や新年のパーティーに伝統的につくられる。

わが国へは江戸時代の末に、そのつくり方が知られたので、

「和蘭の酒をポンスと云、これを製するには、焼酒（注、ブランディー）一杯、水二杯、沙糖宜《よろし》きほどに入《いる》、肉豆蔲《にくずく》（香気あるために入）、肉桂、木酢（だいく、梅、柚、枳殻《きこく》などの類、水をとり貯《たくわう》）等を入」（立原翠軒『楢林雑話』1799）

「ポンスの製　ポンス（蘭名）、と云酒の製造は、橙《だいだい》の酢を絞りてよくこし、砂糖を茶椀に一杯入れ、水も同《おなじ》く一杯、焼酒（注、ブランディー）も同く一杯、橙の酢八分目、これにて甚だうましといへり」（山崎美成『海録』1836）

といった記述があらわれている。

ポンスの語原は英語のパンチ（punch）で、インドにいっていたイギリス人によって、一六五八年頃につくりだされ、それがイギリスに伝えられ、オランダへはイギリスから伝わった。また英語のパンチのもとはヒンドスタン語（近代インド語）のパンチ（panch）またはペルシア語のパンジ（panj）で「五」を意味し、五種の材料を調合した混合酒であることをあらわしているとみられ、語原学者スキート教授によると、五種というのは蒸溜酒と水とレモン・ジュースと砂糖とスパイスだといっている。

イギリスの食通として有名だったアンドレ・シモンによると、一六五五年にイギリスがスペインの植民地だったジャマイカ（キューバの南一五〇キロ）を占領してから、イギリス人はサトウキビのジュースを蒸溜したラム酒を「生命の水」と呼び、あらゆる病気の万能薬として愛飲するようになり、イギリスの船員たちは冷たいラムに砂糖を加え、それにライムの皮をつけたものを気分を爽快にする飲みものとして（現在でも西インド諸島でつくられている）飲んでいた。

そのうち、老齢の船員は船からはなれ、イギリスの田舎に隠棲したさい、貴重なラムをもち帰り、それでパンチをつくったが、彼はそのさい水をへらして熱い飲みもの（酒）として愛飲したのが、パンチの起原で、ラムが基酒（ベース）だったといっている。

イギリスではある時代に、ワインとビールに重い税金がかかったので、安価なラムとジンが大量に飲まれるようになった。パンチにもラムのほかにジンが加わり、それに色いろの混ぜものが使われるようになり、十九世紀の後半にはアメリカでもはやりの飲みものになった。

アメリカは周知のごとくカクテルをつくりだした国であるが、そのカクテルをひろめ、同時に各種の調合酒のつくり方を書いたジェリー・トオマスの『いかに飲みものを調合するか』（初版 1862，最終版 1887）をみると、巻頭にでているのはパンチで、それが八十九種もあるのに反し、その時代のカクテルはわずかに二十五種にすぎない。このことはアメリカでは、カクテルがあらわれる以前には非常にはやった飲みものだったことを物語っている。

カクテルは最初は魚釣りや狩猟用の飲みもので、おもに瓶詰にしてもち運ばれ、パンチのように家庭や酒場でつくられる飲みものではなかった。

ティー・パンチ 紅茶の歴史にパンチの歴史を織りこむのは、いささか場違いの感じであるが、パンチの材料に色いろのものが使われるようになったなかに茶があって、「ティー・パンチ」というのが登場して茶とのかかわりがはじまった。

ティー・パンチはイギリスでもアメリカでもつくられているので、どちらが先にそれを考えだしたかを詮索することはむつかしいので、なにかの機会にその手がかりが得られるまで待たねばならないが、いままでに手に入れた資料では、アメリカの料理史にそれの手がかりの一つがあらわれている。アメリカのベッティ・ウォルトンという女流研究家の『料理の歴史、古代から現代まで』(1962)にでている次のような話がそれである。

「ニューヨークのC・C・マクフェールという百万長者の夫人は、いわゆる〝華やかなりし九〇年代〟(前世紀末の英米のよき時代)に自宅で宴会をひらいたとき、十二コースの凝りに凝った料理を披露したことで食通をうならせたが、彼女のランチョン(午餐)の催しは〝赤いランチョン〟と呼ばれ、デザートの菓子は赤い箱にいれられ、ラズベリーのアイスクリームのグラスには赤いリボンが結ばれた。

そういうエレガントな時代の夜のパーティーで、紳士たちが静かに傾けたパンチでいちばん人気のあったのは、緑茶にウイスキー、ラム、キュラソー、カロライナ産の白ブドウ酒、レモンのジュース、それに砂糖の味をつけたウォバシュ・パンチ（ウォバシュはインディアナ州を抜けてオハイオ川に合流する川の名）だった」とでているのが、文献では早いほうであるが、ただしこれをもって、お茶のパンチがアメリカではじまったと想像することは、無理である。

フィッシュ・ハウス・パンチ　アメリカでは「フィッシュ・ハウス・パンチ」というのが有名で、「アメリカで最高の、無敵のパンチ」と自慢の種になっているが、これはフィラデルフィアの海辺の魚料理で有名な料理店からでた名称といわれているが、詮索家は一七三二年にその土地で歴史の古い、フィラデルフィア・クラブで最初に調合されたと、もったいをつけている。

これには今日では色いろの調合法があるが、代表的な一例をあげると、シャンパン、ピーチ・ブランディー、砂糖、レモン、ライム、薄荷の葉に包んだイチゴをつぶしたものに上等のバーボン（五一パーセント以上のトウモロコシのモロミでつくられるアメリカのウイスキー）を加えたもので、この混合物は五〇ガロン（一ガロンは三・八リットル）入りのガラスのデミジョン（カゴ入りの細口大ビン）に入れられ、熟成をはじめるが、四週間から六週間ねかせておくと醗酵をはじめ、出来上がったものは渋色の黄金色を呈し、柔和だがバズーカ（対戦車ロケット砲）の弾丸のような衝撃を与えると、形容されている。

ストロング・ティー　そういう伝統的なパンチにも、それに茶を使ったものがあらわれている。それの一つを考えたのは、アメリカの食品と酒の通人で、『食卓の話題』（1959）をだしたジュリアン・ストリートで、そのなかで彼は毎年クリスマス前夜に友人六十人に招待状をだした（うち顔をだしたのは約五十人）ときにつくった「新風のフィッシュ・ハウス・パンチ」には、伝統的な調合法のほかに「つよい中国の茶」（strong China tea）を混ぜたと、記している。

彼はまた別のところで、昔あるクラブのバーテンダーから、パンチのフレーヴァーにバランスを与え、調和させるには、つよい茶を使うことを教わったと、記している。

ストリートの『食卓の話題』をみただけでも、

①つよい茶（ストロング・ティー）

②つよい中国茶

③緑茶

という三つの書き方がでている。そして、「緑茶」に対して「紅茶」という語を使っていないところをみると、①は紅茶を意味しているらしいことが、推測できたが、②の中国茶というのは、緑茶か紅茶か、判定ができなかった。

私はかなり長い間、英米の茶の本を読んできたが、①と②のような呼び方があることは、気がつかなかった。

その後、「ストロング・ティー」という語のでてくる文章に注意を向けていると、前記のストリートの『食卓の話題』（米）と、イギリスのアンドレ・シモンの『コンサイス食通エンサイクロペディア』に、アイス・ティーのつくり方がでていて、いずれもそれに「ストロング・ティー」を用いるとなっていることを発見した。

大砲パンチ　アメリカでは「大砲パンチ」というのが有名で、この分野のたいていの本にそのつくり方がでている。これはジン、ラム、ブランディー、ベネディクティン（リキュール）、ウイスキーを主にした凄いパンチであるが、それの解説（複数の本）に、「ストロング・ティー」を用いると書いたものと、「ストロング・ブラック・ティー」を用いると書いたものがあって、両者は同じものだという手がかりがみつかった。

英語の tea は紅茶　以上のような詮索で、やっと英語でたんに tea といえば紅茶を意味すること、紅茶以外の茶は「緑茶」とか「ウーロン茶」とか書く慣習だということがわかった。これはわが国では英米とは正反対で、たんに「茶」といえば（一つだけ例外があるが）、茶店、お茶屋、茶の湯、茶舗など、すべて緑茶に関係しているのに似ているが、「喫茶店」とそれの別名である「茶房」は紅茶を飲ませる店になっている。

茶店では緑茶、喫茶店では紅茶を飲ませることは、日本人ないし日本にきたことのある外国人ならたいてい知っているが、そうでない人々にとっては「喫茶店」の「茶」は紅茶か緑茶かがわからないし、さらに「喫茶」という漢語は本来は緑茶を飲むことであるといったことは、ちょっとではわからない。

China tea　つぎに「中国の茶」（China tea）というのも、わかりにくい。中国では緑茶も紅茶もつくっているからである。

これは容易に正体がつかめなかったが、この分野の権威書であるW・H・ユカーズの『茶のすべて』で、本来はアメリカに移住したイギリス人が、「朝食に飲んだ紅茶」をさした語だった、ということをたしかめた。

ロシア式紅茶　池袋のサンシャインは、散歩のついでに歩いてでもゆける距離にあるが、そこにあるたくさんのレストランのなかに、ロシアの紅茶を飲ませる店が二軒あるのをみつけた。

私は第二次世界大戦の直前にハルビンで、ロシアの紅茶を飲んだことをおもいだす。といっても詳しいことはほとんど覚えていないが、その時の旅行記(『満州風物誌』1940)に、

「哈爾浜では紅茶を大形のガラスのコップに入れてだす。トオストのパンをいくらでも持ってくるのと、紅茶をガラスのコップでのむのはロシア式であるという」

と書いてあるのが、唯一のよりどころである。多分もっとほかのことが手帳に書いてあったはずだが、その手帳は戦争中に埼玉県の山村に疎開したとき、行方不明になった。

ロシア式紅茶のつくり方　ロシアでは紅茶に使う湯はサモワールでわかす。サモワールはロシアの独特の道具で、銅、真鍮、または高級品では銀製の湯わかしで、燃料は木炭である。その上端は受け皿のようになっていて、茶をいれたティー・ポットをのせるようになっている。

お茶をいれるときは、イギリス風のティー・ポットに茶葉を入れ、サモワールの蛇口から湯をポットに注ぎ、ポットをサモワールの上端の受け皿にのせて茶がよくでるのを待つ。ポットの茶はきわめて濃いので、それをグラスに四分の一ほど注ぎ(後述)、それをサモワールの湯でうすめて飲む。たいていレモンといっしょに用いるが、その理由はロシアではミルクとクリームがとぼしいからである。

ロシア人は茶に砂糖を用いるが、農民はそれを茶液のなかに入れないで、そのかたまりを口

に入れ、飲んだ茶が砂糖をとかしてのどに流れるようにしている。この方法の代りに、レモンでなく、ジャムをスプーンに一杯茶に入れることもある。

ロシア人がどういうわけで、湯をわかすためにサモワールのような道具を使っているかについては、重要な一つの理由がある。それはロシア人の食生活では伝統的に昼間はランチとディナーをいっしょにした食事を大量に食べ、その他の時間には絶え間なく茶を飲むので、湯はいつでも使えるようにサモワールでわかしておくからである。

以上はエドワード・ブラーマの『茶とコーヒー』(英、1972)の説であるが、W・H・ユカーズの『茶のすべて』と『茶のローマンス』には、ブラーマの説が、やや詳しく書かれているので、それを紹介してみよう。

サモワール　サモワールは次ページの挿画にいれたような、大きな壺形で、その内部に壺の中ほどまでの長さの垂直の金属のパイプに木炭がつめられ、パイプは四つの脚で支え、小型の火格子(火床)がついていて、別に長いパイプが煙突の役目をはたしている。

サモワールはそれを食卓にもちこむ以前に、水をみたし、垂直のパイプの火格子の木片に火をつける。*それが木炭を燃やし、湯がたぎると、食卓にもちこみ、女主人(ホステス)の席の右側の銀製の盆にのせる。サモワールの湯の分量はグラスに四十杯分ぐらいである。家庭での

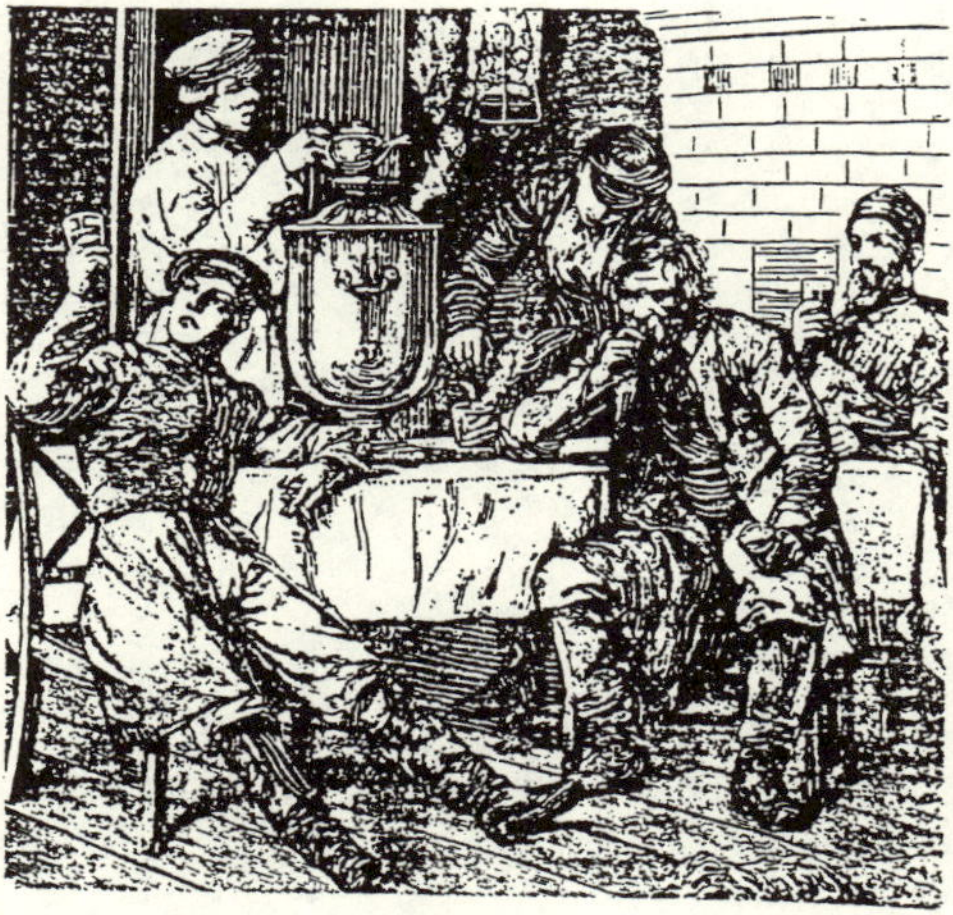

サモワールをそなえた典型的なティー・ルーム（ユカーズ『茶のローマンス』より）。

お茶の集まりでは、主人はテーブルの端に座り、その反対側に女主人が座ってサモワールの世話をする。

茶は小型のティー・ポットでつくられ、サモワールの上端の受け皿にのせて、十分に味のでるのを待ち、頃合いをみはからって、女主人はグラスに四分の一ほどポットの茶を注ぎ、あとの四分の三はサモワールの湯でうすめる。グラスは把手のついた銀のホルダーに入っている。これはアメリカのソーダ・ファウンテンで使っているのと同じである（わが国でも、レモン・ティーなどのグラスに使っている）。レモンが手に入るときには、レモンを薄く切ったのを各々のグラスにつけるが、ミルクとクリームは用いない。各々の客の前にはジャムを入れた小型のガラスの皿と、砂糖を入れる別の皿がおいてあり、食卓の真ん中の鉢に砂糖の大きなかたまりが入っていて、客は砂糖ばさみで砂糖を自分の前の小皿にとり、それを銀のやっとこでこまかくする。**

以上は上、中流の家庭での風習で、農民は砂糖を茶に入れず、茶を一口すする前に、砂糖のかたまりを直接口に入れる。しばしばスプーン一杯分のジャムが、レモンの代りに茶に混ぜられる。また冬季にはインフルエンザを予防するため、スプーン一杯のラム酒が入れられる。三世紀にわたって、ロシア人は茶を愛飲してきたが、その飲み方は、ほかのどこの国の飲み方ともちがっている。彼らは大部分は、毎日実質的な食事は一回するだけで、朝食はパンと茶だけで軽く、ランチとディナーをいっしょにした大量の食事を午後の三時と六時のあいだにして、その他のすべての時間に、絶え間なく（もし、それが可能な場合は）茶を飲むという習慣になっている。

ロシアには市町村のどこにでも、茶店（ロシア語で、チャイナヤ）があって、昼夜店をひらいている。ロシアの茶はグラスだけで飲んでいるわけでなく、地方によっては茶碗や大型の把手のついた湯のみで飲んでいる。

外国からの旅行者（一等車の乗客）は、汽車のなかではソヴィエト政府のサービスで、早朝に茶が無代でくばられ、一般の乗客は、列車が駅にとまると、いっせいに駅の大きなボイラーでわかした湯をもらいに駆けつける光景が印象的である。***

＊　サモワールには色いろの使い方があるが、ここに書かれた範囲の説明だと、前もってサモワールの湯をわかすために、木片が必要なので、主婦が朝はやく木片を割ることがチェホフの作品にでている。湯がわいたサモワールは木炭で温める。木炭はながもちしないので、サモワールの湯を一日中たぎらせておくには、かなりの量の木炭が必要であるが、一冬にどれくらいの量が必要であるかについて書いたものはみかけない。

＊＊　砂糖は昔は棒砂糖で、かたいので道具で割らねばならなかった。宮本百合子の「子供・子供・子供のモスクワ」(『モスクワ印象記』1949, 所収)は、彼女が一九二七年の暮から三〇年十二月までのモスクワ滞在をもとにしたものであるが、そのなかに「砂糖はパン、肉、茶、石けん、石油などといつしよに人別手帳によつて一カ月に一キロ半買うことが出来る。けれども、かたまりが大きくてそのまゝ茶のコップにはいれられない。胡桃割は割るべき胡桃とともにいまモスクワじゆうの金物屋から姿を消しているから、(ホテルの宿泊客は)ホテルの台所で、ホテルにもたつたひとつのその道具をかりて、日本にはない砂糖割という仕事にとりかゝるのである」と記されている。

＊＊＊　E・カリックの『シベリア、神秘と先駆者の地』(仏、1961)というシベリア旅行記によると、シベリア鉄道の「軟車」(一等車)には、車ごとにサモワールがあり、一日中湯がわいていて、二人のウェートレスが代る代る茶をついでまわると、でている。

サモワールの利用価値　前項でロシアの伝統的な、サモワール(湯わかし器)を用いる茶の風習を紹介したが、今世紀のはじめの『ブリタニカ百科事典』に、つぎのような記事がでているので（現在の版にはでていない）、それを紹介しておこう。

「ロシアはほかの国のように中国の茶を安価に運ぶことができないのと、政府の税金が高いので、小売値段が高かった。しかし政府はその代りに、産地からの純粋な、絶対に混ぜものの入っていないことを保証した茶を消費者の末端にゆきわたらせたので、ロシアの茶は上質だという高い評判を保っていた（ただし、実際はセンチメンタルな評価だったが）。

ロシア全体で消費される茶の量は莫大だったが、なにしろ人口が多いので、一人当りの消費量はすくなかった。国民の大部分が貧乏で、茶の値段が高いことが、その原因であることは自明である。彼らの茶のいれ方はイギリス人とちがって、サモワールを使用し、ティー・ポットで濃い色の、つよい茶液をつくる。彼らはそれを飲むのでなく、そのポットをサモワールの上におき、必要なときにポットの液の少量をグラスに注ぎ、サモワールからの湯でうすめ、それを何度も繰返す。この方法はイギリスの多くの地方で行なわれているような、濃くだした茶をあまりにしばしば飲む風習にくらべると、おそらくそれよりも健康的な飲み方といえるだろう」

と、サモワールの利用価値を認めている。

ブハラの風俗　ユカーズの『茶のすべて』には、二つの補足的な記事がでているので、ついでにそれも取り上げておこう。その一つはブハラ（中央アジア、ウズベク共和国の都市、回教文化の中心地）の風習で、ここの住民は茶を小さい袋につめてもち歩き、茶を飲みたくなると、近くの茶の屋台店をさがす。店はいたるところにでていて、店の持主は、客のもってきた茶を上手にいれて客に渡すが、その料金は湯代と茶をいれる手間賃だけで、この店で茶葉を買う者はほとんどいない。

ブハラ人は朝食のさい、茶に牛乳、クリームまたは羊肉の脂肪でフレーヴァーをつけ、それにパンをひたして食べ、茶を飲んでしまったら、だしがらの茶葉を食べる。

サモワールの改造型　西ヨーロッパでは、ロシアのサモワールに似た湯わかし器を使っているが、ロシアのサモワールでは木炭をつめた垂直の金属のパイプが、湯わかし器の半分ぐらいの長さであるが、西ヨーロッパの改造型では、このパイプが垂直に上から下まで通っている。

今日のロシア式紅茶のいれ方　伝統的なロシアの紅茶のつくり方に対し、アメリカとイギリスの専門書に、二通りのロシアの紅茶のつくり方がでている。これは「ロシアにおける紅茶のつくり方」なのか、アメリカならびにイギリスで「ロシアの紅茶といわれているつくり方」なのか、よくわからないが、参考のため取り上げてみよう。
①湯をみたしたカップ二杯に、スプーン三杯の紅茶を用いる。五分間浸出させ、それをホットあるいはコールドでグラスに注ぎ、砂糖を加え、砂糖漬けのサクランボまたはイチゴに、レモンを薄く切ったのを添える。
また別のつくり方では、上記の紅茶をカップに入れ、マラスキーノ・チェリー（ダルマチアのマラスカ・チェリーを蒸溜したリキュール）と、レモンを薄く切ったものの両面にシナモンをふりかけたものを添える（ユカーズ『茶のすべて』）。
②冷たいロシアの紅茶　ティー・スプーン四杯分の茶葉に、一パイント（〇・五七リットル弱）の湯を注ぎ、五分間浸出させ、モスリンの一片ないし清浄な濾過器で静かに濾過し、レモン一個とオレンジ一個のジュースをみたした把手付きのコップにみたし、スプーン一杯分の砂糖と、氷を加える（A・シモン『コンサイス食通エンサイクロペディア』）。

中国茶の輸出

オランダが最初　中国の茶をはじめてヨーロッパに運んだのはオランダ船で、ポルトガルの根拠地マカオ（一五五七年に居住権を得た。のち一八八七年にポルトガルの領有になった）からオランダの東洋における基地のジャワに運び、そこからヨーロッパに運ぶというルートだった。のちオランダはマカオの珠江の上流の広東（今日の広州）で、直接中国の商人と取引をしようと試みたが、ポルトガルがそれを阻止した。オランダはマカオの占領をはかったが、それも成功しなかった。

オランダは一時台湾の西岸の要地を占拠したが、一六六二年に鄭成功（母は日本人。台湾に拠って清に反抗、明の復興をはかった）に追いだされたことは、わが国でよく知られている。オランダが一六六三年と六四年にアモイと福州（いずれも台湾の対岸）を占拠、一六八五年に中国政府は広東を外国商人との取引港として、制限つきの許可を与えたので、オランダは広東に工場をつくり、中国との貿易を軌道にのせた。

アメリカとの貿易　アメリカと中国との貿易がはじまったのは、一七八四年にエンプレス・オヴ・チャイナ号が広東に朝鮮ニンジンの荷を運び、茶とその他の中国の産物を積んで帰航したのが最初とみられている。

その後、中国とアメリカとの茶の貿易は一時的に中絶したが、十九世紀にはいると、広東におけるアメリカの貿易は、一八四四年にイギリスについで第二位になり、その年の七月に中国との条約（望厦条約）が成立し、一八八〇年代まで、茶の取引が順調に進んだ。アメリカでは一八四〇年代に、「チャイナ・ティー・クリッパー」と呼ばれる快走船が登場し、それが貿易船の花形になり、中国から一日でも早く新茶を運ぶ記録が競争になったことはすでに記したので、ここでは重複をさけよう。

その後、一八六〇年代に蒸気船が登場、一八六三年に日本の茶の輸入がはじまり、一八六九年にスエズ運河が開通したことなどの外部的事情が生れ、また一八八〇年以後にはイギリスの植民地のインドとセイロン（スリランカ）の茶が、それまでの中国の茶の地位をくつがえしたので、中国の茶の輸出は、一八八六年以後、目にみえて衰退した。

イギリスの進出　イギリスの東インド会社は、一六〇〇年にエリザベス一世の勅許で、東洋との貿易の独占権を与えられた国策会社だったが、最初はオランダの植民地のジャワで中国の茶を仕入れていたが、のちインドのマドラスとスラト（インドの西部）で中国の茶を買うようになり、つづいて一六二七年に船隊を広東に派遣して、中国の商人との直接取引をはかったが、ポルトガルがマカオでそれを阻止した。

一六三五年にポルトガルはイギリスと条約を結んで、イギリスにマカオにおける貿易を認めたが、その年に広東の総督が、その地での外国との貿易を認めたので、イギリスは一六六六年にマカオに商館をつくり、広東との貿易の基地にした。それから十八年後の一六八四年に、各国が広東の珠江の川岸に工場を建てるようになり、イギリスはしだいに茶の取引で首位を占めるようになった。

イギリスの東インド会社がアモイで直接中国の茶を買ったのは一六八九年だったが、それまでは会社が中国の港（複数）に派遣していた代理人が買い集めたものと、インド人がインドの物産を中国に運び、その帰航に茶をマドラスに運んできたものとを、本国におくっていた。

十七世紀の終りから、東インド会社は利益の多い商品（茶）の貿易を、二百年近くにわたって独占し、それを自国の消費にあてただけでなく、他国への再輸出にあてた。そのピークは一八八六年で、輸入の総量は約三億ポンドに達した。

しかしその一方で、一八二〇年代に入るとインド（当時はイギリスの領土）で茶樹を栽培せよという世論がイギリスで高まり、その頃アッサム（インドの東北隅）で発見されたアッサム種の栽培がはじまった。一八三六年にそれの最初の一ポンドがロンドンにおくられ、一八四〇年にインド政庁の施設でつくられた六〇〇〇ポンドがカルカッタで公売されたときには「最初のイギリスの茶」だというので人気が集中したことなどの歴史についてはすでに記したが、インドとセイロンの茶樹栽培がさかんになると、イギリスの茶商人は中国の茶を買わなくなり、それまでイギリスのライバルだったロシアが、首位を占めるようになった。

ロシア、フランスその他　ロシアは各国におくれて、一八〇六年に二隻の船を広東におくって、茶の取引を行なおうとしたが、北京の官吏はロシアにそれまでどおり、中国の北部で茶を仕入れ、陸路で運ぶ方法をつづけさせたほうがよいと考えたので、それまでに広東に足場をもった国々以外の、新しい国々が広東で取引を行なうことを禁止した。

フランスが一七二八年に広東に足場をもった最初は私的な商社で、中国当局との契約は一八〇二年に改められ、さらに一八二九年に再改が行なわれた。

磚茶　ロシアは一八五八年に漢口（揚子江が漢江と合流する河港。河口から九六〇キロ上流）が開港

ロシア向けの磚茶（左：表，右：裏）。

すると、その地に茶を仕入れる拠点をおいた。ここは最上の紅茶の集散地だったからであった。

ロシアははじめは普通のバラの茶を買っていたが、じきに中央アジアや蒙古やチベットにおくるために古くからつくられていた磚茶《たんちゃ》*を買うようになった。「磚」（この場合は「せん」と読む）というのは瓦またはレンガという意味で、英語では brick tea または板茶（tablet tea）と呼んでいる。磚茶に対し、板茶はそれの小型のものをさしている。

磚茶がつくられるようになったのは、隊商ないし人力で茶を運ぶのに、できるだけかさを小さくする必要から、考えだされたものであった。

磚茶は茶葉をこまかく砕いたものを固めたものなので、最初は茶葉の屑が用いられていたが、ロシアとの取引が進むにしたがって、上質の茶を機械で砕いて用いるようになった。砕いた茶（あるいは砕けた茶）の需要が高まったので、のちにはインド、セイロン、ならびにジャワからも、それが供給されるようになった。**

そのためということもあってか、一八七〇年代に入ると、ロシアの茶商人は、台湾の対岸の福州で磚茶をつくるようになり、それにつづいて三つのイギリスの会社もこの港に磚茶の工場をつくったので、一八七〇年代から一八八〇年代にかけて、福州は茶の取引の最も主要な港になった。

福州というところは、中国の茶を最初に実地に踏査したロバート・フォーチュンが、一八四五年にこの地方の茶の栽培地帯に入りこみ、この土地でつくっている紅茶と緑茶とが同一の原料（茶樹）で、ただ各々のつくり方がちがっているだけだという、重要な発見をしたことでも知られている。

＊ チベットにおくられた磚茶は緑茶で、おもに四川省の奥地でつくられた品質のわるいものであった（次項参照）。

＊＊ 一九〇八年の統計だと、中国はチベットに一九〇〇万ポンドの磚茶をおくったが、その頃インド、セイロン、ジャワから中国に輸入された磚茶用の屑茶は一六〇〇万ポンドであった。

磚茶の製法　磚茶をつくる機械はブドウをしぼって液にする圧搾機に似たものといわれているが、むしろ初期の手刷り印刷機とおなじで、押し板をテコで強く押しつける方法と、スクリューで押し板を押しつける方法で行なわれた。できた磚茶には上下面に刻印がつくようになっていた。この機械は人力から蒸気力に変り、一八七八年には水圧式が採用されるようになった。話が横道に逸れたが、福州の磚茶の生産は一八七五年に六二〇万ポンドになり、四年後の一八七九年に一三七〇万ポンドに上昇した。その後ロシアの商社は、取引の拠点を再び漢口と九江（江西省）に移したので、一八九一年から一九〇一年の期間は、後者が磚茶の製造の中心になった。

十九世紀後半までの中国の茶の第一の得意先はイギリスで、インドとセイロンの茶の生産が高まった一八七九年でも、自国の消費二億八〇〇〇万ポンドに対し、中国から五〇〇〇万ポンドを買っていたが、しだいに仕入先をインドとセイロンに移したので、ロシアはライバルのイギリスに代って、一八九四年に中国の茶を最も多く輸入する国になったが、実質的には下り坂になり、一八九五年には八七万二〇〇〇ポンドに減った。

チベットへの磚茶　中国からチベットにおくられる磚茶は、依然として昔通りの、原始的な方法で行なわれていた。

一九〇八年の統計によると、中国の輸出した茶の総量は一億八八三七万ポンドで、そのうち一九〇〇万ポンドはチベットへの磚茶であった。この数量は、ロシアが中国から買った磚茶のピーク（1879）が一三七〇万ポンドだったのに比較すると、はるかにそれを上回る量であった。

一九〇六年にインドから中国に調査に赴いたジェームズ・ハッチンスンの報告によると、「チベット向けの茶は四川省の雅州でつくられていて、インドやセイロンでは葉を手で摘んでいるが、そこでは枝のさきを刈りとったようなものがまじった粗雑な原料で、それを平鍋で乾かし、もんでから醱酵させ、幾種類かの等級に分け、それに蒸気を通して木製の型にいれ、注文にあわせた大きさと形の磚茶にする。出来たものは製造元のマークとチベット文字を印刷した紙に包み、獣皮を縫い合せた袋に六〇―七〇ポンドをぎっしり詰める。それらの袋を苦力（人夫）が背負って非常に高い山脈を越えてチベットに運ぶが、毎年の送付量一九〇〇万ポンドのうち、八〇〇ポンドは、中国の皇帝からチベットの僧院への贈与である」となっている。

この報告によると、茶葉ははじめ平鍋で乾かし、もんでから醱酵させ、のちそれに蒸気を通すとなっているから、正体がよくわからない。醱酵させたものは紅茶で、蒸気で醱酵をとめたのは緑茶だからである。この報告者のいうように、一度醱酵させたのち、それに蒸気を通して醱酵をとめた緑茶なのかもしれない。

チベットでは茶のスープ　チベットの風習では、ヨーロッパ風の茶の飲み方とはまったくちがっていて、『ラサ（チベットの首都）とその秘密』を書いたワッデル大佐は、

「チベット人は、茶葉を腐ったような臭いのバターと、練り粉のかたまりといっしょに煮て、それに少量の塩を加えたスープのような温かい飲みもの（buttered tea, この場合、茶葉そのものも食べられるわけである）にして、一日中飲んでいる。

われわれにとってはとてもなじめない代物《しろもの》だが、冬の寒さに堪える飲みものとして、また飲料水が汚染されていて、なまで飲めない土地の飲みものとして、健康的な飲みものである」

と伝えているが、中央アジアや蒙古でも、これと同じような飲みものにつくられていて、とくに蒙古の砂漠地帯のような、野菜のない土地では、茶葉を食べることは、ビタミンCの供給源として、重要な役目をはたしている。

ロシアへの輸出　ロシアは十六世紀以来、もっぱら中国の茶を輸入していた。ヨーロッパの他の国々が、喜望峰を回る航路で茶を運んでいたのに対し、ロシアはシベリア経由の陸路で運べたので、非常に有利だった。

といっても、その輸送にしたがった人々は、船便による困難に劣らぬ、あるいはそれ以上の苦労をなめた。

運搬はラクダの隊商（キャラヴァン）によって行なわれたが、普通その一隊は二百頭から三百頭におよぶラクダの集団で、各々のラクダは四個の箱につめた約二七〇キログラムの荷物を運んだ。その歩行速度は一時間に四キロで、一日の速度は平均で約四〇キロだった。ロシアの本国までは一万八〇〇〇キロで、それを歩き通すのに十六ヵ月（ないし十八ヵ月）かかった。

中国の南部で集めた茶は海路で天津に運ばれ、そこから北京の北東三〇〇キロの張家口まで馬または騾馬で、それから先はラクダで、一三〇〇キロのゴビ砂漠の横断がはじまる。この部分で最もひどい自然条件に苦しめられながら、シベリアとの国境を越えたキャフタに達する。

このルートは現在は北京―大同―ウランバートルを経て、シベリア横断鉄道に結ばれた鉄道が敷かれていて、私も大同まで乗ったことがある。それから先はイルクーツク（バイカル湖の西南）、ニジネウディンスク、トムスクを経てチェリャビンスク（ウラル山脈の東側）に達して、シベリア横断の旅を終る。

余談であるが、このルートは欧露と東洋をつなぐ唯一の交通路で、ロシア本国からシベリア、中国に向う行政、軍事、探検、通商、宗教その他のあらゆる分野の人々がこの一本のルートを往復したので、当時のさまざまの記録にそれがあらわれている。

スエズ運河とシベリア鉄道の開通　一八六九年にスエズ運河が開通すると、東洋との貿易のルートは一変し、帆船で喜望峰を迂回する大航海（快速のクリッパーでも、全航程一万六〇〇〇マイルを走破するのに九十九日かかった）は、冒険とローマンスの過去の物語になった。

のみならず、新しいローマンスは強力な蒸気船の開発で、積荷を一日でも早く運搬する新しい記録の競争になり、そのクライマックスは一八八二年にイギリスの蒸気船「スターリング城」（スターリングはスコットランドの中央部の地名）が、呉淞《ウースン》（江蘇省）―ロンドン間を二十八日で航海したときで、世界の驚異のまとになった。

こういう時代になったので、ロシアはかつての、十六ヵ月（ないし十八ヵ月）もかかった牧歌的な隊商による輸送に代って、船便でスエズ→エーゲ海→イスタンブール→黒海のルートで、茶をオデッサに運ぶようになり、その一方で一八九一年に着工したシベリア鉄道が、一九〇四年にハルビン経由大連にいたる東清鉄道（ロシアの経営）に連絡し、一九一六年にウラジオストックに達したので、それまでの隊商による輸送は長い歴史的な役割を終えた。

十六ヵ月（ないし十八ヵ月）かかった隊商の旅は、鉄道で七週間にちぢまったが、それにしても鉄道の七週間（最初は単線だった）というのは、今日からみると、おそろしくのろいスピードだった。


ロシア革命で輸出がとまった　ロシアはシベリア横断鉄道を主要な輸送路にしたので、東洋の茶のルートでは、ロンドン向けの船便についで、単一のルートでは最も大量の茶を運んだといわれていたが、第一次世界大戦後の政治的変革（革命）で、一九一八年には中国からの茶の輸入がとまったので、それ以後、中国在留のロシアの茶の商人は破産に瀕し、中国の磚茶工場も事業がとまってしまった。またその後一九二六年に漢口は中国と外国との紛争にまきこまれたので、その地に居残っていた少数の外国の茶商人は上海に移ったため、漢口は茶の取引とはまったく関係のない都市になった。

ロシアと中国の決裂　二十世紀にはいって、ロシアは自国内で茶の栽培をはじめた。しかし中国の茶は依然として買っていたが、一九六六年にイデオロギーの相違で、ソヴィエトと中国との茶の貿易は中絶し、ソヴィエトはインドの茶を買うようになったという、異変がおこった。

ソヴィエトの茶の栽培　ソヴィエトの茶の栽培地は、黒海の東端に近い西グルジアで、一八九二年に最初の栽培がはじまり、一九〇〇年には約八〇〇ヘクタール、一九二五年には一二〇〇ヘクタールを超えない栽培地にひろがったが、そのなかの四〇〇ヘクタールは農民の所有地であった。

一九四〇年に政府が開発に乗りだし、同年には約五万三〇〇〇ヘクタールの栽培地から一万二六〇〇トンの茶を産出し、一九五〇年には栽培地は五万六七〇〇ヘクタール、茶の産出は一万八〇〇〇トンに増加、一九五一—五五年の五ヵ年計画では八万九〇〇〇ヘクタールが目標としてかかげられた。栽培地はイラン北部に接したアゼルバイジャンや、アゾフ海に近いクラスノダルの南部地方や、ウクライナのトランスカルパティアン地方にひろまって、モルダヴィアならびにクリミアの一部でも実験が行なわれていると報告されている。

黒海に近い西グルジアのポティ地方の気候条件では、ビルマ（ミャンマー）とアッサムの茶種は不向きで、中国の品種が成功している。グルジアの栽培の中心地帯では、一エーカー（四〇・五アール）当り平均二三四キログラムであるが、ところによっては一エーカーで四五〇ないし六三〇キログラムの収穫があがっている。

茶樹の種子は、日本、中国、インドから集めたが、彼らの望んでいたのはインドのダージリン地方の品質で、その地方には中国種の交配種が上質の茶の原料になっている。今日では垣根風に植えられ、機械で葉を摘み、近代的な工場で、製造が行なわれている。つくっているのは紅茶である。

ロシア人の好きなインドの上質の茶　ソヴィエトは自国産の茶が自給に近く、輸入の必要はないようにみえるが、インドから上質の茶を買っていて、ダージリンやアッサムの茶を、イギリスの仲買人から高値で入札していると、いわれている。ソヴィエトは今日でも依然としてカルカッタやゴーハチ（アッサムの町）の茶の市場で勢力をもっているが、その理由は彼らがその茶を好んでいるからという以外に説明のしようがないと、『茶とコーヒー』（1972）の著者E・ブラーマは述べている。

紅茶と陶磁器

陶器と磁器　紅茶の茶碗は、白素地《きじ》のまま、ないしそれに絵をつけたやきものを用いることが伝統である。そこではじめにやきものには陶器と磁器の区別があることから、書くことにしよう。

①土を焼いてつくった器具の類を「やきもの」といい、それの原始的なものは「土器」で、英語では earthenware（土でつくった器具）とも、pottery ともいっているが、pot は壺や瓶《かめ》をさし、またエール（ビール）の酒器などの名前になっていて、a pot of ale という呼び方がある。

②わが国では陶器と磁器をいっしょにした「陶磁器」という呼び方が行なわれているが、両者は原料の質と、それを焼く温度（火度）と、仕上げ方がちがっている。

③陶器は土器の進歩したもので、われわれが日常に使っている瀬戸物の類で、二度焼くが、最初に素地を焼きかためたものは素焼《すやき》で、それに釉《うわぐすり》をかけて表面にガラス状の光滑を与える。

陶器と磁器の原料（粘土）は大体は同じであるが、混ぜものの比率がちがい、前者は質が劣り（不純物が混じっている）、火度が低いので燃料費がかからず、製造工程が簡単で、精密な管理を必要とせず、それ故に出来上がりが早いので、安く生産することができる。

また素地が多孔性なので色が浸透しやすいが、磁器のような明るい、はなやかな、はっきりした色がだせない。

外国では土器もこのグループに入れているが、イタリアのマヨリカ、オランダのデルフトなどの有名なやきものやフランスのファイヤンス（faïence）が、これの仲間になっている。
④磁器はヨーロッパではポルスレーヌ（仏）またはポースレーン（英、現在はポースリンと発音している）と呼んでいるが、英語では一般にchinawareまたはチャイナ（china）といっている。
磁器と陶器との差は、前者のほうが原料の質がよく、二度焼いて、二度目に釉をかけることは同じだが、二度目の焼成のさいの火度（種類によって異なるが）が非常に高いので、出来上がりが硬くなり、やきものの技術のなかで最も進歩した、高級な製品ができる。原料の粘土が精選されているため、素地の質が締まっていて、多孔性でなく、陶器のように簡単に欠けたり、ヒビが入ったりしないし、陶器のもたない透明性（正確にいうと半透明性で、「ガラスのように透明」という意味ではないが、わが国の専門家は「透明性」といっているので、それに従うことにする）をもっている。

陶器では質的にあまり薄いものはできないが、磁器は硬いので、薄いものがつくれるし、透明性を利用して精巧な彩色をすることができる。

私の生家は輸出陶器（西洋陶器＝磁器）に絵をつける小工場だったので、少年・青年時代まで、朝から晩まで陶器（本当は磁器だが、一般には陶器といって、磁器という言葉は使わない）の触れあう独特の音のなかで暮したので、いまでもなにかのひょうり（名古屋の方言で、この場合は「偶然に」といった意味）に、陶器がものに触れて音をたてるのをきくと、心がひきしまって、古い昔の感覚がよみがえる。

磁器は硬質と軟質とボーン・チャイナの三種に分けられる。ボーン・チャイナ（bone china）は「骨灰磁器」と訳されているが、動物の骨を焼いて粉末にしたものを混合したもので、硬さは硬質と軟質の中間である。

以上は今日のやきもののなかで、一般に「陶器」と呼ばれているものが、「陶器」と「磁器」の二種類に分かれていることの大体を説明したものだが、実際は材料や技術の点で非常にこみいっているので詳しく知りたい人は百科事典ないし陶磁器の専門書の参照をすすめておく。

用語ないし語原　「チャイナ」は十七世紀に中国から茶を運んだ船がイギリスならびにヨーロッパに中国の陶器を伝えたとき、「中国からきた」という意味で「チャイナ」と呼んだのが語原である。

わが国では「ノリタケ・チャイナ」が、高級陶器（正確にいえば磁器）のトレード・ネームとして知られているが、「ノリタケ」は則武と書き、昔は名古屋市の西郊に、日本陶器株式会社の大きな煙突が林立していた（現在は火力に石炭を用いないので、大煙突は姿を消しているだろうと思う）。「チャイナ」はいうまでもなく磁器という意味である。

磁器をフランス語でポルスレーヌ（porcelaine）といい、それが英語のポースレーン（porcelain）になったことはすでに記したが、その語原には色いろの説があるので、それに触れておこう。

この語は十三世紀のマルコ・ポーロの旅行記では貝殻の名前（おもにコヤス貝）をさしていたが、十七世紀には東洋から伝わった白い陶器の名前になった。この語の porce の語原はイタリア語で、そのさらにもとはラテン語の **porcus** でブタを意味しているが、それがどうして陶器という意味になったかはわからないと書いたものもあるが、フランスの語原学者アルベール・ドゥザによると、ブタの陰門がコヤス貝に似ているので、コヤス貝→白い陶器の名になったとみている。あまりによく出来た解釈なので、『オックスフォード英語辞典』では、それに従わず、語原不明だと書いている。初期には「白い陶器」の全般をさし、今日のように磁器のみを指す名称ではなかった。

今日では英語では「チャイナ」といえば磁器をさすが、chinaware（チャイナ物）といえば一般には正餐（ディナー）に用いる陶器の総称になっている。

西洋陶器のはじまり　やきものの進歩は、土器（釉をかけない、素焼）、陶器、磁器の三段階に分かれるが、西洋では茶が伝わった時代より以前に、中国から磁器が伝わっていたが、その技術はわからなかった。したがって、一七〇九年にドイツで磁器をつくる秘密が解明されるまで、日常に使われたやきものは陶器だけであった。

素焼に酸化スズの釉をかける技術は、西暦前一〇〇〇年頃のアッシリアで知られていて、その時代のレンガの浮彫りの彩りに使われているが、それが今日の陶器の直接のルーツになっているのは、西暦八世紀のペルシアの陶器であった。

中世のペルシアは中央アジアのトルキスタンで中国と共存していた（現在でも西トルキスタンはソヴィエト、東トルキスタンは中国の新疆ウイグル自治区になっている）ので、この技術は中国からペルシアに伝わったらしい。

この技術は九世紀にイスラムの陶器師に伝わり、十一世紀にはイスラム圏の西端のスペインに達し、十四世紀以前にバレンシアでつくられていたのが、マヨリカ島（現在はマリョルカ島。英語ではマジョルカ島。地中海西部、スペイン領）の商人によってイタリアに輸出され、イタリアでその技法でつくった陶器をマヨリカ焼（英語ではマジョリカ焼）と呼ぶようになった。*

マヨリカ焼といえばマヨリカ島でつくられた陶器の名称のようにおもわれるが、正確にいうと、イタリアでつくられたスズの釉をかけた、極彩色の陶器、ないしその系統の陶器の名称に限定すべきだと、いわれている。

酸化スズの釉は、十六世紀のはじめにイタリアからフランス、ドイツ、オランダに伝わり、イギリスへはその直後の一五五〇年に伝わったが、フランスではそれを用いた陶器をファイヤンスといい、オランダではデルフト焼と呼んで、それぞれの国の特色をもった陶器をひろめた。

＊　マヨリカ（Maiolica）は現在のスペイン名は Mallorca（マリョルカ）であるが、Majorca（マヨルカ）という呼び方もある。英語では『ウェブスター辞典』では Majolica（マジョリカまたはマヨリカと発音する）をあげ、これはイタリア語の書き方だといい、『ランダムハウス英語辞典』では Majolica を見出し語にして、この語はラテン語でマジョリカ（Majorica）といっていたのがイタリア語で Maiolica になったといっている。わが国の地理書ではマジョルカといっているが、これは Majorca というスペイン名の英語読みで、陶器の場合はマジョリカ（Majolica）で、ややこしいことこの上なしである。

酸化スズの釉　酸化スズの釉を素焼にかけて焼くと、素焼の表面が白く、不透明だがガラス状になったので、それがヨーロッパの陶器師たちが、明《みん》の白い磁器に追蹤する唯一の技法だった。

スズの釉をかける初期の方法では、軽く焼いた多孔性（素地の締まっていない）の素焼を白色の陶土の溶液のなかに吊し、それを引き上げてブドウの搾りかすを焼いてつくった灰とスズの酸化物と鉛の酸化物などの粉末を混ぜた釉を付着させて乾燥したので、釉は粉状に素焼の表面に残っていた。それに絵を描く場合、顔料（鉱物質の絵具。たとえばコバルト、銅、マンガン、アンチモニー、鉄など）は釉に吸収されるので、油絵を描くようにこまかい、手間のかかる技巧をほどこすことができない。したがって一気に彩色しなければならない。油絵のように塗り直しはできないので、水彩画的だともいわれている。それを窯に入れて焼くと、スズの釉はガラス状になり、コバルトは青と緑、マンガンは紫、アンチモニーは黄、鉄は赤い色になった。

このような釉と顔料とを、焼成時に一体化する方法は、この頃の創案だったとみられている。イタリアではこれと並行して、メッツァ・マヨリカ（半マヨリカ）という技法が行なわれていた。これは素焼に白色の陶土の溶液をかけて乾燥し、針金で白地を引っかいて絵を描き、それに緑や褐色やコバルトの顔料を加え、鉛の釉（焼くと透明なガラス状になる）をかけて焼くという技法で、マヨリカないしファイヤンスに似たものができる。

この技法だと、彩色は釉（glaze）の下になるので、「下絵」（underglaze）と呼ばれ、その技法を「下絵付」と呼んでいる。

この技法はのち、デルフト焼で中国の白と青、または藍の絵付（中国では青花、わが国では染《そめ》付《つけ》といっている）の技法として発達し、現在われわれが日常に使っている陶磁器のなかにも、この技法（染付）によったものが多くみられる。

ファイヤンス　さてフランスに渡った酸化スズの釉をかけた陶器は、ファイヤンスと呼ばれたことはすでに記したが、これはその頃イタリアのファエンツァでそれがつくられていて有名だったのが語原で、その影響でつくられたドイツ、デンマーク、スエーデン、ノルウェーのものもこの名前で呼ばれている（ドイツではFayenceといっている）。

デルフト焼　イタリアのマヨリカ焼はオランダに渡ってデルフト焼と呼ばれ、その故に「オランダのマジョリカ」ともいわれた（デルフトはオランダ西部の都市）。

イギリスへは宗教上の理由でオランダの陶工がイギリスに移住してそれをつくり、デルフト焼と呼んでいた。のち磁器がつくられるようになったが、磁器は値段が高いので、生産コストのかからない、したがって安価なデルフト焼が、大量に庶民のあいだに普及した。

石焼　ヨーロッパの商船が中国から茶を運ぶようになったのは一六一〇年頃からで、最初はオランダ船が、つづいてイギリス船がそれを自国に運んだが、それらの商船は単に茶だけでなく、同時にそれを煎じだす道具（宜興のティー・ポット）を運んできた。宜興は上海に近いやきものの産地で、素焼の、赤または茶色の石焼（stoneware）のティー・ポットをつくるのに最も適した陶土がでることで有名であった。

「石焼」というのは、窯の火の温度を上げると、陶土がガラス化し、液状物を滲《し》みこませない硬質の陶器で、宜興の陶土はその火熱に耐える性質をもっている。「石焼」は専門家のあいだや業界では「炻器《せっき》」と称しているが、和製漢語らしい。

その頃、オランダは陶器の技術では先進国で、デルフトで酸化スズを混ぜた釉をかけた陶器（いわゆるデルフト焼）をつくりだし、それが国外にも輸出されていたが、茶の使用がはじまると、このやきものには熱に耐える性質が欠けているので、ティー・ポットに利用できないことがわかった。

しかし茶を煎じだす道具（ティー・ポット）の需要は大きかったので、デルフトの陶器職人は、中国から輸入された宜興のティー・ポットの研究をはじめ、一六七〇年頃に、それと同じの、小型の、素焼の、赤い陶器の製造に成功した。これは日本でも模造品ができ、万古焼《ばんこやき》というやきものになった。オランダの模造品は、本物と同じ、ないし万古焼のように本物よりすぐれた性質とはいえなかったが、一応その役にたつものだったと書いたものもある。なかには（一六七〇年頃には）、アリイ・デ・ミルデとサムエル・ヴァン・エーンホルンや、ヤコブス・カルウエとラムベルトゥス・クレフィウスなどの製品のように、製作者の名前ないしマークの入ったものには、中国産のものより素地が軟らかい感じで、それに浮彫りをほどこした魅力的なものがあったと、書いたものもある。

塩入りの石焼　石焼のさい、窯の内部の温度が最高（摂氏約一〇〇〇度）になったとき、窯のなかに普通の塩を投じると、塩は分解して原料の成分に融けこみ、塩素は窯の煙突から外に消え、ナトリウムはやきものの素地のなかの珪酸塩と結合して薄い、ガラス状の表層をあらわす。この技法には、ほかに色いろの変化があるが、これは中国から伝わったものでなく、ヨーロッパで考えだされたらしく、それの最も古いものはラインランドにあらわれている。

一説によると、ある陶工が豚肉の塩づけをしていたさい、塩の濃い溶液がかたわらの土器にかかった。それを窯で焼いたところ、その部分だけが釉をかけたようになったというのが、この技法が偶然に発見されたいきさつだったという話が、一八二九年にでたシメオン・ショーの『スタッフォードシャーの陶器史』にでているが、もちろんつくり話である。

塩入りの石焼をイギリスに伝えたのは、オランダからイギリスに移住したエラーズ兄弟（後出）で、彼らはイギリスに渡るはるか以前に、ケルン（ライン川に臨んだ都市）で、この技法を習得したといわれている。

ただしこれには異説があって、『茶の話』(英、1956)を書いたジャーヴァス・ハックスリーは、エラーズ兄弟がつくっていた赤土の石焼が塩入りだったとは書いておらず、それのティー・ポットがつくられるようになったのは、はるかに後の一七四五年頃だったと述べている。しかし、エラーズ兄弟がつくっていたのは塩入りだったことは定説といってよく、W・H・ユカーズの『茶のすべて』や、サヴェージ&ニューマンの『挿画入りやきもの辞典』(英、1974)などが、それを認めている。

下水用の土管　塩入り石焼の茶器は、その後にクリーム焼や磁器があらわれたことで、家庭から姿を消したが、褐色の塩入り石焼でジンの瓶をつくることはイギリスでは十九世紀までつづき、とくに下水用の土管としては、現在もその技法が残っている。

エラーズ兄弟　イギリスで宜興のティー・ポットの模造がはじまったのは、ウィリアム三世(オランダ統領ヴィレム二世とイギリス王チャールズ一世の娘メアリの子。イギリス王ジェームズ二世の反対派に招請されて一六八九年にイギリス王となり、ウィリアム三世と名乗った)がオランダからイギリスに入国したさい、それに従って移住したオランダ人のジョン・エラーズとフィリップ・エラーズ(英語読み)兄弟によってだったといわれている。一六九八年に、彼らの窯のあったスタッフォードシャー（イングランドの中西部、やきものの生産の中心地）を旅行したセリア・フィエンタスが「上質の赤土でつくった、中国からきた奇妙な、美しいティー・ポット、カップならびに皿を模造している窯場をみにいった」と日記に書いているところをみると、その頃には、ティー・ポットだけでなく、カップも皿も赤土のやきものだったことが、うかがわれる。

一説によると、エラーズ兄弟がスタッフォードシャーにあらわれたのは一六七〇年頃で、彼らは銀細工師だったが、イギリスに渡るはるか以前に、ドイツのケルンで「石焼」の秘密を探ったといわれ、またイギリスに渡ってからはフルハムの陶器師で有名だったジョン・ドワイトの使っていた職人の一人を引きぬいて「赤い陶器」の秘密を盗んだというので、ドワイトから訴えられたともいわれている。ドワイトの「赤い陶器」の秘法というのは、ドイツの技術をもとにした「石焼」であった。

エラーズ兄弟は、彼ら自身（あるいはドワイト？）の開発した赤土の「石焼」の技法が盗まれることを防ぐため、その窯をロンドンのハマースミスから、スタッフォードシャーのブラドウェル・ウッドの草深い農家に移して、近隣の陶業者たちが接近できないように計画し、その秘密を異常な長期間にわたって守りつづけたといわれる。土地の人々は、はるか遠方の煙突から、異常な、大量の煙がでるのをみて、不思議がった。エラーズ兄弟は、怪しい人間が近づいてくると、それをただちに通報する土器製の通話管を地中に埋めていたことが、最近の発掘で発見された。

彼らの製品はロンドンにおくられ、一個十二シリングから二十四シリングというべら棒に高い値段で売られた。これは近隣で、バター壺や皿などを焼いていた陶業者にとっては、想像もつかない値段だった。

伝説によると二人の有名な陶業者が、馬鹿のふりをして、エラーズの窯場の労働者に雇われ、その秘密を盗んだともいわれている。

エラーズ兄弟がスタッフォードシャーの「石焼」の先駆者だったかどうか、本当のことはわからないともいわれているが、彼らの製品は単に秘密な技法で焼いたというだけでなく、ロクロを使ってきわめて薄い素地にしたこと、さらに彼らは銀細工師だったので、そのデリケートな趣味を、ポットの形や絵模様に生かしたことで、「石焼」の代表的な製造者だったことは事実だった。

エラーズの製品　W・B・ハニーの『イギリスの陶器と磁器』（1933）によると、今日ではエラーズ兄弟の作品はほとんど残っておらず、色いろの観点からその作品だということが確かめられているのは、わずかに四点に過ぎない。

エラーズの作品を探すとしたら、多大の費用と歳月を要するが、その一方で、通りすがりの古道具店の棚にころがっている、十九世紀の日本製だと信じられているものが、本物のエラーズだという掘出物にぶつかることがある。ただしエラーズ風のティー・ポットは半世紀ちかくにわたって大量につくられたので、本格的な蒐集をめざす人は、エラーズ以後のおびただしい製品を、一通り研究する必要があると、ハニーは忠告している。

骨董商は、蒐集家たちをよろこばすために、それらの系統の製品を、大雑把に「エラーズ物」と呼んでいて、ビクトリア朝のテラコッタや、今日の日本からの輸入品まで、この名で呼んでいることも、知っておらねばならないと、いわれている。

磁器の登場　十八世紀のはじめまで、中国の磁器の秘密を解くことが、ヨーロッパの陶器業者たちの、最大の競争目標だった。そのものは白く、高度に硬く焼かれて素地がひきしまり、光をあてると半透明の光沢をあらわし、それをたたくと、きれいな音をひびかせる。

陶業者のなかで、いち早く本物の中国の磁器の技法を発見したのは、ドイツのヨハン・ベットガー（1682-1719）だったとみられている。彼はベルリンに住んでいた青年で、化学に興味をもち、その時代には化学的な商品（原料）を扱っていたのは薬種商だったので、その店の徒弟になり、のちザクセン（ドイツ東部、主都はドレスデン）に移り、一七〇九年にその製造に成功した。

一七一〇年にザクセンの国王はドレスデンから数マイルのマイセンの町を見おろすアルブレヒト城内に工場をつくり、ベットガーを工場長に任命した。一説によると、その時に彼がつくったのは、宜興の赤土の石焼の模造品だったともいわれているが、その三年後にはこの工房でつくった硬質の磁器がライプチヒの商品市で売られていたともいわれている。

発明物語には、単なる推測説、ないし聞き書き、あるいは伝説に近いものがすくなくないが、その一方で専門家が色いろの資料によって探しだした、真相に近い説もある。ベットガーの磁器についても、専門家によって真相説がでているので、それを紹介しておこう。出典は上述の『挿画入りやきもの辞典』である。

ベットガーはマイセンで、E・W・チルンハウスと共同で磁器の研究をしていたさい、その副産物として一七〇八年頃に赤い石焼の製造に成功した。つづいて一七〇九年頃にチルンハウスと共同で磁器の製法をみつけだし、もっぱらそれの開発につとめた。赤い石焼の製造もつづいて行なわれたが、一七三〇年頃には中止された。赤い石焼といっても茶がかった赤、濃い茶色、ほとんど真っ黒なものなどがつくられ、真っ黒なのは「鉄磁器」(Eisenporzellan)と呼ばれていた、というのである。

磁器のティー・ポット　マイセンの工房では、ヨーロッパで最初の磁器のティー・ポットをつくり、つづいて磁器のティー・セットを売出した。このセットは「朝食のセット」ないし「一人ないし二人の朝食ないし昼食（dejeuner）のセット」と呼ばれ、それにマッチしたトレー（長方形の盆）がついていた。

ザクセンの国王は、秘密を守るため、その職人を囚人同様に監視していたが、時がたつとともにその秘密を盗む目的で職人を国外に連れだす誘惑の手がのび、最初にウィーンに、つづいてヴェネチア、さらにベルリンその他のドイツの各地に、磁器の製造が伝わった。

国王の道楽　マイセンの磁器がヨーロッパの上流社会にひろがると、各国の君主や領主たちが、自分の磁器工房をもつことがはやりになった。はやりというよりも熱中（フィーヴァー）と呼んだほうがよいかもしれないと、いわれている。

それの草分けはフリードリッヒ大王（プロイセン王）で、一七六一年にマイセンの磁器職人をベルリンに呼びよせ、王立磁器工房をつくった。

セーヴル焼　ドイツ風の磁器（ならびにティー・セット）はオランダ、デンマーク、スエーデンなどに普及したが、フランスでは独特の、ガラス状の半透明体の磁器を開発し、伊万里のティー・セットを広範囲に模倣した。

フランスの磁器工房（複数）は、ヴァンセンヌ（パリの東）で、個人企業ではじまったが、ルイ十五世は一七五六年に、それらの数工房のパトロンになって、工房をセーヴル（パリ郊外）に移した。

美しい地色　この移動が転機となって、ここでつくる磁器は、その時代のフランスの美術と並行して、非常な美しさと、独創性を発揮した。いわゆるセーヴルの磁器がそれであるが、それのもう一つの特色は、その地色で、「濃い紺」（gros bleu, gros は「濃い」という意味）、「天の青」（bleu céleste, 空色）、「国王の青」（bleu de roi, 濃い青、ウルトラマリン。これは異名が多い）*、「ラピスラズリの青」（bleu lapis）は、一七五〇年代にヴァンセンヌのやきもの工房がセーヴルに移転する以前に、前者に伝えられたので、「ヴ

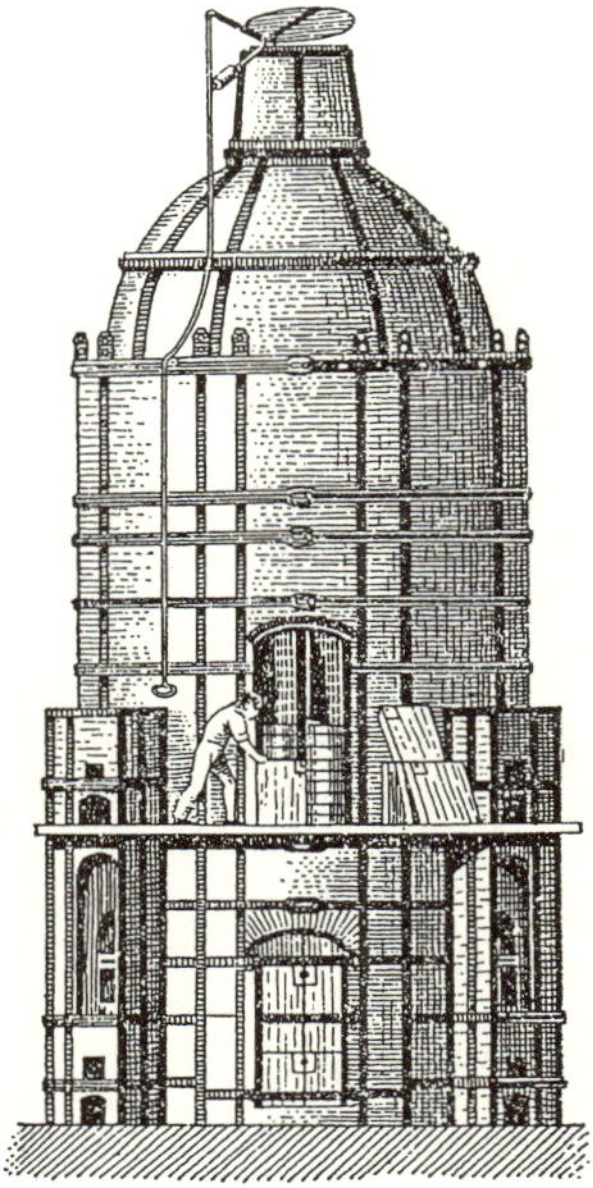

セーヴルの磁器窯。

ァンセンヌの青」という名前でも呼ばれている。

また"bleu turquin"は「トルコの青」という意味だが、ドゥザの『語原辞典』によると、turquinは「トルコの」というイタリア語（turchino）が語原の濃い青で、青はトルコ人の愛好する色だということにちなんだ名前だと解説しているが、そのことはトルコ玉がアジア・トルコからでることにもつながっている。サヴェージ&ニューマンの『挿画入りやきもの辞典』では明るいトルコ玉の色で、一七五二年にセーヴルにもちこまれ、のちきわめてポピュラーになり、一八七〇年頃に人気が再生したと、伝えている。またセーヴルの地色で"bleu turc"といっているのも「トルコの青」という意味だが、これは灰色がかった青だと、上記の『やきもの辞典』にでている。

また"bleu nuagé"は雲（nuage）にちなんだ形容詞で、海綿にコバルト・ブリューの色をふくませ、素地をかるくたたいてまだらの効果をつくりだしたものをさし、「ポンパドールのバラ」（ポンパドールはルイ十五世の愛人で、ポンパドール侯爵夫人という称号を国王から与えられた）、「緑のリンゴ」（英語の「アップル・グリーン」または「エンドウの緑」〔peagreen, 黄色がかった緑〕、「草原の緑」「イギリスの緑」とも呼ばれた）、「黄色い黄水仙」などが、セーヴルの磁器の地色に多く用いられた。

ポンパドール侯爵夫人はセーヴル磁器の熱心なパトロンで、今日美術品として保存されているティー・テーブル用の磁器のデザインのなかには、彼女の好みをあらわしたものがあると、みられている。上記の「ポンパドールのバラ」というのは、それらの茶器の美しいバラ色の地色に与えられた名前であった。

＊「国王の青」は「王室の青」「セーヴルの青」「新しい青」とも呼ばれ、そのほかに「ペルシアの青」（明るい、濃い青）、「青メノウ」（きわめて淡いコバルト・ブリュー）など、青い色の系統の色が好まれていたことをあらわしている。

以上のうち、「セーヴルの青」や「新しい青」を「国王の青」のような濃い青だというのは誤りで、本当は「空の青」とおなじだという説がある。

「国王の青」は一七四九年頃にヴァンセンヌで開発され、セーヴルで一七五〇年代に素焼の地色としてはやりだした色で、それまではやった「濃い紺」（gros bleu）がそのために影がうすくなった。その後、イギリスでも、ウースターやチェルシーの磁器の産地でも、この地色を模倣するようになった。

また「天の青」は、晴れた、雲のない空の青で、一七五二年にジャン・エロというフランスの化学者がつくったもので、その翌年、ヴァンセンヌで使われるようになった。

「ペルシアの青」（明るい、濃い青）は、フランスのヌヴェール（フランス中央部）でつくられた色で、ペルシアで使われていた青い色がもとになっていて、十七世紀の後半からファイヤンスの地色に使われ、その上に不透明な白、黄、オレンジの色をかけあわせたスタイルがつくられ、オランダ、イギリスのデルフト焼でも、それを模倣した。

そのほか、青い(主としてコバルト)系統の色には、「月光」(うすいラヴェンダー・ブリュー)、「ダービー・ブリュー」(セーヴルの「国王の青」をまねた、明るい碧玉の青。ダービーはイギリスの中央部の州。そこでつくられた色)、「ドライ・ブリュー」(前者とおなじ明るい碧玉の色で、「ドライ」な感じの青。ドライというのは、「釉をかけない」という意味)、その他が知られている。

「エジプトの青」はかつてはコバルトが原料とみられていたが、その後、珪酸銅とカルシウムを原料にした青い顔料(絵具)であることがわかった。古代エジプトとローマで使われていた。

「駒鳥のタマゴの青」(青緑色)、「回教徒の青」(ペルシア産のコバルト・ブリューの顔料)、「粉末の青」(powder blue)は、花紺青(スマルト=顔料の名前)を粉にして、素焼に地色として用いるコバルト・ブリュー。花紺青は深青色のガラスをつくるのにも用いる。吹きつけで用いられるので、フランス語では「吹きつけの青」(bleu soufflé)と呼ばれている。「リットラーの青」(Littler's blue、一七五〇—五八年頃にロンドンで磁器工房をひらいたウィリアム・リットラーのつくりだしたコバルト・ブリューの地色)など、数限りがないが、これらの色名は衣裳やインテリアの流行色にも共通しているので、とくにその分野の仕事をしている人々には、参考になる点が多いとおもう。

「パリの磁器」 フランスでは一七七〇―一八三〇年頃にかけて、パリならびにパリ近郊の多数の磁器工房のなかで、貴族ならびに王族の保護を受けたものがあって、それの製品を「パリの磁器」(Porcelaine de Paris) と呼んでいる。

彼らはルイ十五世がセーヴルの磁器業者に与えた独占権を無視することができた。それらの工房のなかで、ピエール・ドリュエルはプロヴァンス伯爵(のちのルイ十八世)、P・A・アノン(P.-A. Hannong)はダルトア伯爵、アンドレ・マリ・ルブフはマリー・アントアネット(ルイ十六世の王妃)、ディール&ゲラードはダングウレーム伯がパトロンだった。

漠然とした呼び方だが、これらの工房の作品をふくめて、十八世紀の終りから十九世紀のはじめにパリならびにパリ近郊でつくられたものを古美術商人は「パリの古磁器」といっている。

白地に青のやきもの 百貨店などで、和陶(磁)器の食器類の展示会がひらかれているのにであったとき、それらのほとんど全部が、白い素地に青い系統の絵付がしてあるのをみて、その伝統の長いことにおどろかされる。そういえば、われわれの家庭の食卓の和陶(磁)器でも、白に青が意外に多いことに気がつく。

ヨーロッパでは、スズの白い釉を用いたマヨリカ焼に、藍の絵を描き、その上に鉛の釉をかける技法がオランダのデルフト焼の特色となったが、この絵付法は中国が元祖で、元(1271–1368)の時代にはじまったとみられ、その顔料はペルシアから伝わったとみられている。中国ではこの技法を「青花」といい、わが国では「呉須《ごす》の染付」といっている。この語原については『大言海』にくわしくでていて、「呉須」の「須」はアテ字で、『万宝全書』(享保年間刊)には「呉洲」と書かれている。「呉洲」は「呉州《ごしゅう》」で、「呉須焼ハ支那ノ南京、呉国ノ磁器(南京焼)ノ一種ナラム」と述べ、足利時代に、中国から舶来した青い顔料で絵や文字を描いたものを「染付」といったと記されている。

またわが国では、呉須焼(染付)に使う顔料そのものも「呉須」と呼んでいた。これはコバルトを主にした、黒い、青緑を帯びた原料で、それをさらにこまかく磨り砕き、水にとかして絵具にした。それで絵を描き、ガラス質になる釉をかけて焼くと藍色になる。それを「染付」といっているが、「青絵」(呉須の青絵)ともいっている。

下絵の染付が、どういうわけで青(藍)が主になっているかは、それに使う顔料に制約があって、釉をかけて焼きあげるとき、摂氏一四五〇度の熱に耐えるものでなければならないが、コバルト・ブリューの顔料(酸化コバルト)は、その条件にあっていることが、おもな理由である。

なお、「呉須赤絵」という赤を主体にした絵付法があるが、これは下絵でなく、上絵で、上絵を焼くのは摂氏八〇〇度ぐらいである。

「染付」は古い染織用語で、『平家物語』や『吾妻鏡』にでているが、陶器に青い色で絵を描いたものを「染付」と呼ぶことも歴史が古く、キリシタン時代にイエズス会の宣教師が日本語をローマ字で書き、それにポルトガル語の解説をつけた『日葡辞書』（1603）に「ソメツケ＝エノ　アル　チャワン　サラ」とでている。

下絵と上絵　陶器（のちには磁器）に絵ないし文字を描く場合に、素焼の素地に絵や文字を描き、その上に釉をかけて焼く技法を「下絵」ないし「下絵付」といい、英語では underglaze といっている。glaze は釉という意味だから、「釉の下」（釉の下の絵）という意味である。この場合は素焼は水分を吸収するので、紙や布地に絵を描くときと同様に、その一部分を消して描き直すことはできない。

それに対し、素焼にガラス質の釉をかけて焼きあげた真っ白な陶器または磁器に、色いろの顔料で絵を描き、それを焼く技法を「上絵」といっている。

この技法は、古陶磁器では、赤い色が主になっているので、「赤絵」という一ジャンルをなしている。最初中国ではじまったもので、明の万暦年代（1573-1620）に景徳鎮の官窯で焼かれた「万暦赤絵」が有名で、わが国では肥前国の柿右衛門の赤絵が最初だったとも、京都あるいは古九谷のほうが早かったともいわれている。

それらの工芸品は別として、今日われわれが使っている西洋風の陶磁器に絵をつけるのはたいてい「上絵」（「上絵付」）である。

私の生家は明治中期の洋風磁器の上絵の絵付業で、その頃は一般の家庭で洋風の磁器は使っていなかったので、製品はすべて輸出用で、「輸出陶磁器」といっていた。

余談であるが、下絵は前記のように素焼の素地が吸収性だが、上絵は釉がガラス質になって表面がスベスベしているので、それに絵を描くのはむつかしいが、描き損なったらその部分を消して描き直すことができる。その職人を「絵描き」と呼んでいたので、私の生家の一帯で（あるいは陶磁器の産地で）、「絵描き」というと、陶磁器の絵描きだとおもわれて、画家という意味にはならなかった。

クリーム焼　話をもとに戻して、十七―十八世紀のイギリスの陶器界では、ヨーロッパ大陸におけるように国王や貴族の保護がなく、したがって製陶家は彼らのつくった品物を自力で売る商法を身につけねばならなかった。したがってイギリスの陶器（のちには磁器をふくめて）の歴史には、ヨーロッパ大陸におけるような美術館向きの製品の歴史はなく、もっぱら一般の人々の需要（ときには趣味）に向けた製品をつくることに主力が注がれた。

イギリスでは磁器の導入がおくれて、その技法が伝わったのは一七四五年頃で、一七五〇—五五年頃にそれの工場ができたが、磁器は生産費がかさんで、一般の家庭では使えないので、磁器のように白い、同時に熱湯に入れてもわれない陶器をつくることに研究が向けられ、一七六〇年頃スタッフォードシャー（イングランドの中西部）のジョサイア・ウェジウッド（1730–95）がその製法を完成して特許をとった。

ウェジウッドは、その目的にあった、白い粘土に火打石の粉を混ぜて焼いたクリーム色の素焼に、鉛の釉をかけて、表面が磁器に似た半透明のものをつくりだすことに成功し、一七六〇年頃にその製法の特許をとった。それが「クリーム焼」（creamware）と呼ばれ、ただちに好評を博し、シャルロット王妃（ジョージ三世の王妃）からそれでつくったティー・セットの注文をうけたので、「王妃焼」（Queen's ware）と改名、じきに彼は王妃御用の陶器師となり、つづいて国王御用の陶器師になった。このような特権が彼の事業を繁盛にみちびいたことは事実だが、製品そのものがすぐれていてエレガントで、世界で最高といわれたことも、彼の名を高めた原因の一つだった。

ウェジウッドは、値段の高い磁器の代用品としてクリーム焼をつくったわけではなかった。高価な磁器をほしがっている階級の数はすくなく、またそれらの人々に磁器の代りとしてクリーム焼を買わせたとしても、その数は限られていた。彼のねらいは、その時代にイギリスはもちろん、大陸にも普及していたデルフト焼を使っている人々に、新しい感じのクリーム焼をひろめることにあった。

ちょうどその頃には陶器の絵付に新しい技法が開発され、クリーム焼は下絵付と同時に上絵付をも採用し、転写法（二八三ページ）だの、押し型成型（型にはめて成型する技法で、ものによってはいくつかの部分を別々につくって、一つの形にくっつける）、透《すか》し彫り（成型した素地に、手細工で透し彫りをする手法。象牙彫りなどにみられる）など、絵模様や形などに、さまざまのヴァリエーションを与えたので、それまで千篇一律のデルフト焼をつくっていた工場は、つぎつぎに姿を消した。のみならず、クリーム焼は輸出品として大陸に進出したので、大陸のデルフト焼の製造家にすくなからぬ打撃を与えた。

いままで手で描いていた絵模様を転写法で簡略化したり、手細工でつくっていたのを型細工にしたりしたことで、生産費が低下したが、だからといってウェジウッドは大量生産による粗製品をつくったのではなかった。彼は非凡な経営者だったのと同時に、一流の陶芸家（巨匠といわれている）で教養人だったので、その製品には品位と趣味性（芸術性といってもよい）があった。

ウェジウッド　ウェジウッドの生家はスタッフォードシャーの陶器業者だったが、彼が十歳（十

ロンドンのウェジウッドの店。

一歳と書いたものもある）のときに父が死亡したので、小学校をやめ、兄の陶器工場で見習いとなり、その後技術が向上したとき、当時スタッフォードシャーで最高の製陶家といわれていたトオマス・ウィールドンの高弟になり、一流の製陶家としての貫禄を身につけた。そして一七五九年に独立し、非常な研究心でクリーム色の素地につづいて灰緑色（サルビアの葉のグリーン）、ラヴェンダー色、シャンパン色などのいくつかの色の素地をつくったり、ラスター（黄金、ピンク、紫、月光色などの金属的な光を反映する顔料）を用いる技法を実験して、それの先駆者になった。

事業の基礎がかたまると、彼はギリシア・ローマの美術的な彩色陶器に着目したが、その頃ヨーロッパではポンペイの遺跡が発掘され、古代陶器に関する関心が高まった時代でもあった。彼はまたエトルリア（古代イタリアの一地域、ギリシアに相対する独自の文化を築いた。やはり当時発掘されて注目を集めた）の陶器からも影響を受け、ネオクラシックなデザインをつくりだした。

この傾向はヨーロッパ各国でもはじまっていたが、ウェジウッドは古代美術の精神を現代の趣味と思想に完全に移した点で、他国の追蹤を許さなかった。

彼は一七六八年から一七八〇年までトオマス・ベントリーという教養の高い、すぐれた趣味をもった、好男子の礼儀正しいビジネスマンと共同で事業を行なったが、一七六九年にハンリー（スタッフォードシャー）の近くにすばらしい新工房をつくり、「エトルリア」と名づけた。ベントリーは経営の組織と宣伝の才能の持主で、主としてロンドンにおける製品の売りたてを担当した。これらの時勢でウェジウッドの名声は、いっそう高まった。

この時代にも、彼は「碧玉」（ジャスパー）という「石焼」（stoneware）をつくりだした。これは陶器と磁器の中間のもので「ウェジウッド焼」というとこの種類をさす場合がある（一般にはウェジウッドの製品の全体の名称であるが）。

ウェジウッドがエトルリア工房でつくったネオクラシックの陶芸品は、主として装飾的な水《みず》瓶《がめ》や飾り板（額）やカメオの浮彫りで肖像をあらわしたメダルの類に力が注がれたが、それに必要な彫刻には、当時の有名な彫刻家ジョン・フラクスマンその他が腕をふるってデザインを考えた。

ベントリーの死後、ウェジウッドはエトルリア工房を独力で経営したが、そのあとを引きついだジャスパー・ウェジウッド二世は、一八一二年頃からボーン・チャイナを手がけるようになった。

ウェジウッドが陶器の進歩に与えた影響力はきわめて偉大なので、旧版の『ブリタニカ百科事典』に彼の伝記を執筆したウィリアム・バートン（イギリス陶業者共同委員会委員長、ならびに陶器製造のデザイン教育・技術審査局の審査員で、陶磁器に関する著書多数）は、「古代から現代までを通じて、彼は最も成功したオリジナルな陶芸家で、唯一の存在であった」と激賞している。

ウェジウッドは正規な教育をほとんど受けなかったが、陶芸の巨匠として当時一流の科学者たちが組織していた「月光クラブ」の仲間になり、サー・ジョゼフ・バンクス（博物学者。富裕で、キャプテン・クックの太平洋探検航海に乗り組んだことがあり、自然科学関係の標本や文献のコレクションでも有名で、それが寄付されて大英博物館の基礎をつくった）、ジョゼフ・プリーストリー（聖職者で化学者。酸素の発見者）、エラズムス・ダーウィン（「進化論」で有名なチャールズ・ダーウィンの祖父。医師、科学者）などと交友を結び、ウェジウッドの娘がE・ダーウィンの息子ロバート・ダーウィンと結婚してチャールズ・ダーウィンを生んだ。

「月光クラブ」は後年の王立協会（学士院）の前身で、王立協会ができたとき、ウェジウッドはその会員になった。

ボーン・チャイナ

ボーン・チャイナ　私の住んでいる山手線大塚の駅近くにある女性の文化会館の喫茶室・レストランでは、真っ白なボーン・チャイナの喫茶品を使うというので、そこに出入りする女性たちをおどろかした。ボーン・チャイナはデパートや大型スーパーの高級食器の陳列棚にならんでいて、無地（彩画のないもの）でも、カップとソーサー（受け皿）の一組で数千円もすることは、たいていの女性が知っている。

ボーン・チャイナ（骨灰磁器）は十八世紀の終り（1794）にイギリスで開発された、原料に家畜の骨の粉を混ぜた磁器で、ほとんどイギリスだけで使われていて、イギリスで「チャイナ」（磁器）というとこの種類をさしている。みるからにイギリスの茶器らしい品位と美しさを具えているので、「イギリスの磁器」（English china）ともいわれている。

それの起原については、色いろの説があるが、なかにはつぎのような伝説もある。

ある土地に貧しい陶工がいて、成型した陶器を窯にいれ、薪に火をつけた。ところが窯の中身の陶器が焼き上がらないのに薪がだんだんすくなくなった。もし薪がなくなったら、窯の中身の陶器は全部駄目になってしまうという土壇場になって、陶工は本能的に彼自身のからだを薪の代りとして窯のなかに投じた。ところが焼き上がった陶器は、いままでに見たこともない美しい、中国の磁器にまけない強いものができていたというのである。

硬質磁器と軟質磁器　中国の磁器の原料は粘土と長石であるが、十七世紀の後半にフランスで長石の代りにガラスの粉末を使ったものがあらわれた。これは「人工磁器」(artificial porcelain) と呼び、それに対し中国の磁器を「本物の磁器」(true porcelain) と呼んで区別するようになった。

「人工磁器」は十六世紀の終りにイタリアで考えだされ、「メジチ磁器」(メジチはフィレンツェの名門。都市貴族) と呼ばれたが、のち製造が中絶していた。ただし「人工磁器」は、本物の磁器より質がやわらかいので、ヤスリで釉のかかっていない部分に深い切り傷をつけることができるので「軟質磁器」と呼ばれ、それに対し、「本物の磁器」は「硬質磁器」と呼ばれている。

イギリスでは一七四〇―四五年には、磁器の工房はあらわれていなかったが、それ以後フランスから「人工磁器」の技法が伝わって、イギリス各地にそれぞれの工房があらわれた。フランスでも当時つくられていたのはすべてそれだった。イギリスではそれを「フランスの磁器」あるいは「ガラス原料の磁器」(frit porcelain) と呼んでいる。

「軟質磁器」をフランスでは pâte tendre と呼んでいるが、pâte は捏物《こねもの》という意味である。英語では「軟質磁器」を soft paste porcelain といっている。

なお、軟質と硬質の区別は、体質の硬軟をあらわす用語だと考えられていた時代があったが、本当は窯を焼くときの温度の差をあらわす語で、軟質（人工磁器）は摂氏約一二〇〇度、硬質（本物の磁器）は摂氏約一四五〇度だという説がある。

イギリスの陶磁器産地スタッフォードシャーにトオマス・ウィールドンという陶芸の大家がいて、その高弟にジョサイア・ウェジウッドがいたことを前述したが、ウィールドンにはもう一人ジョサイア・スポードという高弟がいた。彼は一七八九年にストーク・オン・トレント（スタッフォードシャー州）で工場をもった。この工場は現在もスポード・コープランドという社名でつづいている。

当時はウェジウッドのクリーム焼が全盛で、陶器工場はお互いに相手のデザインを盗むことで競争していたが、スポードは磁器の製造に研究を重ね、一八〇六年に長石質の白いやきものを発明し、それにストーン・チャイナ（stone china）という名前をつけた。* 分類上では陶器と磁器の中間の性質であるが、磁器に近い感じで、ほかのどんな陶器よりも美しいというので、たちまち人気を集めた。この半磁器は現在も製造されている。

つづいてスポードは、家畜の骨を焼いて粉にしたものを長石質の原料に混ぜると、中国の美しいやきものに負けない強い、実用的な磁器ができることを発見した。一説によると、これの発明者はジョサイア・スポード二世で、一七九四年頃ともいわれているし、さらにそれよりも以前の発明だともいわれている。**

* 正確にいうと、ストーン・チャイナはスタッフォードシャー州のジョン・ターナーが一八〇〇年頃につくりだしたもので、最初は、「ジョン・ターナーのストーン・ウェア」と呼ばれていたが、ターナーは一八〇五年にその権利をスポードに売ったともいわれている。後者はそれに新しく「ストーン・チャイナ」または「ニュー・チャイナ」という名前をつけた。スポードがターナーから買った製法にどういう改良を加えたかは不明であるが、彼が「ストーン・チャイナ」(という質と名前)を考えだしたという説は間違いではない。

** 骨灰を使用することは一七五〇年頃にロンドンのボウ(地区名)で陶器工場がはじまったときに伝わり、一七五五年頃におなじくロンドンのチェルシーの陶器工場でも使用するようになったといわれ、その他ロウストフト(ロンドンの北東一九〇キロ)でボウに似たものをつくるようになったりして、十八世紀のイギリスの美術的なやきものは、原料の四〇パーセントが骨灰だったとみられている(今日では一七パーセントぐらいである)。

骨灰はイギリス以外の国ではほとんど使われていない。イギリスの製造家たちだけの独占的な製品となっていることはすでに記した。

ボーン・チャイナの製法　イギリスでは、初期には骨灰を「人工磁器」に加え、体質の安定を助け、不良品のできるのを防ぐのに使っていたが、骨灰を「本物の磁器」の原料に混ぜることによって、それ以後のボーン・チャイナは、「本物の磁器」の仲間になった。

ウースターシャーのロイアル磁器工場では、現在、粘土と長石の中国の技法による「本物の磁器」と、標準的な製法によるボーン・チャイナの両方をつくっているというが、イギリス以外では、ヨーロッパ大陸でもアメリカでも、製造家たちは中国の技法による「本物の磁器」をつくっていることは、すでに記したごとくである。

ロイアル社が、ボーン・チャイナと並行して「本物の磁器」をつくっているのは、どういうわけかと、若干の推測を試みると、

①古くから「本物の磁器」のディナー・セットないしティー・セットを使っている家庭で、それの一部がわれたとき、その補充用として「本物の磁器」を買うというコンスタントな需要がある。

②「本物の磁器」のセットを使っているヨーロッパ大陸やアメリカへの輸出品として需要がある。

③ボーン・チャイナの値段が高い。

ことなどや、その他にも色いろの理由があるとおもわれるが、くわしいことは私にはわからな

い。

国産のボーン・チャイナ　イギリスの特産品といわれているボーン・チャイナは、わが国でも日本陶器株式会社（名古屋）が、原田弥六を主任として、英国製品に倣ってそれの製造に着手、昭和十年（1935）にそれに成功し、のち瀬戸、名古屋に製造する者があらわれたが、いまだ微々として振わないと、『日本輸出陶磁器史』（1967）にでているが、近来はそれが百貨店やスーパーの洋食器の陳列棚に並ぶようになったのは、周知のごとくである。

余談であるが、経済の高度成長期に、それまで結婚のお祝いの贈物の一種だった和物の陶磁器に、洋風のボーン・チャイナが加わり、そのお返しにもそれが用いられるようになったので、洋陶器にはほとんど縁のない家庭にも、それが入りこむようになった。

私のうちでも、西洋陶器の知識などまったくもたない家内が、ボーン・チャイナという名前を知っているのは、そういういきさつからであったらしい。

絵付と転写法

家庭絵付人　陶器の製造でなく、それに絵をつける職業は十七世紀の後半にドイツではじまったとみられ、それを「家庭絵付人」(Hausmaler, 英語の説明では home-painter となっている)と呼んだ。

この職業はそれまでガラスに絵をつけていた職人が陶器に絵を描くようになったのがはじまりで、彼らは陶器工場から白いままの陶器を買い、自宅または自己の経営する工房で絵をつけた。彼らのなかの優秀な職人は、しばしば製陶業者の雇っていた絵付職人よりすぐれた絵を描いた。また「家庭絵付人」の工房では、助手や徒弟を使っているものもあった。

「家庭絵付人」という職業は、主としてドイツで発達したが、磁器がつくられるようになった十八世紀には、オーストリア(ウィーン)、フランス、イギリスにも、同業の職人があらわれ、イギリスではそれを「独立彩画職」、あるいは「外部(アウトサイダー)の彩画職」と呼んでいた。

ところが一七五〇年頃から、製磁業者が白い磁器を売りしぶり、キズ物しか売らなかったので「家庭絵付人」は次第に斜陽化したが、デルフト焼の本場のオランダでは、陶器工場で絵付をしたものに筆を加えたり、中国と日本から輸入した「藍と白の磁器」(白地に藍の下絵をつけたもの)に筆を加えて絵柄《えがら》をこってりしたものにしたり、東洋から白地の磁器を輸入して、それに絵付をするようになった。すでに絵をつけておくってきた完成品に、さらに筆を加え、over-decorate することを英語では clobbering といっているが、clobber は「くつ直しがひび割れの繕いに使う黒い糊」だと、三省堂の『コンサイス英和辞典』にでている。この英和辞典は、ほかの英和辞典にはでていない語がでている点で感心させられる。

十九世紀の初期には、藍と白の磁器が一時的に飽かれだしたので、ドイツのJ・F・フェルナーという「家庭絵付人」は、それに赤や緑の色を使った上絵を加筆することを考えた。ただしこの傾向の加筆物に、すぐれた製品はすくないといわれている。

銅版転写法　銅版に絵や文字を彫り、それを薄い紙に写したものを陶磁器に貼りつけて、絵や文字を転写する方法は、イギリスで一七五〇年代のはじめにはじまった。

それの起原には色いろの説があるが、そのなかに、つぎのようなのがある。

①リヴァプールのジョン・サドラーは、版画や書物の挿画の銅版を彫っていた職人だったが、ある日、一束の汚れたり、しくじったりした銅版画を投げ捨てたところ、それを拾った子供たちが、人形の家の陶器の食器に貼りつけて遊んでいるのをみて、それを陶磁器の上絵に応用することを考えたのが転写の起原で、彼はサドラー&グリーン工房をつくって、ジョサイア・ウェジウッドの製品の転写の絵付を引受けていたと、いうのである。

②一七五三年頃(この年代に、ウェジウッドのクリーム焼があらわれた)、アイルランドの彫画師ジョン・ブルックスが、銅版の転写法を考えだしたという説がある。

ただし、彼の考えた方法は、銅版で絵柄を印刷した紙が濡れているあいだに、素焼に押しつ

銅版で転写した，中国の染付の典型的なデザインをカバーに使ったイギリスの茶の本（1956）。

けて絵柄を転写する下絵法で、色は単色の藍、黒、赤、ライラックだったが、セピア色の上絵もつけたと、伝えられている。

③ブルックスが②の技法を発明したのは、彼がロンドンのテームズ川南岸のバターシーの磁器工房（バターシー・エナメル工房）で働いていたときで、この工房がその転写法の利用を拡大したといわれ、それのはじまったのは一七五〇年代のはじめ頃だったといわれている。サドラーの方法とブルックスの方法とは、別々に考案されたので、両者にはつながりはない。

④今日の銅版転写法は、サドラーの方法で、その転写紙をつくるのは、大体つぎのようなプロセスであった。

「油と顔料をまぜ、それを加熱し、熱した銅版にぬり、それに薄紙をのせる。つぎにその全体をフランネルで包み、ローラー（円筒）プレスを通過させる。この技法で印刷された薄紙を器の表面におき、デザインを平らに転写するため、薄紙の裏面をたんぽ（綿をまるめて布で包んだもの）でなでる」（『挿画入りやきもの辞典』英、1974）となっていて、これを「加熱転写法」（ホット・プリンティング）と呼んでいる。

初期の銅版転写には、『レディーたちの娯楽、または中国の本』といった絵本の絵柄が選びだされて、銅版彫刻師たちはそれを茶器などに巧みに描きだした。なかにはクリーム焼のティー・ポットにレディーと紳士たちが庭のテーブルをかこんで、黒人の子供（召使）が運んできた茶を飲みながら、雑談を交している有様をあらわしたものや、それらの人々のなかにウェジウッド夫妻がまじっていて、人々を微笑させる絵柄もあった。クリーム焼はウェジウッドの発明なので、ウェジウッドが自家用につくってくばったものかもしれない。

イギリスのサドラー＆グリーン工房が銅版で転写し，ダービー伯に贈ったティー・ポット（18世紀後半）。

挿画に入れたのはサドラー＆グリーン工房で転写した、ダービー伯爵に贈ったティー・ポットで、健康と繁栄を祈る献詞と短い詩があらわしてある。

銅版の絵柄を陶磁器に転写する工程は製陶業者とは別で、イギリスでは後者でつくった白素地を荷造りして荷馬に積んで「黒い印刷屋」（ブラック・プリンター）に運んだというから、転写した絵柄は黒い色が主だったらしい。この種の銅版転写には①それ自体で完成するもの（挿画に入れたティー・ポットの絵柄はその一例）と、②転写されるのは輪郭で、あとからそれに色を加えるものとの二つの方法があった。

銅版画のつくり方　最近は陶磁器に関する邦書が多くでているが、たいてい西洋の美術館にあるようなものか、日本の古陶器の流れを汲んだ骨董的なものに中心がおかれ、われわれの日常の洋陶器系の製品のつくり方について書いたものは見当らない。

試みに邦文の『やきもの辞典』（1976）は伝統的な和陶器については、詳しく解説されている入門書としてすぐれているが、そのなかに洋風の銅版転写の銅版画のつくり方がでているので、それを一読してみると、

「陶磁器着画の一方法。銅版に彫刻針で模様や図柄を彫刻し、それをいったん薄紙に印刷してから、その薄紙を器面（陶磁器の表面）に押しあてて付着させたもの」

と説明されているが、この説明では具体的なプロセスはまったく伝わらないとおもう。

それをもう少し詳しく書いたものが『せともん百聞』（1976）にでている。それによると、

「銅の板に蠟を引き、針でひっかきながら文様を描く。それを塩酸で腐蝕させ、絵具をすり込む。ここまではエッチングと同じだ。問題は絵具にある」

云々となっているが、私の父はこの銅版を自分で彫っていたし、私の家の近くに彫刻した銅版の絵模様を薄い和紙に付着させる転写紙をつくる工房があったので、古い記憶をたどりながら、その一端を書いてみよう。

私の生れたのは明治三十五年（1902）だったが、私の生家ではそのすこし以前まで銅版絵付を専門にしていて、その後、私の青年時代には輸出用の純然たる西洋向け磁器の絵付に変っていた。

銅版絵付はほかの工場でもやっていたが、それらの工場では銅版で印刷した薄い紙（転写紙）を陶磁に貼って絵柄を写し、それに彩色を加えて窯で焼くという工程だったが、私の父は自分のデザインで銅版を彫ったので、ほかの工場では真似のできない独占的な地位を保っていた。つまりそのデザインの製品の注文は、全部父の工場に集まってきたからだった。

私の生家でやっていたのは中国風の風景や楼閣や人物を彫った銅版画だったから、多分欧米の中国趣味に合せた輸出品で、具体的に調べていないが、かつては輸出陶磁器の絵柄では御三家といわれたうちの一つだったと、記したものを読んだことがあった。

私の父のつくりだした絵柄の一つは「千老《せんろう》」で、中国の仙人のような老人をこまかくぎっしり描いたもので、銅版画の色は朱で、それを陶磁器に転写したのち、その細部に色を加筆するという工程で、「銅版赤絵」とでも呼ぶべきものだったが、当時それをなんと呼んでいたか、私は思いだせない。

私はしばしば父が銅版を彫っているのをみた。銅版は新聞のタブロイド判よりやや小さい判で、それに蠟がぬってあった。彫刻はそれの専用の針で蠟に絵柄を彫るのであるが、この場合針は蠟を通して銅版の表面に達するまでの深さで、銅版を彫るのではない。彫刻が終ったら、硝酸を主にした腐蝕液に銅版を浸《つ》けると、蠟は腐蝕せず、腐蝕液はそれに彫刻された部分から銅版の表面に達し、その部分を腐蝕する。腐蝕が終ったら、銅版を湯に浸けると蠟はとけ、銅版の絵柄があらわれる。

うちの押入れには、色いろの絵柄を彫刻した銅版が何十枚も箱に立てかけてあった。銅版転写をやらなくなると、それらの銅版はしばしば地金屋に払い下げてしまったので、じきに一枚も残らなくなった。惜しいことをしたものだとおもう。

銅版転写紙のつくり方　銅版に彫った絵柄（デザイン）を陶磁器に転写する場合には、①原画を描く人、②それを銅版に彫る人、③その銅版の絵を薄い紙に写す人（転写紙をつくる人）、④転写紙を陶磁器に貼りつけて、その絵柄を陶磁器に写す人といった分業で行なわれる。

私の父は明治の半ばに①②を自分でやり、③の工程をその専門業者にたのみ、④の工程を本業にしていた工場主だった。

父は自分の工場では、独自の絵柄で製品に特色をもたせるため、絵柄を自画自刻したわけで、その絵柄には父に著作権があって、ほかの工場でまねをすることができなかった。④の工場主で、①②の職人的な仕事のできた人は、ほかにいなかった。

陶磁器の関係業者はたいてい一ヵ所に集まっていたので、私は近所の転写紙の工場をみたことがあるが、その製法はイギリスでの初期の方法（二八三―二八四ページの①と②参照）とかなりちがっていた。

イギリスの初期の方法は高級な転写紙で、私の印象に残っているのは一般向きの大量生産用だったので、銅版に薄い紙をのせ、それをフランネルで包んでローラーに挿入するような、手間のかかる方法はやっていなかった。

私のおぼろげな記憶に残っている印刷機は木製で、小型の機織《はたおり》機のような感じで、中心に上下に密接した円筒（ローラー）があって、機の外側についている十字形のハンドルをたぐると、円筒が回転するようになっていた。この機械を前にして腰掛けていた職人は、銅版にヘラで赤い粘土のような顔料をのばして、彫刻の凹面を埋め、残った顔料をきれいにすくい取り、その上に薄い和紙をのせ、上下の円筒の隙間に差しこみ、ハンドルをたぐると円筒が回転して銅版を向う側に押しだす。そこには炭火をおこした細長い箱があって、銅版はその上の金網にすべり落ちて乾燥する。その紙を銅版からはがすと、銅版の絵柄は紙に写っている。

最初に薄い和紙を銅版にのせてから和紙を水に濡らす工程があったらしく、円筒をくぐり抜けたあとの工程では、銅版からはさかんに湯気がたった。

なにしろ私の少年時代の記憶なので、細かい工程はまったくわからない。こんな断片でも、なにかの役に立つかもしれないので、書き残しておく次第で、そのつもりで読んでください。

さて薄紙に写された転写紙が、絵付工場である私の生家に運ばれると、それを適当の大きさに切って、白い陶磁器にフノリ（?）で貼り付け、その上から綿をまるめたタンポで圧しつけ、絵柄が器に写ると、転写紙に湯気をかけて剝がすというのが転写の工程であるが、絵柄はたいてい輪郭だけで、細部はそれに手彩で色を加えたことは、すでに述べたごとくである。

わが国での銅版転写法の歴史　わが国で銅版絵付を最初に行なったのは瀬戸の陶工塚川堂川本治兵衛で、天保年間（1830–44）だったと『やきもの辞典』にでていて、その弟子の加藤新七も文久年間（1861–64）に、川名村（現在の名古屋市昭和区川名町）でそれの新窯を築き、また幕末頃にも同じ土地で寺尾市四郎がそれをはじめ、銅版焼と称したと、同書にでている。

銅版転写法が、瀬戸と名古屋ではじまったらしいことは、この証言で大体の見当がつく。しかし、最初にこの技法が、どういう経路で瀬戸の陶工に伝わったのか、また私の父がどこで銅版に原画を彫刻する技術を習ったのか、父の在世中に聞いておけばよかったとおもう。

銅版の赤絵は、それを写真にとったものも、今日ではみられない。私の父の彫刻した「千老」などはあきらかに輸出品だったので、国内に出回らなかった。したがって西洋のノミの市を探したら、その片隅に父のつくったもの（量的にはかなりの大量）がころがっているかもしれない。

話は別になるが、それまですべて手彩で絵をつけていたのが、一枚の転写紙を貼りつけるだけで、絵付が完了するので、大変なコスト・ダウンになった。

銅版の絵柄（デザイン）をうすい紙に写しとった転写紙。

それまで、陶磁器といえば「芸術品」で、現在でも「やきもの」に関する本が取扱っているのは、すべて「芸術品」としてのそれで、われわれが日常に使っている器にはふれていない。銅版転写には一行もふれていないのが普通であるが、陶磁器の文化史としては、これは大きな変革であった。

今世紀のはじめにでた『ブリタニカ百

科事典』に「やきもの」の美術史の一部分を分担したウィリアム・バートン（イギリス陶業者共同委員会委員長）は転写について、「それの上出来の品は、東洋における合羽版《かっぱばん》（油紙に模様や文字を切抜き、その上から絵具を塗って絵をつける）よりすぐれていることはたしかだが、ヨーロッパならびにアメリカにおける転写の出来のわるい品は、世界の陶磁器の絵付の歴史で、おそらく最も不適当な装飾（デコレーション）だといわざるを得ない。たしかに転写は安価に精巧な装飾的効果をつくりだし、絵のついた陶器が最も下賤な階級の人々にも行渡るようになったと一般に支持されているが、本当の見方からは、筆で描いた単純な絵、あるいは全く絵のついていないもののほうが、転写のつくりだす安っぽい、けばけばしい、最も安価な絵付よりも、望ましい」といって、転写に真っ向から反対している。

石版転写　前述の銅版転写に対して、その後石版で多色の印刷をして、それを陶磁器に貼りつける方法が開発された。今日われわれがなにげなく日常使っている陶磁器の絵柄には石版転写が圧倒的に多い。

それらには手で描いたような、デリケートな花の絵などが、陶器にあらわされているが、それは陶器に直接描いたものではない。もちろん最初の絵（オリジナルな絵）は、手で描いたものであるが、それを石版法で薄い紙に印刷し、陶器に転写するのが、石版転写法である。

私の生家では、父が銅版を自分で彫り、もっぱら銅版転写をやっていたので、石版の転写紙のつくり方や、それを陶器に転写する方法は、まったく知らない。

この技法が、いつ頃、どこではじまったかについては、イギリスの『挿絵入りやきもの辞典』（英、1974）に、

「あらかじめ、ワニスを薄く塗って、くっつきやすいようにした紙に、石版で絵柄を印刷し、それを陶磁器の表面に押しつけて絵柄を写し、紙は濡れた海綿で拭きとる」

とでているだけで、その方法が、どこでいつ頃からはじまったかについては、なにも記していない。

元祖はドイツか　わが国で石版転写がはじまったのは、明治二十年（1887）頃のことで、名古屋に出張所をもっていた横浜の貿易商ワンタイン商会が、石版転写紙を輸入して、絵付業者にそれの使用法を教えたといわれている。それより一、二年前、名古屋石町の陶器材料商神戸商会が、ドイツ製の転写紙を輸入したが、使用法がわからなかったので、一般に普及しなかったということが、『日本輸出陶磁器史』（1967）にでているところをみると、おそらくその頃ドイツで石版転写が行なわれていたので、外国商館がそれをいち早くわが国に輸入して、直属の絵付業者にその使用法を教えたのだろうと思われる。

余談であるが、ワンタイン商会は、上記の『日本輸出陶磁器史』によると、「わが国屈指の大会社となったワンタイン商会」となっており、旧名古屋市の北端の丘陵の上に出張所があって、私の少年時代に赤いオランダ風の風車がまわっていた。

つづいて多治見町（東美濃）の上絵付業者小栗国治郎が、上記の神戸商会がドイツから輸入した陶磁器用石版転写紙に刺戟され、多年鋭意研究の結果、明治三十四年（1901）ついに国産に成功したと、『日本輸出陶磁器史』に記録されており、日露戦役以後に実用化の域に達したと、伝えられている。

なお石版の技法は一七九八年に、ドイツのアロイス・セネフェルダーが発明したものなので、それによる陶器への転写がドイツではじまったらしいことが推測される。

石版のはじまりは、石版石を厚さ数センチの盤状に切り、それをよく磨いて平滑にし、その盤面に絵を描き、かなり複雑な処理を加えると絵が盤面に固定するので、それを原版にして普通の平盤印刷機で印刷する。その方法は百科事典類にでているので、それを参照されたい。

その後、製版の技術が進んで、油絵や水彩画の類を、多色の石版で大量に複製することができるようになったので、おびただしい多色の石版画が出回るようになった。

石版画の転写は、前世紀の後半に、ビスケットの装飾的な缶などにもさかんに応用されるようになった。

寺田寅彦が随筆で、ビスケットの箱のメールコーチ（郵便馬車）が、夢幻的に少年時代を思いださせると書いているのは、ビスケットのブリキ缶に転写されたカラーの石版画のことである。

印判（ハンコ）の絵柄　われわれが日常に使っている陶磁器（そのなかには紅茶やコーヒーの碗皿がふくまれている）の絵柄をみると、石版転写法のものが多く、それにつづいて印判で絵柄をあらわし、それに手彩で別の色を加えたものが多い。

たいていの人は、両者の区別に気がつかないで、日常の陶磁器を使っているが、もしその区別を教えられたら、色いろの興味のある発見ができるはずである。

一々手で絵を描くには、かなり長い練習の期間が必要で、しかもその人の素質によってまったく不向きな（絵の描けない）人もいる。それを印判でペタンと押しつけるだけになったので、子供でもやれるようになった。

それを考案したのは私の父で、明治の末か、大正のはじめに新案特許をとった。新案特許というのは、すでに行なわれている方法に新しい考案を加えたものという意味で、たとえばすでに存在していたエンピツの尻にケシゴムをつけることを考案した場合の特許というような意味らしい。

陶器にゴム印で模様をつけることは、陶器の裏に製造元のマークを押すような簡単なことが行なわれていたらしいが、これもよく調べてみると石版転写のものがみつかる。

ゴム印で絵をつける方法は、すでにドイツで行なわれていたことは、それの見本がわが家にあったことでも証明できるが、その方法は伝わっていなかったので、私の父は独力でそれと同じ絵付法を考案したらしい。

私の父が考案したのは、国王の紋章などを金色であらわす場合、それを石版転写で行なうことがむつかしかったので、それを印判で押すことを考えたのが、はじまりだったらしい。印判だと、子供でもやれるので、おそろしく能率的になった。

ついでに陶器に使われている金色の絵具は、濃い、茶褐色の、どろりとした液で、純金を液状にしたもので、それを窯に入れて焼くと、金色に光る。金液の値段は純金と同じで、一匁(三・七五グラム)五円だった。それを目薬のビンぐらいに入れたもの(何匁入りだったかは記憶していない)が、絵付業者に売られていた。

私の若い頃の詩友で、われわれの同人雑誌のパトロンだった高木斐瑳雄君の家は、それの問屋で、金液を石油缶(石油ストーブに用いる一八リットル入り)につめたのが、蔵の中にたくさんおいてあった。一缶でどれくらいの金額になるか、想像もつかない。

金液で陶器に絵をつける場合、それをテレビン油で薄めて使うが、あまり薄くすると、金色がわるく、濃くすると原価が高くなるので、そのかねあいがむつかしい。そこで皿の縁や、碗の縁に金色の線をひく場合には、それの専門の職人がいて、左手で碗や皿を巧みに一回転させ、右手の筆で線をひくのであるが、その手間代は一本につきいくらという単位で計算された。

金液で紋章を印判（ゴム印）で押す場合も、金液の薄め方によって原価が高くなるので、それに慣れた職人でなければ手がだせなかった。

ところで、テレビン油を使うと、ゴム判の表面がじきに浸蝕され、ぐにゃぐにゃになるので、それを防ぐ方法が、新案特許の主眼点だったらしい。

私の父は明治以前の生れで、その時代には学校はなかったので、化学の知識などは、全くなかった。それで成年になって、名古屋の工業学校の先生のところへ相談にゆき、ゴム判の表面にセルロイドのような液をぬって、腐蝕を防ぐことを考えだした。

それにつづいて普通の色絵具をつかった絵柄を、ゴム印で押すことがはじまった。

ひと頃、大量のコーヒー・カップの注文がつづいたことがあった。それは南米向けの、筒形（日本の湯呑みに似た、把手のついた）のカップで、緑色の石版転写で焼きあげた絵柄に、金液で三×一・五センチぐらいの小さな唐草模様を、五つか六つ、ハンコで押すだけのものだった。

金液は窯で焼く時間が短いので、石版転写の絵柄をよそで焼いたものを、うちへ運んできて、もう一度金液の絵柄だけを焼いた。

金液のハンはうちの特許なので、よそで石版転写したカップが全部うちに運ばれた。それが毎日百数十ダースずつ、数年間つづいたので、総計すると大変な数であった。かりに毎日百五十ダース（千八百個）だとすると、その頃の工場の休みは一ヵ月に二日だったので、一ヵ月二十八日で計算すると、毎月約五万個で、一年で六十万個、三年で百八十万個になるが、コーヒー産地のブラジルだけでも、これくらいの数量は簡単に草の根に吸収されたらしい。

コーヒーのカップには皿がつきものだが、私のおぼろげな記憶によると、それには皿がついていなかった。カップだけで使われていたらしい。

それがどういうわけか、数年で注文がこなくなった。なにしろ私は子供だったので、そのわけをきかされたことはなかった。ハンコで絵柄を押すのは、ほかのどんな絵付の方法よりもかんたんなので、その利用範囲は、どんどん広がっていった。

陶磁器の絵柄　私の子供の頃（明治の終り）には、陶磁器の絵柄は、①手で描いたもの、②紙に石版で印刷したものを陶磁器に転写したものが並行していて、油絵（西洋画）のようなバラの花を陶磁器に描いたものが、輸出用につくられていた一方で、私の父は高さ一メートルもある花瓶に、竹林のスズメをぎっしり描いたものを、アメリカの博覧会に出品して、三等の銅牌をもらったりした（ついでに陶磁器の出品物は、輸送の途中や陳列の現場でこわれることがあるので、その補充用に同じものをもう一個つくった。その補充用の花瓶がうちに残っていたので、私はその実物をみたわけであった)。

ところで①のように絵を一々手で描く代りに、石版の絵を転写する方法は、出来上がりが美しく、大量生産もできるので、しだいに主位を占めるようになった。

いうまでもなく、①は一個ごとに手で描いた工芸品であるが、②は工場で生産する量産品で、工芸品とはいえないが、陶磁器自体の質や形や、転写した絵のデザインがすぐれているものは、工芸品の仲間にはいっている。

ただし、これは限られた特別の場合で、転写法で絵をつけた普通の製品は、工芸品ではない。

その後、私の父が印判で絵をつける方法で新案特許をとってから、いままで手間のかかった手彩や転写法とはちがって、陶磁器にじかにハンコを押すだけになって、子供でもやれるようになったので、私も小学生のころには、学校から帰ると、時々それを手伝わされた。

転写は石版だから、何度も色を重ねてきれいな絵をあらわすことができるが、ハンコは一色の輪郭に限られているので、それを色彩的(カラフル)にするには、その輪郭のなかを手彩で埋めたり、別のハンコで色のついた小さい花などを加えたりしなければならない。

これは一種の工芸化で、なかにはハンコで輪郭をつけ、それに手彩で色をつけるほか、ハンコの輪郭とは関係なく、手彩で葉などを描き足すことも行なわれるようになった。これは転写法が壁紙の模様のように千篇一律なのに反し、デザインや手彩に製造者の個性的な感覚があらわれていて、工芸品とはいえないが、今日の言葉でいうと、民芸品に属している。

それを民芸品としてみると、一種の骨董的な感じがでていて、最近ある有名なフランス料理の店で、エレベーターの前の壁にアルコーブ（くぼみ）がつくられ、そこにそれの古いのが飾られているのをみた。ただしこのような民芸品があらわれたのは、ややのちの時代で、ハンコで模様をつける特許をもっていた私の生家では、そのような和風のものはやっていなかった。私の生家でやっていたのは輸出用の西洋陶磁器で、きちんとした、オーソドックスな絵柄のものであった。

ここでまた余談になるが、特許権というのは、それを侵害された場合、侵害者を告訴して損害賠償を要求することが認められているだけで、権利が侵害されていること自体には、なんらの保護もしてくれない。

洋の東西を問わず、発明品をつくっている工場では、同業者が職人を高給で引き抜き、その方法を盗むことが普通で、引き抜かれた職人は給料が少しでも多ければ第二、第三の工場に移動するし、製法を盗んだ工場で働いている職人も、身につけた技術をもって別の工場に移るといった状態で、じきにどこの工場でもハンコの絵付をするようになった。

絵付工場はすべて下請けで、絵付をしたものは親問屋に納めるので、かりに何百という侵害者を一々相手にして損害賠償を訴えるとしても、その損害の金額がどれくらいのものか、個々の業者によって規模が違うので、その計算は不可能だといってよい。結局、告訴は実行不可能で、特許権の侵害は野放しになった。

ハンコを使ったデザインが、和物（国内用）に取り入れられ、民芸品化したのは、上記のような結果で、これは私の父も、まったく予想しなかった成りゆきだった。

ソバ屋のドンブリ　中国の揚子江の観光映画を観ていたら、その地方の料理店を紹介した場面があらわれたが、そこで使われていた陶器が、ハンコで絵をつけたものだったのには、おどろいた。それが私の父が特許をとった技法で、それが中国でも行なわれていることがわかったからである。

わが国のソバ屋や中華料理店では、赤と緑と藍の極彩色の絵柄をハンコでつけたドンブリ（主にごはん用）を使っていることは周知のごとくであるが、それがいつ頃、どこでつくられはじめ、現在どこでつくっているかに、私は興味をもっている。私の子供の頃に、そういう絵付は行なわれていなかったようにおもわれ、私の父もハンコの絵付がそんなふうに利用されることを、まったく予想していなかっただろうとおもう。

世間には意外な好事家《こうずか》がいて、ソバ屋や中華料理店の極彩色のドンブリを集めているかもしれない。できたら日本各地ならびに台湾、韓国、中国などのもの、それからわが国での初期（といっても大正の終りか、昭和のはじめだとおもうが）のものを集めてみたら、色いろの興味ある発見が生れるかもしれない。

ただし、私の住んでいる東京の山の手の駅の周辺では、中華料理店でもソバ屋でも、ほとんどそれを使っていない。たまに見かけるのは、昔風のデザインがモダーンになったものばかりで、やがてオーソドックスな絵柄は姿を消し、骨董品になってしまうかもしれない。

近くの商店街の瀬戸物屋できいたら、それを業界では中華用のドンブリだといい、普通の瀬戸物屋では扱わず、浅草方面に専門店があるという話だったので、そこに行けば具体的な手がかりが得られるかもしれない。

パンダやミッキー・マウス　ひところ町の瀬戸物屋をのぞくと、子供用のパンダやミッキー・マウスや、テレビのアニメの登場人物や、その他さまざまの絵柄を、ハンコで押した湯呑みが、おびただしく出回っていた。

ところが現在では、ドラえもんやその他の絵柄のものが、わずかに残っているだけで、なかにはそれを扱っていない店もあった。店主にきいたら、近頃は売れなくなったという返事だった。

その一方で、駅の近くの古くからあるガラス・鏡などの店が衣替えして、「ファンシー物」と業者が呼んでいる女学生向きの玩具のような愛玩品や、若い主婦向けのモダーンなデザインのガラスや陶磁器などの食器を売る一郭をつくっている場所には、泥くさい瀬戸物屋の品々とはちがった、真っ白な素地にミッキー・マウスの一党だけを題材にした、さまざまのデザインの湯呑みがならんでいる。これは最近のミッキー・マウスの流行のあらわれで、この店には縫いぐるみの人形や、エプロンなどにも、それを題材にしたものがでている。

子供や女学生向きの湯呑み（カップ）に、ゴム判で漫画的な絵をつけることも、私の父の発明だが、父は自分の発明した技法がこんな分野にひろがるとは、全く予想していなかったとおもう。

もし、これを蒐集してみようとおもう人がいたら、戦後のブームであるテレビのアニメや雑誌の漫画と並行した、興味ある記録ができるだろうとおもう。なにしろ数が多く、はやりすたれがはげしいので、たいへんな大仕事になるだろうとおもうが、すでにそれをはじめている好事家がいるかもしれない。

ロボットの絵付　ごく近い時代までの外国（この場合はイギリス）の日用陶器の本をみると、陶器にプリントした絵柄だと書いたものがある。プリントは「印刷」という意味なので、本当に印刷したのかとおもったことがあるが、その後、これは転写（transfer print）を省略した語だということがわかった。

ところが最近、ロボットが陶器に絵柄を印刷しているのをテレビでみて、おどろいた。しかもそれが平らな皿でなく、底の浅いドンブリで、左側に白素地のドンブリを積んでおくと、①第一の手が自動的に回ってきて、一個のドンブリをつかんで、正面の台にのせる。②そのあいだに第二の手の先端のアンパンの形をした印判（ハンコ）にローラーが絵具をぬる。③その手が正面に移動し、ドンブリに下降して絵を押し付ける。④それを第一の手がつかんで右側に移動して積みあげる、という順序で、それが休みなしにつづけられる。これも私の父が予想もしなかった進歩である。

私は「紅茶」のフォークロア文化史をたどっているあいだに、しばしば思いがけない分野に足をのばし、前項では中華ソバ屋のドンブリを取り上げ、紅茶と中華ドンブリとにどんな関係があるかと、読者に疑問をもたせるような結末になった。これは一口にいうと、紅茶の知識（あるいは趣味）には、陶器の知識（あるいは趣味）がふくまれていて、紅茶というテーマをはなれて陶磁器全般の知識や趣味が、つきものになっていることにつながっている。

話は別になるが、アメリカのグラフィックの本に、コーヒーの広告がでていて、それにはコーヒーを飲むさまざまの形の容器が、数十種でていた。コーヒーはそれ自体を飲むのが目的なので、その容器にはきまりはない。

真っ白な陶磁器　私の父は生れつき好奇心のつよい人で特許を七つもとったが、陶磁器についても色いろのことを知っていて、あるとき、真っ白な陶磁器は高級品だということを教えてもらった。

その理由は、今日では技術の進歩で、ほとんどみられなくなったが、時々陶磁器に黒い点があらわれることがある。これは陶土のなかに鉄分が混じっていて、それが窯のなかの高熱でとけ、黒褐色の点になるのだという。この点のない陶磁器は、宮廷や上流階級で使われるものには純金をとかした金色の縁をつけ、それに紋章などをつけたが、ホテルや旅客船のフォーマルなテーブル・セットに用いるものには、金色の縁をつけたもの、あるいは藍色の染付の縁をつけたものに、ホテルや船会社の紋章ないしマークがつけられた。

そのような白い陶磁器の場合は、厳重に黒褐色の点のでていないのを選別したが、普通の絵模様をつける場合は、黒褐色の点がでているものも、選別しないで、そのまま絵付をしたというのが、話の大要だったようにおもう。

今日では、陶土の状態のときに、磁力で鉄分を吸収する（のだろうとおもうが、くわしいことは知らない）ので、点のでている陶磁器というのは、めったに見かけなくなった。

今日、われわれの家庭にも、真っ白なボーン・チャイナが普及するようになったいきさつについては、すでに記したので、重複をさけるが、すべてのボーン・チャイナが真っ白のままで用いられているわけでなく、それに転写法による上品な絵模様がつけられている。

ティー・セット

茶の道具　わが国では、コーヒーにはその通人がいて、それについて書いた本や随筆は数えきれないほどであるが、それを読んでみると、コーヒーを飲むカップや皿について書いたものにはであわない。

それはコーヒーのカップや皿やポットについては、別に伝統ないし歴史といったものがないためであるが、紅茶の場合にはそれの伝統や歴史が、茶を飲む風俗の趣味（好み）の一部になっている。

だから紅茶の道具を集めている人はあるが、コーヒーのカップや皿やポットを集めている人はいないようにおもわれる。あるいは何かの目的で集めているコレクターがいるかもしれないが、博物館などで、それを展示しているところはない（ただし茶器のポットを手本にしたコーヒー・ポットは、茶器のポットと同じに取扱われる）。

これは紅茶の道具が、陶器ならびに磁器の歴史に関係があり、それの形や装飾に美術的な価値がみとめられているからである。

それの美術的な表現は、国や時代によって一様ではないが、現在でも高級な紅茶のセットには高価なものがあって、美術的なものはカップと受け皿の一客（一対）で、七千五百―一万四千円といったものが、わが国にも輸入されている。

とくに古い（といってもそれの歴史は十六世紀頃からはじまっている）ティー・ポットで骨董品化したものは、ロンドンの競売所で千五百磅《ポンド》（一九六〇年代）の高値で落札したことが報じられている。

また研究者やコレクターのために、『ティー・ポットの話』（ジョン・ベッドフォード著、英、1964）という写真や絵のたくさんはいった解説書がでている。

ティー・カップ

茶碗と皿は別もの　今日の紅茶茶碗（ティー・カップ）は茶碗と受け皿とが一組であるが、最初は茶碗だけであった。

初期の茶碗がきわめて小さかったことは、昔の喫茶風景をあらわしたたくさんの風俗画によって知ることができる。これは茶がクスリとして扱われ、高価だったことが原因であった。イギリスならびにヨーロッパに中国の磁器が大量に伝わるようになったのは、十七世紀に中国から茶を運んだ船が、バラスト（底荷。積荷が少ないとき、船の安定を保つために船底に積みこむ砂や石の代りに積んだ荷物）として運んだもので、それを運ぶのは船長の私的な収入だった。

輸入された中国の磁器は、じきに貴族階級の流行品になった。

磁器以前の飲食器　ここでちょっと磁器以前には、どんなものが飲用に用いられていたかに触れておこう。

ヨーロッパに磁器が伝わるまで、国王といえどもそれを所有していなかった。王侯は金銀でつくった皿を用い、その臣下たちはシロメ（スズ、鉛、真鍮、銅などの合金）の皿を用い、庶民は木製の皿を使用していた。これをイギリスではトレンチャー（trencher）と呼んでいたが、これはのち、食べものを盛ったり肉をこまかく切ったりする大型の皿の名前になった。茶碗と皿とは別々の歴史をもっていて、木製の皿が一般化する以前はパンをかたく焼いたものにスープ（の祖先で、肉塊をどろどろに煮たもの）をのせ、肉塊は手でつまんで食べた。

以上を、イギリスを例にとって、もう少し具体的に記すと、十七世紀以前の庶民の飲みもの（酒）といえばエール（ビールの祖先）だけで、ワインは上流階級の飲みものであった。エールの酌器（ジョッキ。現在わが国のビア・ホールでも使われている円筒形の把手付きの陶器の容器）*は、それを用いる階級や場所によって、シロメや銀製や重い陶器製のものが用いられたが、熱い茶を飲むにはそれらの材質の容器は不向きだった。

茶といっしょに伝わった磁器が、それを飲む唯一の容器と考えられるようになった。茶は、磁器以外のシロメや銀や重い陶器などの材料でつくった容器では、微妙な味と香りが失われてしまうというのがおもな理由であるが、初期にはエキゾチックな「趣味」（テースト）の問題とみたほうが、当っているかもしれない。

＊ジョッキの語原は英語の jug（ジュグ）で、荒川惣兵衛の『外来語辞典』（1941）にでていないから、この語の歴史は浅いが、『日本国語大辞典』には牧野信一、横光利一、岡本かの子などの使用例をあげているから、これらの作家の活動していた昭和初期から一般化したらしい。
なおジョッキにフタがついていて、旧式の魔法瓶のように親指でフタの一部を押すと、それがひらくようになったものは、タンカード（tankard）と呼ばれている。

磁器の普及　ヨーロッパ諸国は東洋との貿易のため、イギリスを先頭として各国が東インド会社という国策会社をつくり、それに貿易の独占権を与えていたことはすでに記したが、イギリスでは一八一三年にその利権を廃止したさい、中国との貿易の独占だけは二十年間延長したの

広東の磁器店（18世紀）。

で、それが一八三三年までつづいた。

したがって中国からの磁器の茶器（カップと受け皿、ティー・ポット、皿の類）は東インド会社の独占だったが、利にさとい中国の商人は、磁器の新しい市場の開拓に積極的に乗りだし、ヨーロッパ向けのデザインをつくるようになった。

食卓の諸道具（容器）に、シロメや銀を用いることは、そうすぐには下火にならなかったが、人々は磁器のエレガンスと魅力にひきつけられ、しだいにそれを所有し、使用するようになった。そしてその趣味をひろめたのは、磁器のティー・カップとその付属品であった。

ヨーロッパで製造がはじまる　その一方で、ヨーロッパの土器系の陶器（陶器と磁器とを区別した場合の「陶器」。いわゆる earthenware）の製造家たちは、中国の特技である白い磁器の秘密の解明に取り組むようになった。それがヨーロッパ各国の同業者間の競争になり、あちらこちらで色いろの製法が考えられるようになった。

それらのなかで、最も早く中国の本物の白い磁器の秘密を発見したのは、ドイツのヨハン・ベットガー（1682–1719）で、一七〇九年にその製造に成功した。

一七一〇年にザクセンの国王はドレスデンから数マイルのマイセンの町を見おろすアルブレヒト城内に工場をつくり、ベットガーを工場長に任命した。

秘密を守るため、その職人は囚人同様に監視されていたが、時がたつとともにその秘密を盗む目的で、職人を国外につれだす誘惑の手が伸び、じきにその製法は一七一八年にウィーンに、一七一九年にはヴェネチアに伝わり、フランス、イギリスにもひろがった。

一八六四年に本家のマイセン工場は、古い城内からドレスデンに移り、商業的な規模で生産が行なわれるようになったが、それによって最も精巧な、マイセン独特の製品は終りを告げた。

磁器の歴史で、「マイセン物」と呼ばれているのは、一七二〇―一八二〇年間の、王立の工場でつくられた製品をさし、それ以後の王立の工場その他でつくられたものは、単に「ドレスデン物」と呼んで、区別されている。

ティー・カップの変遷を最も詳しく書いたのは『茶のすべて』(米、1935) を書いたウィリアム・H・ユカーズなので、それを紹介しよう(以下に紹介するのは、この書が刊行された、一九三五年頃の時点であることを書き添えておく)。

ティー・セットの流行　イギリスで喫茶の用具一式を完全なセットにしたのは、十八世紀の後半に、イギリスで磁器が生産され、とりわけウェジウッドの「クリーム焼」が普及した時代で、陶磁器製造家たちは、競って線の優美な、彩画の美しいセットをつくるようになった。

チャイナ(磁器)のティー・セットは初期にはすべての階級にもてはやされたが、今日では下火になって富裕な階級のあいだだけの調度品になっている。この階級のあいだでは磁器のティー・セットの流行後ふたたび銀器の美しさを求める熱がもり返したので、ジョージ三世(在位 1760-1820)の治世の後半には、イギリスとアメリカの銀器職人によって銀製のティー・セットが多数につくられた。

ティー・カップと受け皿の変遷　ティー・カップと受け皿は、ティー・ポットと同様に中国で考えだされたものだったが、最初にヨーロッパに伝わったのは把手なしのカップで、受け皿はついていなかった。

十七世紀に中国でヨーロッパ向けにつくったティー・カップと受け皿は、優美な小型のもので、カップの上面の直径は約二・二五インチ、底部では約一・二五インチで、受け皿は直径約四・五インチであった（一インチは約二・五四センチ）。

ヨーロッパの陶器製造者たちは、中国の茶碗と受け皿を模倣して、最初は小型のものをつくっていた。しかしイギリスでは古くからエール（ビールの前身）やミルク酒（熱したミルクにワインや香料を混ぜたもの）の飲用に大型のカップを使用していて、前者にはフタと把手がつき、後者のなかにはフタと二つの把手のついたものもあった。陶器業者が熱い茶をつぐカップに把手をつけたのは自然の成りゆきだったが、二個の把手をつけたものには人気が集まらず、一個の把手だけのものが生き残った。

ティー・カップの把手は、西欧の発明だということは真実で、たとえしばしば中国で把手付きのカップが発見されたとしても、中国の伝統的なティー・カップには把手はついていない。

ガラスのカップ　ティー・カップにガラス製の代用品を使うようになったのは、ロシアとその他のスラヴ民族で、十八世紀の初期からはじまった。この風習は現在もつづいていることは周知のごとくで、原因はガラスのカップのほうが陶器のカップより簡単にできるためだったともわれる。

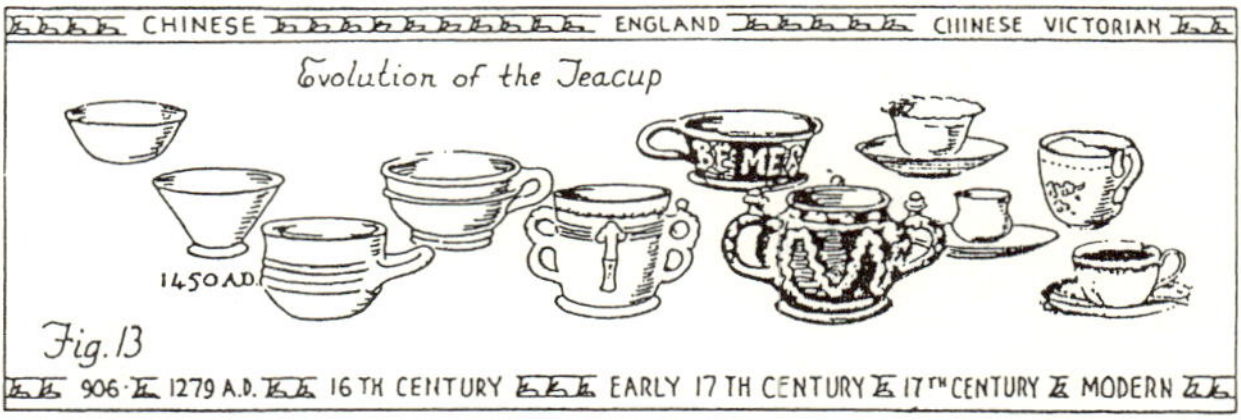

ティー・カップの変遷。

ただし宮廷や貴族や金持は西欧風の生活をしていたので、陶器のティーないしディナーのセットを輸入していたし、銀器のセットも西欧と同じに使われていた。

以上がユカーズの『茶のすべて』にでている要旨であるが、これにはカップの変遷をあらわした挿画がでているので、それを転載しておこう。

ただしこの挿画は解説が不十分で、わかりにくいので、私の解釈で、以下のように記してみた。

左から①と②は中国の茶碗で、受け皿はなかった。把手のついたのはすべてイギリスのもので、③と④は中国風の茶碗に把手をつけたもの。⑤⑥⑦はビールやミルク酒の大型のカップの形を模したイギリスの製品、⑧⑨は十七世紀頃の中国の茶碗と受け皿、⑩⑪はビクトリア女王の時代（十九世紀後半）のものであるが、⑪のような、われわれが今日日常に使っている形は、その歴史が比較的浅いことがわかる。

ヒゲ・カップ　⑩は喫茶のさい、垂れ下がったヒゲがカップにはいるのを防ぐため、上面の一部をふさいだヒゲ・カップ（moustache cup）で、十九世紀の後半に考えられた。しかしその後ヒゲはイギリスでは下火になって顔をきれいに剃る風習になり、ヒゲをはやすのはほとんど軍人だけで、その後、一般の人々もヒゲは口ヒゲが主になったので、ヒゲ・カップは姿をけした。

今日のティー・カップ　今日のティー・カップはわれわれが日常に使っているような断面が半楕円形のもので、イギリスは商船国なので、商船の胴体の線をあらわしているなどといわれている。受け皿がいっしょになっている。

今日のコーヒー・カップ　コーヒーのカップと茶のカップは発生を異にしていること、ならびに前者はコーヒーの飲用が主になっているヨーロッパ大陸の国々で変遷を重ねたものであるが、イギリスのティー・セットないしディナー・セットの一部に加えられているコーヒー・カップは、形がちがうだけで、材質や絵柄《えがら》はティー・カップと同様で、十八世紀にティー・セットにコーヒー・カップが加えられたときには、受け皿はついていなかった。ティー・セットの受け皿と共同であった。

普通コーヒー・カップの直径は、高さより小さく、円筒形で、ティー・カップと反対である。

デミタス　また正餐のコーヒーのカップは「デミ・タス」(demi-tasse)で、demiはフランス語で「半分」、tasseは「カップ」という意味である。

カップの把手　初期のヨーロッパのティー・カップは中国の小さい茶碗の形だったことはすでに記したが、それは初期には茶が高価な飲みものだったので、ほんのすこししか注がなかったことのあらわれだった。

茶の輸入がふえて値段が下がり、カップが大きくなっても、茶碗の原形は変らず、それが現在までつづいているが、それに把手がついたのはいつ頃だったか、詳しいことはわかっていない。

①一説によると、把手は中国で輸出品のカップにつけたものだが、十九世紀には把手なしのものが売られていた。

②ヨーロッパの製陶家は、最初は中国の小さいカップと受け皿の模倣品をつくっていた。その後、茶をたくさん飲むようになり、また社交的でない場合の容器として大型のカップを使うようになった。またなかには熱い茶のカップをもつために把手をつけたのは、自然の成りゆき

だった。褐色の土器系のカップに把手をつけたものが、十七世紀の終り以前にロンドンのドワイトまたはエルダーズによってつくられた。

十八世紀にはいると、イギリスの磁器業者はさまざまの形と大きさのカップをつくるようになった。当時のカタログをみると、あるセットには小型と大型のカップがでており、いずれも把手なしと、把手付きで、なかには左右に二つの把手のついたのもつくられた。

把手なしの小型のカップは多分、フォーマルなお茶のパーティー用で、把手付きはフォーマルでない場合に使われた。当時のカタログにはしばしば朝食用のカップがあらわれているが、その場合には小型は不向きで、おそらく大型のカップが普通だっただろう。

十八世紀の終りには、カップは大型になり、把手なしのカップは姿をけした。

③シカゴの百貨店モントゴメリー・ウォードのカタログの一八九五年版をみると、ティー・セットのカップと受け皿のところに、「ティー・カップと受け皿、把手付き」「コーヒー・カップと受け皿、把手付き」となっているが、なかには「把手付き」とならんで、「ティー・カップと受け皿、把手なし」「コーヒー・カップと受け皿、把手なし」というのがでているから、把手のないものも売られていたことがわかる。

把手の種類　われわれは、日常に使っている陶磁器や金属製品やガラス器のカップ、ティー・

ポットないしコーヒー・ポット、ジョッキ、水差し、花瓶などの把手に色いろの形やスタイルのあることに、あまり注意しない場合があるようにおもわれる。

それらの把手は製作者のファンシーで、無限の変化があるので、それらに一々名前がついているかどうかを、筆者は知らないが、若干の形には形容的な、あるいは流行的な名前がついているので、それらのなかの若干を取り上げてみよう。

ベットガー式把手　ヨーロッパで最初に磁器の製法の秘密を発見したドイツのベットガーのティー・ポットからでた形で、Sを裏返しにした形で、下端が外側に曲っている。「S形把手」ともいっている。

B形把手　輪が二つ重なったB形（三一五ページの挿画参照）。

C形把手　C形で、いちばん普通にみかける。わが国で「メガネ形」といっているメガネの玉の形をしたのは、この仲間の一種だとおもう。メガネの玉（ガラス）は、今日では形が多様であるが、昔は文字通りまんまるだった。

D形把手　これも普通にみかける形である。

ハープ形把手　文字通りハープ形のもの。

角のある把手　把手が片カナの「フ」のように角ばったもの。

鳥の暢思骨《ちょうしこつ》形把手　鳥の胸の暢思骨の形をした把手で、wishbone または wishing bone ともいわれる。暢思骨を引っぱりあって、長いほうをとった人にはどんな願いごとでもかなえられるという民俗があるので、ヨーロッパにはよく知られたものであるが、筆者にはわからない。「上端のとがった形」と説明してある。

コーヒー・カップの把手　ティー・カップよりもコーヒー・カップのほうに変った形のものがあり、さらにティー・ポットやコーヒー・ポットや水差しには、装飾的なのがみられる。T形で、下端が胴体につながっていないのなどはその一例で、T形把手ないし、ギリシア字のタウ（T）に似ているので、「タウ形把手」とも呼ばれている。

受け皿

紅茶のカップと受け皿（ソーサー＝saucer）は、セットの場合は伝統的に別々に数えられている。

紅茶ないし、コーヒーのカップと受け皿と、菓子や果物をのせる皿の十二個をセットにしたものが、カタログにでている。

普通の勘定だと、「カップと受け皿」六組と、皿六枚で十二点（六客分）のようにおもわれるが、実際はカップ四個、受け皿四枚、普通の皿が四枚で十二点（四客分）である。そのわけは、セット物の場合、カップ一個ないし皿一枚がわれたとき、それを一個ないし一枚だけ買って補充できるようになっているためだといわれている。たとえばセットの皿が六枚重ねてテーブルの上に積んであったのが、なにかのはずみで床におちてわれたとする。その場合、皿だけを六枚買って補充ができるように、カップと皿とには、別々の値段がついているわけである。

なおセットのコーヒーのカップと受け皿も、紅茶のカップと受け皿とおなじに扱われているが、これは紅茶のセットの取扱いが起原《もと》で、コーヒーのセットが生れたためである。

しかし、その一方でセット物をバラで売る場合（オープン・ストック）にはカップとソーサーをいっしょにして一点に数えている。

わが国ではこの場合、「碗皿」という用語を用いているが、これは碗（カップ）と皿（ソーサー）の一組という意味の商売用語である。

受け皿の歴史　中国からヨーロッパに伝わった茶碗には受け皿はなかった。中国では熱い茶碗を直接手にもつ代りに、茶碗の下に漆器の茶碗受けを用いた。その後、茶碗の底にまるい輪をつけ、それが茶碗受けに安定するようにした。* それが受け皿のはじまりであった（G・ハックスリー『茶の話』1956）。それがきっかけで、何百という茶碗受けがあらわれるようになった。そしてそれから今日のような磁器の受け皿が発達した。

＊カップの下部に円形の台がついていることは、われわれが日常に使っている湯呑みにそれが残っているが、それを商売用語で（私の郷里では）「ハマ」といっているが、語原はいままでに調べたことがない。

一八〇〇年頃からイギリスの陶器業者は小型の皿に小型のカップと軽い食べものをのせる皿（cup-plate）を考えだした。その形は長方形ないしタマゴ形であった。

この皿は約五十年ほど後にははやらなくなったが、たまたまカード・テーブル（トランプ遊びをするときのテーブル）に茶を供するため、「ブリッジ・セット」（ブリッジはトランプ遊びの一種）がつくられるようになったのが、再生のきっかけであった。ただしこの時も、皿の形は長方形またはタマゴ形であった（ユカーズ『茶のすべて』）。

今日の紅茶やコーヒーの受け皿は普通の皿と同じであるが、ヨーロッパで「受け皿」と呼んでいるのは中心がすこし沈下していて、カップが安定するようになっており、また縁がドンブリのように上向きに折れている。これは紅茶を受け皿に注いで飲む風習に関係があるらしいが、いずれにしても中国の皿にはない形で、純粋にヨーロッパでつくった形だといわれている。

ついでにいうと、saucer の語原はソースで、それをいれる容器だったという説（スキート『英語語原辞典』）があり、フランスでスークープ（soucoupe）といっているのは、イタリア語の sotto-coppa がもとで、「ソット」は「下」、「コッパ」は「酒杯」で、「酒杯の下においた皿」

という意味であった（アルベール・ドゥザ『語原辞典』仏）。

トランブルーズ　いままでに絵に描いたものを一枚だけしか見ないので、残念ながらくわしいことは私にはわからないが、レストランかなにかで、コーヒーをカップにつぐのに、受け皿の上にカップをのせ、その皿を片手でもちあげ、別の手でカップにコーヒーを注ぐのが欧米の風習らしいが、それを受取る人も皿にカップをのせたのを受取るので、手がぶるぶる顫《ふる》える人には、不安定である。

そのため、皿の中心にまるい深い凹みをつくったり、凹みの縁を高くしたりして、そのなかにカップの底をはめこむようにしたものが考えられた。灰皿に中央が凹んだのがあるが前者はそれに似ている。それによって、皿からカップがすべり落ちたり、カップの中身がこぼれたりしないわけである。

これは最初はフランスのセーヴル焼でつくられ、コーヒー用（フランスはコーヒーが主だから）に使われたので、フランス語で「トランブルーズ」（trembleuse, 身を顫わす人）と呼ばれた。イギリスでもチェルシーやダービーの工場でつくられたが、名前はフランス語のままであった。

チェルシーやダービーで、フランス風の陶器を模倣しだしたのは十八世紀の半ばからで、現在ロンドンのウォーレス・コレクションに残っているセーヴル製の「トランブルーズ」は、一七六五年頃のものだから、大体その頃から製造がはじまったものらしい。

本来はコーヒー用のカップと受け皿だったのが、ブイヨン（澄ました肉スープ）や、チョコレートや、紅茶のカップをのせるようにもなった。

おこり（悪寒）でからだがぶるぶる顫える人が多かった時代の産物だったと書いたものや、寝たきりの病人用として役立っていると書いたものもある。

茶の受け皿　熱い紅茶（ないしコーヒー）を、受け皿にあけて飲む風習については、すでに記したので再説を避けるが、不思議なことにそれをあらわした古画の類を、わたくしはみていない。ただし受け皿で飲んだことを記した文章は若干が知られているが、それらのなかで「茶の受け皿」（tea-saucer）と呼ばれているのは、受け皿で茶を飲むとき、受け皿にカップの茶を注いだのち、そのカップをのせておく皿で、「カップの皿」（cup-plate）とも呼ばれた。どちらも普通の辞典にでていない語なので、書きとめておく。

ティー・ポット

茶の記録　喫茶の風習が中国からはじまったことは周知のごとくであるが、それが現存の文献

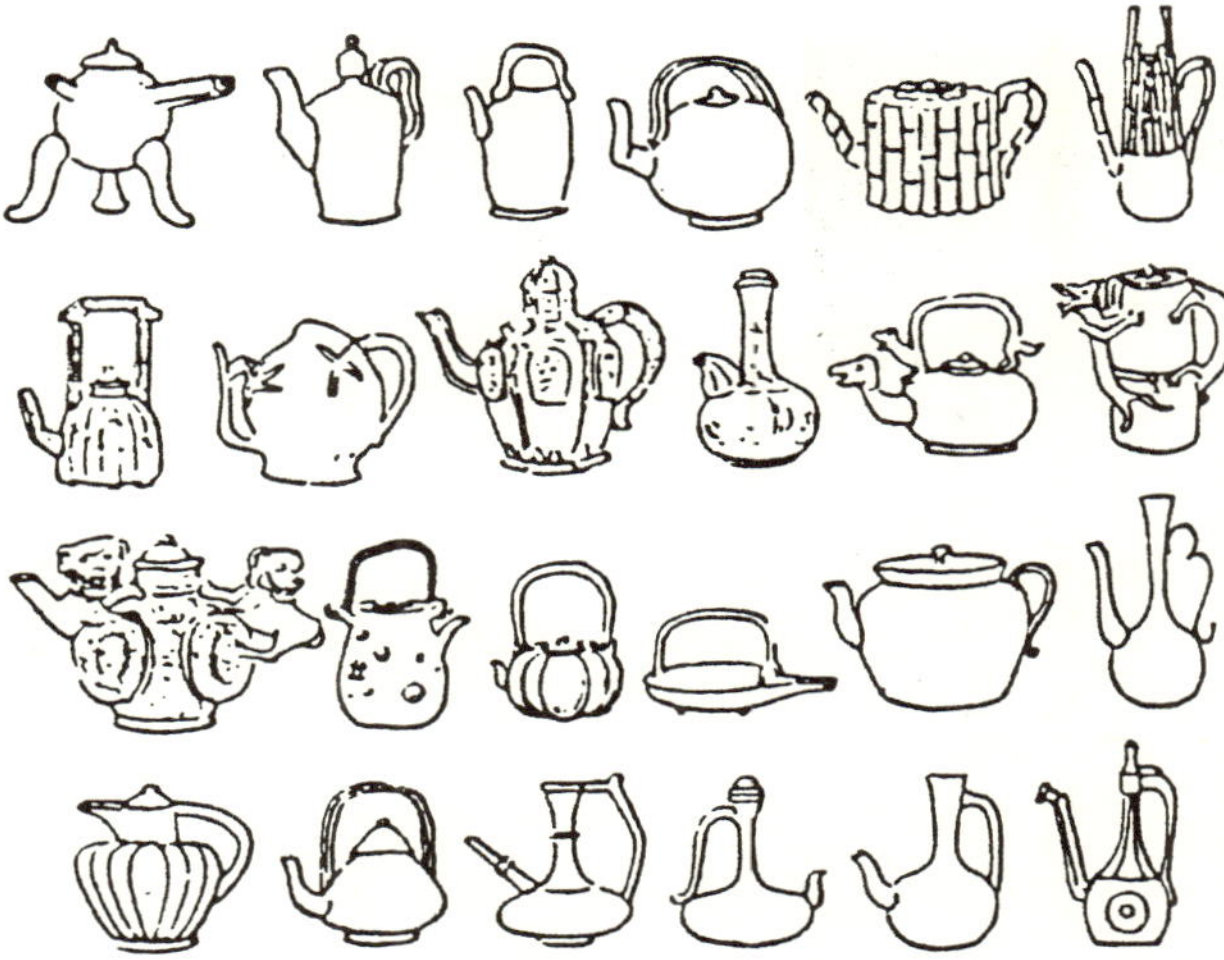

ダンカーリー氏がロンドンの博物館（複数）でしらべた初期から現代までのティー・ポットの形（ユカーズ『茶のすべて』より）。

にあらわれている最も古い記録は、魏(386–534)の時代に書かれた張揖の『広雅』で、喫茶のたしなみが上流階級のあいだにひろまり、その後それの儀礼を書いた陸羽の『茶経』があらわれたのは西暦七六〇年頃で、この書は後の時代には茶道の宝典になった。

『茶経』にでている茶のたて方を読むと、その時代にはティー・ポットは使われておらず、茶は鉄瓶で煮立てるか、または茶を粉末にして茶碗に入れ、それに湯をさして茶の味を浸出させるかしていたことが、記されている。

最初のティー・ポット　ヨーロッパの商船が中国から茶を運ぶようになった

のは一六一〇年頃からで、最初はオランダ船が、つづいてイギリス船がそれを自国に運んだが、それらの商船は単に茶だけでなく、同時にそれを煎じ出す道具（宜興のティー・ポット）を運んできた。宜興は上海に近い素焼《すやき》の、あるいは赤または茶色の「石焼」（stoneware, 炻器《せっき》）の産地だったこと、「石焼」は窯の火の温度を上げて陶土をガラス化し、液状物を滲《し》みこませない石器質にしたもの、宜興の陶器の技法であることは、前に記した。

日本に伝来　宜興のティー・ポットは、わが国に伝わって、赤い素地《きじ》は「朱泥《しゅでい》」、白い素地は「白泥《はくでい》」と呼ばれ、とくに茶人のあいだで珍重され、石焼にした素地が緻密なので、茶のフレーヴァー（香味）を最もよく浸出すると、いわれた。

ティー・ポットというと、今日われわれの使っているティー・ポットを連想させるが、初期の茶は高価で、少量の茶葉をいれて用いたので形は小さく、その形は今日の「急須《きゅうす》」に残っている。

ついでにいうと、「急須」という語は、中国では「酒の燗をする小さな鍋」で、「急須とは急に応じて用いるので、この名前ができた」といわれている。

急須がお茶を煎じだす道具の意味になっているのは、わが国だけである。

一説によると、少量の茶しか煎じだせないので、各人が一個をもったので、わが国へは多量に伝来したとも、いわれている。

万古焼　わが国では宜興のティー・ポットをそのままコピーした万古焼《ばんこやき》が元文年間（1736–41）につくられるようになった。これは中国の原物にくらべると、軽くて、粗いことが一見してわかるが、出来上がりが洗練されていること、しばしば把手が上部につけられてもち運びが便利になっていることなどが特長で、同時にメロン形であるのが普通であると、『茶のすべて』を書いたW・H・ユカーズは批評している。「把手が上部につけられている」というのは、三二五ページの挿画の上段左から四番目の弓形（または半円形）の把手のついたメロン形のもので、今日ではアルミニウムなどの金属性のものもあって、わが国の緑茶のティー・ポットでは、最も普及した形であった。

イギリスでは銀器　イギリスで中国の宜興の赤土の「石焼」（炻器）のティー・ポットの技法をひろめたのはオランダからの移住者で、銀細工師だったジョン&フィリップ・エラーズ兄弟であることはすでに述べたが、エラーズ・タイプの赤土のティー・ポットがつくられていた時代のイギリスでは、銀製のティー・ポットがもてはやされていた。

ただし、今日の伝統的な、優美な銀のティー・ポットがあらわれたのは十八世紀に入ってからで、それ以前の、初期の銀のティー・ポットで、現存している最も古いものは、ロンドンのビクトリア&アルバート博物館に不細工な角灯（ランタン）の形をしたものがあった。

このポットがお茶用だったことは、その側面に彫られた献呈の銘文が「この銀のティー・ポットは、尊敬すべき、立派な、東インド会社の理事会に、その一員で、この理事会を真に愛するバークリー城のバークリー卿より、一六七〇年に贈呈したものである」となっていることであきらかである。

この銀製ポットの高さは約三〇センチで、西洋人がこれをみると、中世のゴシック式の教会の尖塔か、中世の城か、さらにヘルメットをかぶった中世の騎士が、槍をささげてどっかりと馬に乗っているようなイメージに結びつくらしい。たしかにトンガリ帽子のようなフタは、教会の塔に似ている。

このポットの形は、今日のイメージではコーヒー用で、ティー・ポットというイメージはおこらない。もし上記のような刻銘がなかったら、誰れもこれをティー・ポットだとは、おもわないだろう。

このポットには、たしかに「ティー・ポット」と彫られているが、実際はコーヒー用のポットで、同じ時代にオランダでつくられたデルフト焼に、これに似た形のコーヒー・ポットがある。

おそらく一六七〇年代か、それ以前には、このようなポットで、コーヒーも茶も、さらにチョコレートも、煮出されたと、みられている。それがごく短い年月の間に、この形はコーヒー用で、ティー・ポットは中国の急須の形になり、さらにチョコレートは、初期にはティー・ポットに似たものだったが、しだいにそれから離れた形に変っていった。

そのほか、一七〇〇年以前につくられた銀製のティー・ポットのなかには、その後のはやりになった西洋ナシ形のものがあらわれているが、そのなかのチャールズ二世が、宮廷の大主教に贈ったものは、一六七〇年以前につくられたと推定されていて、全体の高さが一五センチを超えたものだったが、もう一個の別の一六九〇年につくられた銀製のティー・ポットは、全体の高さが一二センチであった。

銀製のティー・ポットが西洋ナシ形のような、はっきりしたお茶用の形になったのは、銀細工師が陶器のティー・ポットをモデルにしたためで、その頃には、やきもののティー・ポットと、銀製のティー・ポットは、しばしば同一の店で売られていたと、みられている。

形の変化　イギリスの西洋ナシ形の銀のティー・ポットは、十八世紀のはじめのアン女王（在位 1702–14）の時代に流行品となって、その形に変化があらわれ、西洋ナシ形のものやメロン形に脚のついたものがあらわれ、把手と注ぎ口に、色いろの意匠が加わった。

注ぎ口には初期にはアヒルの首の形のものがあらわれ、のちさらに優美な白鳥の首の形のものがつくりだされたが、その一方で真っすぐな、先細りのものもあった。

つづいて優美な、ギリシア古瓶を手本にした銀製ポットがあらわれ、これにはルイ十五世（在位 1715-74）のスタイルといわれている花づな（花、葉、リボンなどをつないだ装飾）や、メダルを彫ったものがあらわれた。

また把手には木が用いられたが、象牙で断熱したものもあらわれた。

ディナー・セット

ディナー・セット　陶磁器のお揃いのティー・サービス（アメリカではティー・セットといっている）と同じような組合せで、ディナー（正餐）の陶磁器のセットがディナー・サービス（またはディナー・セット）と呼ばれ、欧米ではそれがフォーマル（正式）の食器の基準になっている。

ディナー・セットに何種類、何十点の食器がふくまれているかは後述するが、東京では戦前から現在も虎の門の角（文部省の筋向い）のノリタケ・チャイナの展示場に展示してあるし、一般の西洋食器店や、百貨店やスーパーの西洋食器の陳列棚にも、見本がでている。

ティー・セットでも、ディナー・セットでも、磁器の形（スタイル）と彩画が全部お揃いで、

アメリカの百貨店のカタログ（1895）にでているイギリス製のストーン・チャイナの無彩色のセット。ティー・セットは56品。ディナー・セットは101品と143品が１セットになっていて，このセットにはコーヒー茶碗と皿はふくまれていない。

みるからにエレガントであるが、やきものは割れものなので、長い年月の間にそのなかの一個が割れて失われると、場合によってセット全体が使いものにならなくなる。そういう場合には、製造元では補充品を供給してくれるが、もし長い年月の間に製造元の会社がなにかの事情で消えると、補充のみちが途切れるので、セットを買う場合は、古くからの、信用のある製造元を選ばねばならない。

換言すれば、古くから信用のある製造元がかたい地盤を築いているので、新興の会社が割りこみにくい。とくにわが国の陶磁器の会社がティー・セットやディナー・セットを輸出する場合に、割りこみの条件が非常にわるかった。

一セットの総数　一セットのディナー・セットにはカップ、受け皿、大型の皿などが、多数に加わるので、

アメリカの百貨店のカタログ（1895）にでているドイツのカーリスバッド製の磁器。31品目がつくられ，単品で必要なだけ買って，自分でティー・セットないしディナー・セットに揃えることができる。このセットではコーヒー茶碗と皿，紅茶茶碗と皿とが，別々につくられている。このカタログに出ているのは，昔風の紅茶茶碗と皿である。

それを合計すると、百点を超えるものがある。

試みに前世紀末（1895）のシカゴの百貨店モントゴメリー・ウォードの通信販売のカタログをみると数種類のディナー・セットとティー・セットの見本がでているが、そのなかでイギリス製の白磁器（彩画のない）のセットは、フタ付きスープ入れ、ソース入れなどは一個であるが、ディナー皿、朝食用皿、スープ皿、把手付きのティー・カップ、受け皿（カップと受け皿は別々に勘定）など十種類が各々一ダース（十二個）なので、合計で百四十三個で、値段は十三ドルである。また同一のもので、一ダースのものが七種類のものは合計百一個で、八ドル六十五セントである。

またイギリス製のモス・ローズ（バラの一種、コケバラ）のデザインを下絵（素焼に模様をつけ、その上に釉をかけたもの）で、それの総数百一個のものは、一ダース揃ったものが七種で、そのなかに茶のカップと受け皿が各々加わっていて、値段は十一ドル六十五セントであるが、同じものにコーヒー・カップとその受け皿（各々一ダース）その他を加えたものは総数百三十一個で、十五ドル七十セントである。

いずれもティーならびにコーヒーのカップと受け皿は別々に勘定されているが、その理由は元来両者は別々のものだったことのなごりだったとおもわれるが、カップと受け皿は破損率がちがうので、補充の場合にそのどちらかだけを買う場合には、そのほうが便利である。

一品売り　おなじカタログには、ティーまたはディナーのセットをセットで売らないで、一品ずつ（といってもカップと受け皿や、その他の皿類は一ダース単位であるが）買えるようなシステムのセットが十数種類でている。これをオープン・ストックといっているが、在庫品の公開ないし手持品の庫出しといった意味である。買手は必要なものだけを買うことができるわけで、今日ではこのシステムのほうが一般化していると、最近の関係書にでている。

なかにはホテルやレストランなどが大量にセットの部品を買入れないし補充できるようにした見本もでている。一九一八年にウッドロー・ウィルソン大統領が、国産奨励のため、アメリカ製のセットをホワイト・ハウスに備えつけるため、一万七千個の単品（ピース）を購入したときなども、必要に応じた品揃えをしたわけであった。

日本製品の進出　第一次世界大戦の直後（というと一九二〇年代のはじめであるが）、ヨーロッパの交戦国の工業が復活せず、とくにディナー・セットを広く売りこんでいたドイツの工業は壊滅状態だったので、日本の大手の陶磁器会社にとっては、ディナー・セットを売りこむ絶好の機会だったといわれている。これは私の生家が西洋陶磁器に絵をつける小工場だったので、耳にした話であるが、その結果がどうだったかは、くわしいことはわからない。私の少年時代の話なので、その当時の人は多分生き残っていないとおもうが、『日本輸出陶磁器史』（1967）によると、

「開戦と同時に米国始め清国及南洋方面から完全に独逸製品は姿を消し、その商業的勢力は駆逐一掃された。いち早く南洋方面よりはゴム汁採取碗、続いて支那、南洋方面より電気用器具、安価な装飾品、日用品の注文相次ぎ米国よりはドイツ品の代用品として陶磁器の需要増大するものと見られ、市況は俄然活況を呈するに至つた。然し乍ら未だ時局は大戦下にあつて船舶の運航不円滑のため充分な輸出を見るに至らなかつた。

（中略）業界の指導的地位にある日本陶器合名会社（大正六年に日本陶器株式会社になる）では来るべき飛躍に備えて六メートル隧道窯二基を増設し、研究十余年費した苦心の八寸肉皿（約二四センチ）を完成し、多年懸案のディナーウエア（ディナー・セット）の本格的生産に着

手」したと書かれていて、わが国の輸出向けディナー・セットの本格的な生産は、その頃からはじまったことが、わかった。さすがに本場のヨーロッパに進出するまでにはいたらなかったが、南洋方面、ビルマ（ミャンマー）、セイロン（スリランカ）、インド、中東方面にティー・セットが進出し、十五ピース（総数十五点のセット）や二十三ピース（同じく二十三点のセット）が現在も輸出されていると、前記の書にはでている。

ディナー・セットの全盛時代　ディナー・セットがいつ頃からつくられたかを、筆者は詳らかにしていないが、それが食卓に豪華な雰囲気を盛りあげたのは、十八世紀からであった。

センター・ピース　その一つのあらわれは、食卓に装飾的なセンター・ピースや人形（ないし古典の神像）が飾られたことであった。センター・ピースというのは、大きな食卓の中央に飾るためにつくられた寺院（たとえば「愛の寺」といった名前をつけた）や、その他の建築物などを陶磁器でつくった精巧な美術品で、ほかのテーブル・デコレーション（食卓の装飾）とお揃いであった。

テーブル・デコレーションのはじまりは十七世紀に蠟や砂糖菓子でつくった人像やその他のつくりものを食卓に飾ることがはやりだし、一七三〇年頃から磁器でつくったものに代った。

それらのなかで大型のものは、テーブルの上に組み立てるようになっていた。こういう手のこんだテーブル・デコレーションは十八世紀とともに下火になった。

狩猟セット　十八世紀の初期には、国王などの狩猟のさいに宿泊する館で使用する狩猟の絵を描いたディナー・セットがマイセン（ドイツ）やウィーンでつくられ、「狩猟セット」（Jagd Service）と呼ばれた。Jagd（ヤークト）はドイツ語で、「狩猟」という意味である。

デザート・セット　一七五〇年頃から、ディナー・セットと切りはなしたデザート（食後の茶菓）のセットがつくられるようになった。それ以前にはディナー・セットがデザートにも使われていたが、食卓のデコレーションが複雑になったので、デザートの容器は別の補助テーブルに並べるようになり、それが一揃い（セット）になり、このテーブルにも装飾的な飾りものが加えられるようになった。この流行は十九世紀の終りに消え去ったが、「狩猟セット」にしても「デザート・セット」にしても、十八世紀がその隆盛期だったことを物語っている。

イギリスの旧家（にかぎらないが、代表的なのはイギリスの旧家という意味である）では、十八世紀のティー・セットや、同じ時代の銀器*のセットを大切に保存していて、客間の壁面の棚に骨董品として手彩のティー・セットが飾ってあるし、同様にガラスの扉のついた飾り棚に大皿を中心にしたセットの一部が飾ってある。これは今日ではインテリア（室内装飾）の一部になっていて、その分野のたいていの本にカラーで挿画になっていることは、周知のごとくである。

＊　銀器も食卓用具として、中世から家柄を示すシンボルになっていて、とくに食事用のスプーン、フォーク、ナイフなどは嫁入道具になっていることは周知のごとくであるが、銀器はときどき非常な流行になったことがあった。十八世紀の前半には、一時的に銀器が陶磁器を押しのけた（とくにティー・ポット）ことがあったし、十九世紀初期からビクトリア朝にかけても、銀器（とくにティー・ポット）が高く評価されたことがあった。

銀製のポットは伝統的な、美的な趣味からだけでなく、本当の茶の味わいがでるのは銀製のポットが第一だといっている人もいる。

日本の紅茶

茶の輸出

江戸時代　ヨーロッパの船が東洋に来往するようになった十七世紀のはじめに、イギリスでは一六〇〇年十二月にエリザベス一世の勅許でイギリス東インド会社という東洋との貿易を独占する会社がつくられ、つづいて一六〇二年にオランダが同じような東インド会社をつくった。

東インド会社というのは、コロンブスがアメリカを発見したとき、その土地を誤ってインドと呼んだので、本来のインドを東インドと呼んでいた。

一六〇二年には六十隻ものオランダ船が東洋に通うようになり、その後一六一〇年に一隻のオランダ船がはじめて茶を本国に伝えたのが、茶がヨーロッパに伝わった正式の記録とみられている。

一説によると、一六〇〇年に一隻のオランダ船が日本を訪れ、翌年マカオに寄港して、日中両国で集めた物産をもち帰ったなかに、日本の茶が入っていたともいわれる。

オランダは幕府の許可を得て、慶長十四年（1609）に平戸（長崎県平戸島、松浦氏の城下町）に商館をひらき、オランダ商館では、砂糖、メガネ、望遠鏡、時計などをもちこんで、日本の銅、樟脳、その他、漆器、竹細工品、茶などのこまごましたものをもち帰った。

一方、イギリスも慶長十八年に平戸に商館をおいたが、茶は買わなかった。元和九年（1623）、イギリスはオランダとの対抗にやぶれ、インドに後退したので、この商館もその年に閉鎖した。オランダとイギリスとは、モルッカ諸島（別名、香料諸島、インドネシア東部、セレベス・ニューギニア間の島嶼群）の領有権をめぐって敵対関係におちいり、一六二三年にオランダ人がこの諸島の中心地アンボン島のイギリス商人を襲って大虐殺を行なったので、イギリスはインドに後退し、インド以東はオランダの勢力下に入った。イギリスが平戸から撤退したのは、その一つのあらわれであった。

その後、幕府はキリスト教の普及が、国内の安定をおびやかすことをおそれ、寛永十二年（1635）に鎖国に転じ、外国との貿易は長崎の中国人と、オランダ商館のみにかぎるということで、寛永十八年、オランダ商館を長崎出島に移した。

その後、出島のオランダ商館が、どれだけの日本の茶を買ったかは、よくわからない。

開国後　わが国では安政五年（1858）に日米修好通商条約を結び、同年中に英、仏、蘭、露とも同一の修好通商条約を結んで、下田、箱館（函館の旧称）のほか、神奈川（横浜）、長崎を開港し、また新潟、兵庫（神戸）の開港期日を定め、神奈川港の開港半年後に、下田港をとざした。

幕末になると、海外の情勢を知るために色いろの新聞がでるようになったが、その一つの『日本貿易新聞』（神奈川で刊行されていた『ジャパン・コマーシャル・ニューズ』の抄訳）の文久三年（1864）十二月六日、第三九号（神奈川印行）に、「一八六四年度の茶生絹輸出略」（茶は七月以来、生絹は六月以来）という統計がでていて、当時のわが国の輸出品の主体は茶と生絹で、茶の買手はイギリスが第一位を占めていたことが、それにあらわれている。参考のために、その統計を取引額の順にあげると、

イギリス
　生絹　三、九七〇苞
　茶　一、五八一、三〇八苞
上海
　生絹　一、〇九五、八三九苞

茶　一、〇二一、九〇六苞

アメリカ合衆国

生絹　五五苞

茶　九二三、八一二苞

香港

生絹　二四〇苞

茶　四一八、〇八八苞

以上の茶はいずれも緑茶で、一苞というのはどれくらいの分量なのか、手元に資料がないのでわからないが、イギリスが日本で買った茶はそのままイギリスに運ばれたらしい。

さらに明治七年（1874）十一月の『新聞雑誌』によると、明治六年中に輸出されたものは、

生糸　七、二〇八、四二一円余

茶　四、六〇九、三九〇円余

石炭　六四一、五四九円余

銅　六一四、六九七円余

となっている。

その頃、イギリスのインド政庁は、一八三〇年代からアッサム（ビルマ〔ミャンマー〕の北、

インドの東北隅）で発見された茶樹の栽培に乗りだし、一八三五年に中国からつれてきた製茶職人にアッサム種の葉で茶をつくらせ、翌年最初の一ポンドをロンドンに運んだが、その四年後（1840）に、その製品をカルカッタで公売したときには、「最初のイギリスの茶」だというので、人気が集中した。

イギリスの資料には日本から茶を輸入したという記録はなく、もっぱら中国から輸入していたので、日本の茶は上海ないし香港で、中国産の茶の一部として本国におくられたらしい。

イギリスへの輸出　明治九年（1876）三月の『東京曙新聞』では、その前年の一月からイギリスのロンドンに輸入された茶は、中国産が六七パーセント、日本産とインド産が三四パーセントだったという。横浜の新聞にでていたニュースを伝えているところをみると、イギリスの茶の輸入は中国産が主で、日本産とインド産を合計しても三四パーセントだったことは、インド産が自給には程遠かったことを暗示している。

日本の緑茶　その頃、千葉県下に中山元成という人がいて、十数年以前から横浜に往復して茶を洋商に売っていたが、中国の緑茶と日本の緑茶とを比較して、日本の緑茶のほうがすぐれており、それがアメリカ人によって賞味されているという説をたてたことが、明治六年（1873）

十一月二十日号の『日新真事誌』にでている。

それによると、「わが国の緑茶には色いろの製法があるが、今日では宇治の製法が第一である。ところが中国の製法はわが国の製法と異なっているので、日本人がこれを喫すると香味共に適しない。しかし欧州各国ではみなこれを賞喫しているのに対し、日本の茶を賞し、これを買うものは米利堅《メリケン》人が最も多い」（大意）と述べているが、このことはその頃から日本の茶の得意先がアメリカに移りつつあった、一つの原因を物語っている。

アメリカへの輸出　とにかく、大量の日本茶がイギリスやアメリカに輸出され、それがしだいにアメリカ中心になっていったが、アメリカへは初期には日本の港から帆船（バーク）で中国の港におくられ、そこでクリッパー（一一五ページ）に積み替えられ、目的地に運ばれた。

日本茶が邦人によって海外に直接輸出されたのは、安政三年（1856）で、それより三年前の嘉永六年（1853）に長崎のオランダのテクストル商会が、同じ長崎の茶商、マダム・Kay・オーウラ（大浦慶）の茶の見本をアメリカ、イギリス、アラビアにおくったところ、その見本の一部がオールトというイギリスの茶のバイヤーの注意をひいた。オールトは一八五六年に長崎にあらわれ、オーウラ夫人に百ピクル（ピクルは「担《たん》」と訳し、一人の労働者が担いうる重さをあらわした重量の単位で、約六〇・五二キログラム）の「火薬茶」（gunpowder tea, 葉を丸薬状に巻いた良質の緑茶の一種）を注文したので、オーウラ夫人は九州の各地をまわってその茶を集め、ロンドンにおくった。これが日本の茶が日本人によって直接外国に輸出された最初だったと、みられている。

オールトはオーウラ夫人からおくられた緑茶に満足したので、長崎にオールト商会という代理店をおいた。オーウラ夫人は明治十七年（1884）に世を去った。

本格的な日本茶の輸出がはじまったのは、安政六年に横浜が開港したときからで、その頃の民家は八十七戸で漁業を営んでいたが、幕府は外国人の居留を認めたので、その年の終りにはイギリス人十八人、アメリカ人十二人、オランダ人五人が住んでいた。

それらのなかで香港のイギリス系のジャーディン・マセソン商会が、海岸に木造二層建ての家屋をつくったのが、居留地一番で、同時にその隣にアメリカ人のトオマス・ウォルシュが家屋をつくった。後者は「アメイチ」（亜米一）という通称で呼ばれた。

居留地には、その翌年には三十人の外国人が居留の許可をうけ、家屋を建てるようになり、その家屋には番号をつけ、何々番館と呼ぶようになった。私の生れたのは名古屋城の東の主税《ちから》町で、その付近には輸出陶器の会社が集まっていたが、そのなかで「ロクサン」と呼ばれていたのは、横浜の外国人居留地の六十三番館の出張所だった。

話をもとに戻して、茶の輸出がはじまった安政六年は、茶をおくりだす季節が過ぎていたので、その輸出はわずか四〇万ポンドだけだったが、そのなかの一部はトオマス・ウォルシュによってアメリカにおくられた。

つづいてその翌年の万延元年（1860）にはアメリカに三万五〇一二ポンドの茶が輸出されたが、これはアメリカにおける茶の全消費量の〇・〇一パーセントを少し上回る量にすぎなかった。それが十年後の明治三年には八八二万五〇〇〇ポンドに増加したが、これはアメリカの茶の消費量の二五パーセントに当っていた。

初期には茶の処理法が不完全だったり、新しい木の箱につめたりしたことで、長い航海中にカビが生じた。箱の内部に鉛の内張りをするようになったのはかなり後で、同時に古い、よく乾燥した木の箱を使うことが、安全だということがわかった。

また輸出用の茶には「もう一度火をかける」処理法が考えだされ、輸出はだんだん軌道に乗った。

駿府の茶商　幕府は安政六年（1859）に神奈川（横浜）、長崎、箱館（函館）の三港をひらき、同地に出稼ぎ、移住、自由売買の許可を認めたので、その年に駿府の茶商十人が横浜に店をひらいた。

同じ年に駿府の茶商野崎彦左衛門の店が津（伊勢）の中条順之助に買収され、長谷川伊兵衛が店を支配した。翌年新村久二郎が支配人になり、野崎久二郎と改名した。*

* いずれもユカーズの『茶のすべて』に、ローマ字で書かれているのに、漢字をあてはめたもので、その頃のことを記したわが国の文献がみつかったら、修正したいとおもう。

野崎は安政六年に横浜にあらわれ、短い期間に外国人との複雑な茶の取引法を覚えた先駆者で、同業者たちに茶の取引法を教え、中国人の買弁たち（中国の商館に雇われて、取引を助ける人々）にも助力を惜しまなかった。のちには外国の商館が、茶を集めるのに彼の助力を求めるようになった。彼の死んだのは明治十年（1877）だったが、彼の助力をうけた買弁たちが、彼の記念像をつくったといわれている。

文久二年（1862）にのち輸出茶商の長老となった大谷嘉兵衛が、横浜にでてきた。大谷の回顧談によると、「茶は山城（現在の京都府南部）、江州（近江国）、伊勢、駿河から供給され、一部は生産地から直接輸出されたが、大手の問屋では集めた茶を横浜の取次商会におくっていた。取次商会（commission house）というのは、手数料（コンミッション）をとって、商品を仲介する商会で、横浜の外人の茶商（と便宜上書いているが）はたいてい取次商会だった。大手の問屋が横浜におくってくるのは、上質でよく乾燥していて、「再焙じ」はほとんど必要がないほどであった」と述べているが、W・H・ユカーズの『茶のすべて』には大谷の回顧談を引用したあとに、ひと頃カビの生じるのを防ぐため、陶器の壺にいれて輸出したと述べ、それらの壺には約二分の一から八分の五ピクルが詰められた。

その後、広東（今日の広州）や上海から熟練した職人が招かれ、中国で行なわれている手動式平鍋（フライパンの類）で茶に色をつけたり、見てくれのよいようにする仕上げ法が伝えられたが、いずれもそれまでわが国には知られていなかった技術だった。この仕上げ法によった製品は「平鍋による再焙茶」と呼ばれた。そのほか「天日乾燥《てんぴ》」と称して、黄色い色素を混ぜる秘密の方法があったが、それが伝わったのは、しばらく後だったと、みられている。


大谷嘉兵衛　大谷嘉兵衛が日本の初期の茶の輸出につくした功績がいかに大きかったかは、彼の大きな銅像が二つも建てられたことにもうかがわれる。一つは静岡市の清水《きよみず》公園に大正六年（1917）につくられ、のち昭和六年（1931）に第二の銅像が、横浜の宮崎町に建てられた。

嘉兵衛は弘化元年（1844）に三重県の豪農大谷吉兵衛の四男として生れ、文久二年（1862）に十九歳で横浜の貿易商、伊勢屋小倉藤兵衛の店に入り、茶の貿易の実務を身につけ、慶応三年（1867）に同じ土地のアメリカの茶商スミス・ベーカー商会に入った。この商会の創立は安政六年頃で、日本の茶の輸出の草分けの仲間で、静岡、兵庫（神戸、慶応四年に開港）、台北、ニューヨークに支店をもっていた。

嘉兵衛はここで直接外国人の商法を学び、のち独立した。その年代はわからないが、明治五年（1872）には製茶改良会、明治十七年には中央茶業組合本部を組織、明治二十年には政府の指導で中央茶業会議所が設立されると、その会頭に推され、昭和二年まで、四十年間その職にとどまって、文字通り、業界の第一人者になり、明治四十年とその翌年には、貴族院議員になった。

彼はまた明治三十二年に、フィラデルフィアで万国商業大会がひらかれたとき、東京と横浜の商業会議所の代表として参加、太平洋海底電線布設と、アメリカが米西（スペイン・アメリカ）戦争（1898）のさいにつくった茶の関税の撤回を提案し、前者はのちに実現、後者にも成功した。彼は会議ののち翌年にかけてヨーロッパを旅行した。彼の死んだのは昭和八年で、日本が国際連盟を脱退した年だった。

大谷の名前は、明治の茶の品質改良と輸出に関係が深いので、この機会にその伝記の一部を伝えておくしだいである。

神戸の開港　幕府は、神奈川（横浜）、長崎、箱館（函館）について、慶応三年（1867）十月、兵庫（以下、「神戸」と記す）に貿易商社を設立の場合も、他の三港同様、営業は自由であることを布告したが、翌慶応四年一月一日、正式に神戸を開港した。

政府はただちに居留地の整備にとりかかり、その年の九月に海面より高くした土地を分割し、

初期に神戸にできたアメリカの茶商ジョージ・H. メーシー商会の本店と倉庫。二階左手に斜めに突きでたスクリーンは茶の試験室に日光をとりいれる装置。右手は工場で，茶の再焙じ所。屋上に空気抜きができている。

その使用権を税関で公売した。

最初に神戸に進出したのはドイツの三つの商館で、翌年の五月までにその他の商会が建物をつくったが、その第一番目は横浜のジャーディン・マセソンで、第二番目はトオマス・ウォルシュ商会、第三番目は大谷嘉兵衛が商売を習ったスミス・ベーカー商会、第九番目にはオランダの商会テクストルが、倉庫と住宅をかねた芸術的な建物をつくった。テクストルは長崎に営業所をもっていて、嘉永六年（1853）にわが国の茶の見本をアメリカ、イギリス、アラビアにおくったことで知られている。明治二年（1869）の終りまでに、百八十六の外国商館が建物をつくっていた。

長崎の斜陽　神戸の開港で、茶の取引港としての長崎は斜陽化し、茶の供給地は東西に二分し、「横浜茶」と「神戸茶」と呼ばれた。

神戸に倉庫をつくった外国の商館は、たいてい「再焙じ」の作業場をつくったが、横浜のほうがその施設がすぐれていたことや、おくられてくる原料茶が多かったので、余った分（不合格品）はほかに回して使用しなかったことなどで、「神戸茶」よりスタイルがよいといわれていた。

紅茶の登場　わが国でも紅茶を海外の市場に輸出しようという案がはじまり、政府が若干の県にその試験所をつくったのは明治六年（1873）だったが、それ以前にわが国で輸入商品として紅茶のことがあらわれたのは慶応四年（1868）で、その年の『万国新聞紙』の五月上旬号にでた、つぎのような広告が、その草分けとみられている。

「此度南京《なんきん》できとぼし油《あぶら》、砂糖《さとう》、酒、米《こめ》、紅茶《べにちゃ》、菓《くだもの》食物《しょくもつ》幷《ならび》に「イギリス」でき焼酎《せうちう》、菓《くわ》子《し》食物《しょくもつ》、蠟燭《らふそく》、石鹼《しゃぼん》、ロスン煙草及《およ》び鞋等《くつとふ》下直にて一切さしあげ候間私店へ御光来御求め被下度願上候　以上

横浜八十一番　東安店」

というのが全文であるが、「菓食物」は「食べものの菓物」という意味らしく、この場合の菓物は今日では「果物」と書いている。そのあとの「菓子食物」は「食べものの菓子」という意味らしい。

紅茶は英語では black tea で、緑茶は英語の green tea の漢訳語（中国で訳した語）であるが、

black tea の訳語はロブシャイトの『英華字典』（1866–69年に香港で分冊で刊行）には訳語がなく、その後一八七二年に福州（福建省）で刊行されたJ・ドーリットルの『英華萃林韻府』（二巻本）には「黒茶」という訳語がでているので、「紅茶」は日本でできた訳語だったのか、中国の茶商のあいだでは「紅茶」と呼んでいたので、それに「べにちゃ」というカナをつけたのか、もう少し時間をかけて調べてみる必要があるが、「紅茶」という訳語が印刷物にあらわれたのは、『万国新聞紙』の広告が早出例だったとみてよい。

なお中国ででた字典に「紅茶」があらわれているのは、一八九二年に上海で刊行されたH・A・ジャイルズの"A Chinese-English Dictionary"の black tea に「紅あるいは黒茶」とでているのが早いほうで、私の手元にあるのはそれの改訂増補版（1912）だが、その二年後に上海商務印書館からでた顔恵慶等編輯の『英華大辞典』（二巻本）では「紅茶」だけになっている。

ついでに一九八一年に北京の商務印書館からでた『簡明英漢詞典』には、「black tea を紅茶と訳したのは誤りだから注意を要する」と記しているが、その誤りが日本で行なわれたのか、中国で行なわれたかについてはふれていない。

いうまでもなく、「紅茶」は black tea の直訳語でなく、紅茶に湯を通すと「紅い色」になることからできた意訳語である。この詞典の編者がそれに気がつかないのは腑におちない。

なお上記の広告のなかで、「「イギリス」でき焼酎」と記されているのはウイスキーで、「ロスン煙草」というのは「ルソン」(フィリピン)の煙草という意味である。また「くつ」を「鞋」と書いているのは漢語、「下直《したね》」は「取引用語で、今までより安い値段」という意味だと『広辞苑』にでている。

『万国新聞紙』は、横浜在住の牧師ベーリーが慶応三年一月に創刊した月刊(のち遅刊がつづいた)邦字新聞で、国内のニュースの速報をしたこと、広告をのせたことで、草分けだった。

万国博への参加　第一回遣欧使節の随員のなかに福沢諭吉がいて、彼は一八六六年(慶応二)に初編のでた『西洋事情』の「博覧会」の項目で、はじめて博覧会の目的や方法をわが国で発表し、「来年(慶応三)には、仏蘭西の巴理斯《パリス》にこれを設《もう》くと云ふ」と、ニュースを伝えている。

十九世紀後半は万国博の黄金時代で、そのきっかけは一八五一年(嘉永四)にロンドンで開催された「大博覧会」(正式の名称は「各国産業作品の大博覧会」)で、会場が鉄骨とガラスでつくられたので、「水晶宮」と呼ばれた。つづいて、

一八五三年(嘉永六)　ニューヨーク世界博覧会
一八五五年(安政二)　第一回パリ万国博覧会(「万国博」という呼び方は、この時にはじまった)
一八六二年(文久二)　ロンドン国際博覧会

第一回遣欧使節竹内下野守保徳の一行が、この博覧会をみて、その随員が報告を書いたのが、

日本人が博覧会の記録をのこした最初だった。この博覧会には前もって日本の産物がおくられて展示されたが、そのなかには横浜に居留していた外人が、自費で買っておくった「古着の女衣服」や、はなはだしきは「提灯、膳椀、木枕」の類が一ヵ所に集めてあったと、随員の一人だった渊辺徳蔵の『欧行日記』にでている。

一八六七年（慶応三）　第二回パリ万国博覧会

わが国が正式に代表的な国産品を出品した博覧会で、幕府の正使として外国奉行向山隼人、公使として将軍慶喜の弟、徳川民部大輔昭武が派遣され、日本家屋の特設館をつくり、漆器、陶磁器、紙類などで、最高名誉の大金牌をはじめ、数十個の賞牌を得た。

一八七三年（明治六）　ウィーン万国博覧会

明治政府が参加した最初の万国博覧会で、わが国の代表的な工芸製品のほか、ヨーロッパでは東洋の風俗が珍しがられているので、日本の出品物がきっと評判になるだろうという御雇《おやとい》外国人アレクサンドル・フォン・シーボルト男爵の助言で、名古屋城の金のシャチ、鎌倉の大仏の張り子、大太鼓（直径約八尺）、大挑灯《ちょうちん》一対（直径二間）などを出品した。

当時わが国では新しい産業をはじめることが急務だったので、七十七人の派遣員のなかに六十六人の諸工業の技術伝習員を加えて、技術の伝習や視察を行なわせた。

一八七六年（明治九）　フィラデルフィア万国博覧会（アメリカ独立百年記念

それまでわが国から海外の博覧会に出品したものは、陶磁器、漆器、七宝《しっぽう》、絹布、刺繍、傘、扇のような精巧な、ないしエキゾチックな工芸品が主だったが、この博覧会にさいしては方針を一変し、日本の工業製品や、一般の輸出商品を紹介・宣伝することに主力がそそがれた。したがって、当時、わが国の輸出品の第一位を占めていた生糸についで、第二位にあった茶(緑茶)がそれに取り上げられ、茶の宣伝に関する陳列品が会場におくられた。

ユカーズの『茶のすべて』では、日本茶の対外宣伝がはじまったのは、この時からであることを、指摘しているが、そのことは当時からインド、セイロン(スリランカ)の紅茶の宣伝がはじまっていたので、それに対抗を余儀なくされたという、現実的な理由もあった。

その頃、アメリカでは独立後の最初の百年祭が近づくにしたがって、東部の諸都市(ボストン、ニューヨーク、ボルティモア、ワシントン、フィラデルフィア)が、その祝典の主人役となる栄誉を争ったが、独立宣言の発表地フィラデルフィアが、最も適当な都市として選ばれた。

この時代からアメリカでは機械の発明が続出していたので、ベルの電話機、エディソンの二重電信、ミシン、タイプライターなどが衆目をあつめたが、変った記録ではフィラデルフィアのロバート・M・グリーンが、この博覧会で、アイスクリーム・ソーダを宣伝したので、それがその後、大流行になったといわれている。

この博覧会の会期は百五十九日で、入場者が一千万人に近づいたことは博覧会史上で初めての記録で、ペンシルヴェニア・デイ（フィラデルフィアはこの州の主要都市）には一日に二十七万四千九百十九人が入場して、それまでの最高の記録をつくった。

三井物産　明治十一年（1878）三月十三日の『朝野新聞』に、「三井組（三井物産）が静岡県金谷駅（駅は昔の宿場）と森町の二ヶ所に紅茶製造所を設け、本年より専《もっぱ》ら盛んにする見込みにて、すでに三十四名出張せりと聞く」というニュースがあらわれ、同じ年の十月二十五日の『東京さきがけ』に、

「三井物産会社にては、大阪府下西道頓堀一丁目の旧加州邸と、上等裁判所の跡を府庁より拝借して、去月下旬から紅茶の製造を初めしが、製造人は三百五十四人にて、製茶は日本で紅茶の第一等ともいふ位の品が出来、此程《このほど》神戸の貿易会社の積出した金高は二万千八百七十円五十銭余に及び、追々製造人もふえるので、ゆくゆくは盛大な紅茶製造所になるであらうとの事、既に渡辺知事も属官と共に同所に赴かれ、其《その》製造所を一覧せられしといふ」

という明るいニュースがあらわれていて、その頃、三井物産ではいちはやく紅茶が有望な輸出品になることに、目をつけていたことがわかる。

つづいてその翌年の『東京曙新聞』、

「此度大坂（今日の大阪）川口居留地に於て、清国商人四、五輩の協力にて紅茶製造所を設

け、百五十許《ばかり》の職工を雇ひて盛んに製造せんとの目論見《もくろみ》あり、其賄方《まかないかた》を難波新地の馬音なる者が請負ひ、不日《ふじつ》（近日）より取掛るといふが、製茶の繁《はん》に赴くはよろこぶべき事にぞある」

というニュースがでていて、居留地の中国商人のあいだにも、紅茶製造がはじまっていたことがわかる。

その頃、わが国の輸出入品はすべて居留地の商館によって行なわれ、それらの商館では下請けの日本人に技術と道具を与えて輸出品をつくらせていた（陶磁器の新しい技術も、そのようにしてわが国ではじまった）ので、一応の水準に達した紅茶がつくられていたことが推測できる。

この時代に日本の茶といっていたのは緑茶で、フィラデルフィア万国博覧会に緑茶といっしょに紅茶が出品されたかどうかは、私のもっている資料ではわからないが、、明治十二年にひらかれたシドニー万国博覧会には、緑茶といっしょに新宿試験所でつくった中国風の紅茶をおくったところ、好評を博し、ユカーズの『茶のすべて』によると、最高の賞を受けたと、なっている。

松葉茶　それよりすこし以前の明治九年（1876）に、静岡県富士郡 Hina 村の野村製茶場の二人の熟練した製茶師が、「バスケット焙じ茶」というのを創出した。その詳細は私の手元にある資料では不明なので、かりに「松葉茶」と記したが、茶葉を松葉またはクモの足のように細長くとがらせたもので、それがアメリカの市場でもてはやされ、その需要が急速にふえ、数年後には輸出が六〇〇万ポンドになり、はじめて日本の茶のマーケットを拡大するのに役立った。その原料には同県の志太郡の緑茶が最もすぐれているので、今日では静岡市より二〇キロ西の藤枝が、それの生産の中心地になっていると、ユカーズの『茶のすべて』にでているが、惜しいことにその後、中国から招かれた職人が手動式平鍋（フライパンの類）で茶に色をつける秘密の方法を伝え、同じように「バスケット焙じ茶」にも着色が行なわれるようになった。

また同じ頃、「天日乾燥」と称して黄色い色素を混ぜる秘密な方法も行なわれるようになって、わが国の茶の品質をわるくし、国際的商品としての競争力を失わせた。

それに対し、茶の品質を高めるための努力がなされていたことも事実で、明治十二年九月に横浜の公会所で最初の品評会をひらき、各製産者が見本を出品、二十八人の審査員が審査を行ない、優秀な出品者には賞を与えた。

初期の日本の輸出茶には、混ぜものや人工の着色がなされていたと、たいていの茶の本にでているが、そのような不正は、一八八二年（明治十五年）のアメリカ政府の輸入禁止令によって、一応は終ったとみてよいが、国内の緑茶についてはどうであろうか。

緑茶に色づけ　なぜ茶に色をつけたかについては、色いろの説があって、単に茶葉の色をよくするという説のほかに、海上輸送のさいカビの生じるのを防ぐため、あるいはしめりが生じるのを防ぐためなどの説もあって、本当のことはよくわからない。

また色をよくするという意味も、単に茶葉の色をよくみせるためだったのか、それに湯を注いだとき、茶液の色をよくみせるためだったのか、それもよくわからない。

それについて幕末・明治の世相について、多くの著書をのこした篠田鉱造（1871-1965）の『明治百話』（角川選書、1969）のなかに、明治初期の横浜の「お茶場《ちゃば》」（再焙じ所）で働いていたことのある女の実話がでているので、その一部を紹介しておきたい。

篠田は報知新聞の記者で、『明治百話』は、さまざまの職業の人々の実話をあつめたものだが、篠田は絶対にまた聞きなどに頼らず、文字通り草の根をわけて本人を探しだし、実際の話をあつめた点で、探訪記事（今日の用語でいうとルポルタージュ）の手本を示した先駆者であった。

以下は篠田の記事の一部である。

「（横浜の）お茶場は英一（英国一番館）亜米《アメ》三（米国三番館）三十六番、二百十一番と、ほかに宮川町に製茶会社といって、大谷嘉兵衛（三四八ページ）の持場があったもので、（中略）各館にズラリと石蔵《いしくら》が建て並んでいて、ソレへ生茶《なま》が満ちていました。俗に「生茶蔵」といったものです。生茶といっても、チョット火をみせてあるんで（炙《あぶ》ってあること）、外国へ輸出する品ですから、海上でシメリを喰《くら》わせないように、お茶場で焙《い》ったり、色をよく見せるため、薬を入れてやる、なんでもアバルという薬だそうで、シメリをも防ぐものだそうでした」

とでており、そこへ働きにゆくには午前三時頃、起き抜けに居留地にでかけねばならなかった。今日でいうとアルバイトで、必要な人数以外は仕事にアブれるので、午前四時半にお茶場の門の扉がひらくのを、長蛇の列をつくって待っていた。

話の主がでかけたのは「亜米三」でお茶場にはレンガ造りの火釜《ひがま》（火にかけた釜で、生茶を焙じる）の総数が八百八十釜で、それにとりつく男女（女が多く、男は女の一割ぐらい）が九百人から千人だった。釜をのせたカマドには数百俵の炭俵の木炭が投じられるので、じきにお茶場は猛炎で地獄のようにあつくなり、女の顔は真っ赤になって、女猿のようになった。

この話の主は新米《しんまい》だったので、焙じた茶を釜に移し、それを片手で掻き回してこまかくする仕事をやらされたが、「（それを）演《や》っていますと、背後《うしろ》からパット青い粉を匕《さじ》で掬《すく》って容《い》れた人があります。ソレがお茶へ色をつけ、シメリを防ぐ例のアバルって奴でした」と、色つけの方法が記され、これをやるのは「廻り役」（監督）だったと記されている。

今日の探訪記事だったら、当然「アバル」というのは、どんなクスリだったのか、それをつきとめるべきであるが、篠田はそこまでさぐりをいれることをしなかった。

私は化学についてはまったくの門外漢であるが、その道の専門家だったら、明治初期の「アバル」という外来語の正体がわかるかもしれない。

いずれにしても、着色が「亜米三」その他の外人商館で行なわれていたことには、単なる色をよくするための不正の行為でなく、しめりを防ぐとか、カビを防ぐとかの実際的な、まともな目的があったかもしれない。

また篠田の解説では「青い粉」となっているが、ユカーズの『茶のすべて』には「天日乾燥」と称して、「黄色い色素」を混ぜたことが書かれているが、これは「青い粉」とは別ロの「不正」な方法であったらしい。

無着色の試み　その一方で、無着色の純粋の緑茶をつくる試みが行なわれ、一八七六年に、Kammuchi Tsuneuji という人が、その見本をアメリカにおくったところ、先方ではそれを歓迎したので、最低月産三万三〇〇〇ポンドの生産が企画され、Okamoto Kenzaburo という人が東京の木挽《こびき》町でそれの製造を政府から認可されたが、残念ながらアメリカ市場における緑茶の需要が急速に低下したため、この企画は気の毒な最後をとげたことが、ユカーズの『茶のすべて』に伝えられている。

緑茶輸出先のアメリカで、それの需要が下火になったのは、インド、セイロンの紅茶が大量にアメリカに流れこみ、紅茶に砂糖を入れて飲む習慣が普及したことに、一つの原因があった。

横浜紅茶会社　わが国の政府は、明治八年（1875）にオーストラリアのメルボルンでひらかれたビクトリア植民地博覧会に出品された日本の紅茶が、トップクラスの賞牌を受けたことに気をよくし、明治十四年に各地の紅茶製造所を一社に合体させ、横浜紅茶会社をつくり、その年に紅茶一五万斤《きん》をメルボルンに輸出し、アメリカへはスミス・ベーカー商会（三五〇ページ）に輸出を委託した。しかしどちらも期待した成果はあがらなかった。

原因はインド、セイロンで優秀な紅茶ができるようになったためで、明治十五年にはじめてオーストラリアに二七五万ポンドという圧倒的な数量を輸出し、その勢いは年々増加した。運のわるいことに、同じ年に日本からオーストラリアに輸出した緑茶に混ぜものをした不良品が発見され、それが日本の茶の信用をいちじるしく傷つけ、インド・セイロン茶に押されて、日本の紅茶は売れなくなり、横浜の紅茶会社は解散した。

アメリカの不正茶禁輸令　一八八二年（明治十五）にアメリカ政府は、着色したり、混ぜものをした茶の輸入を禁止した。

わが国では明治十二年の九月に横浜で最初の茶の品評会が行なわれ、二十八人の審査員が出品された見本を審査して賞を与えたが、この品評会のあとで、製茶集談会が組織されて、製茶法と茶の輸出の問題を討議する業界の中心機関になった。

アメリカの不正茶禁輸令のでた明治十五年の十月九日に神戸で開催された第二回の集談会で、それに対応するため、不正茶の製造をやめさせる法令の発布を政府に要請する意見書がつくられた。

政府は明治十七年一月に、すべての製茶地に組合をつくらせる準則を発令したので、五月に全国の製茶地の代表者が東京に集まって、中央茶業組合本部を組織したと、ユカーズの『茶のすべて』にでているが、明治十七年三月四日の『東京日日新聞』によると、この準則をもとにした組合をつくらせる法令が発布されたのはその年の三月三日だった。

そしてその目的は「近来着色偽似《ぎじ》ノ茶ヲ製出シ、又ハ不良茶ヲ混淆《こんこう》シテ販売候者之有《これある》ノ趣《おもむき》、右者正業者ノ妨害ト相成ルベキハ勿論、人身ノ健康ニモ相関《あいかかわ》リ候義ニ付」云々という名目で、全国の製茶業者に組合をつくらせ、その規約を農商務省に届け出ることが義務づけられた。

日本の緑茶のほとんど唯一の買手はアメリカで、その国では不正茶の輸入を禁止しているのに、日本の国内では依然として不正茶がつくられていたというのは、不可解な現象であるが、実際には輸出緑茶の一部に、着色茶が混じっていたことが、つぎのような新聞ニュースによってうかがわれる。

アメリカが着色茶その他の不正茶を禁止した明治十五年から二十九年も後の明治四十四年四月十五日の『東京朝日新聞』に、

「米国は曩《さき》に本年五月以後輸入製茶に対し、純良食用品条例を適用し、苟《いやし》くも着色を施せる製茶を輸入する場合には、人工着色なる文字を表証せしむる事となしたるが、更に三月十日附にて（中略）五月以後着色茶は絶対に輸入を許さざることに決定をし、既にこれを発表したる旨、領事より公報ありたり」

というニュースがあらわれているところをみると、日本政府が全国の製茶業者に「偽物若《も》クハ悪品ヲ混淆シ、或ハ着色スル等、総《すべ》テ不正ノ茶ハ製造売買セザル事」を目標として産地ごとに茶業組合をつくらせ、着色茶の製造を行なわないよう、組合に責任をもたせたにかかわらず、依然として、着色茶をつくるものがいたことが、うかがわれる。

その時代に、アメリカに緑茶を輸出していたのは中国と日本だったので、アメリカの禁令は着色茶の本家の中国が対象だったかもしれないとおもう読者がいるかもしれないが、その年の十月五日の『中外商業新報』のつぎのようなニュースによると、日本からも着色茶を輸出していたことが、あきらかになった。それによると、

「曩《さき》に天洋丸積込《つみこみ》の日本茶着色問題発生以来、桑港（サンフランシスコ）に抑留せられし日本茶、現在三百五十万封度《ポンド》に達し、為に当業者の迷惑一方《ひとかた》ならざるものあるより、農商務省

は三日外務省の手を経、米国官憲に対し抗議を申込みたるは既記せるところなるが、在桑港領事館よりは該事件発生以来、殆《ほと》ど一ヶ月余を経過するに拘らず、未だ何等《なんら》の報告もなき事とて、更に其の真相判明せざるも、静岡及《および》横浜に於ける当業者が接受せる断片的通信を綜合して推定すれば、天洋丸の積荷中、偶々《たまたま》六百個の着色嫌疑茶を発見せるため、多大の疑惑を惹起《じゃっき》し、一層厳密なる化学検査を励行する方針に出て、斯《か》くは多数の日本茶に対し一々厳密なる化学検査を行うには少なからざる時日を要する事とて、徒らに商機を逸し、而已《のみ》ならず買約を取消し来るもの頻々《ひんぴん》たる為め、我当業者中には金融の円満を欠けるもの亦少なからざるものありて、我製茶界に大恐慌を起しつつあり」

云々となっている。この結末がどうなったかは、当時の新聞を調べねばならないが、以上のニュースでは、たまたま六百個の着色嫌疑茶が発見されたことが原因で、その量は輸出緑茶の全体からみればわずかであるが、わが国でも依然として緑茶の着色が行なわれていたことが推定できる。

日本茶の進出　ユカーズの『茶のすべて』によると、明治十八（1885）―二十年に、日本の茶の輸出はブームになり、新しい再焙じ所や新しい輸出会社ができるようになった。フシマ（伏見か）、山城、大津、土山（滋賀県）に新しい再焙じ所ができ、清水、神戸、大阪に新しい茶の輸出会社ができた。

一方、中央茶業組合本部は、ロシア市場への進出を志し、ロシアへ市場調査のため、委員を派遣することを決めた。たまたま、明治十八年、大倉組商会のロンドン駐在員だった横山孫一郎がロンドンから帰国するということを聞いて、横山にロシア市場の調査を依頼、政府も調査費用として二千円を下賜した。ロシアおよびシベリアの市場の現況と、その将来性について調査にあたった横山は、「将来此国ニ向テ我茶ノ販路ヲ開クノ倍々必要ナル」ことを痛感して、明治十九年に帰国した。

組合本部は、さらに明治二十一年に平尾嘉寿と通訳の市川文吉をロシアに派遣して調査にあたらせ、その結果、ロシアへ日本茶を直接輸出するために、日本製茶会社が、明治二十三年三月に設立された。政府からは二十万円の補助金が支出され、十月の株主総会で大谷嘉兵衛が社長に指名された。

しかし、当時の日本は不況に見舞われていたため株式の募集はままならず、また事業も思惑どおりに運ばなかったため、明治二十四年八月、設立以来わずか一年五ヵ月で、解散してしまった。

セイロン紅茶の積極的な宣伝　日本の緑茶に対し、セイロンの紅茶の積極的な宣伝が、非常な圧迫になったことはすでに述べたが、ここでその宣伝ぶりの一端を書いてみよう。

セイロンの紅茶の宣伝は一八七〇年代からはじまった。セイロン茶の農園主が共同で、一八七九年に『セイロン・オブザーバー』の編集者A・M・ファーガスンを事務局長に招き、一八八〇—八一年にメルボルンで開催された国際博覧会に派遣、つづいて一八八三年のカルカッタの博覧会に『セイロン・タイムズ』のジョン・キャッパーを事務局長として派遣、両博覧会で紅茶を呼びものにした。

一八八六年にセイロン政府は農園主の拠出した五千七百四十二ルピー（二千六十七ドル）の資

インド，セイロンで育成し，世界市場を支配したイギリスの紅茶のポスター。

「一日中がお茶の時間」。セイロンの紅茶宣伝局のつくったスローガン。

金に対し、五千ルピー（千八百ドル）の予算を渋々出した。この資金で、ロンドンで開催された英領植民地ならびにインド博覧会に「セイロン・セクション」が設けられ、百六十七の農園主が茶の見本を出品した。この時の事務局長はJ・L・ルードウン・シャンドで、この人はその後、欧米各地の博覧会でセイロン茶を宣伝する事務局長をつとめた。

一八八八年以後、セイロン農園主協会では、組合員が各自の生産高に比例して基金をだすことになったので、一八九四年にはその総額が十四万六千八百七十四ルピー（五万二千八百七十五ドル）になった。

一八八八年以後、この基金から、外国の個人の事業経営者ないし会社に、新しい購買者をふやすため、無料で見本を配布するシステムを開発したが、一八八九年にイギリスのファイフ公爵夫妻がセイロンを訪れたときに、装飾した箱につめたセイロン茶を贈ったのを手始めとして、各国の国王や貴族にセイロン茶を贈る新政策をはじめた。それらのなかにはイタリアの皇后、ロシアのニコライ大公、ドイツの皇帝ならびにオーストリア皇帝の名前があげられている。

一八九四年から基金の委員会ではロシアに対する宣伝と広告の経費を支出、その他、オーストラリア、ペラ（マレーシア）、ハンガリー、ルーマニア、セルビア、カリフォルニア、ブリティッシュ・コロンビアなどにも、広告の予算を組み、またロンドンの帝国協会（英帝国の商工業の振興ならびに資源の活用を目的として、情報の蒐集、ならびに製品・資源の展示を行なう機関、一八九三年創設）にも、二千三百ルピー（八百二十八ドル）を投じて、セイロン茶の宣伝と販売を行なう場所をつくった。

シカゴのコロンブス博覧会　アメリカでは一八七六年にフィラデルフィアで行なわれたアメリカ独立百年記念の万国博覧会が大成功だったので、アメリカ諸都市のあいだに大変な博覧会熱をまき起した。一八九三年は、コロンブスのアメリカ発見四百年祭の年だったので、大都市間でその記念博覧会をひらく運動が盛りあがって、シカゴがその栄誉を獲得した。この都市がアメリカの鉄道の中心地だったことと、一千万ドルの準備金を提供したことが、選ばれた理由だった。

会場はシカゴの北部のミシガン湖畔につくられたが、その敷地（二七五万平方メートル）には湖水の水があふれでた沼地があり、市民の行かない区域だったので、大博覧会をひらくにはそこにゆく交通機関を設計することから始めねばならなかった。

会場とシカゴ市との間には鉄道が敷かれたほか、世界で最初の高架電車がつくられ、人工運河がつくられてランチ（小蒸気船）がはしった。

会期は百八十四日で、入場者は二千万人を超え、一日の最大入場者は七十万六千八百八十一人であった。

建物の敷地は約八一万平方メートルで、主要な建物のなかには美術の宮殿、漁業、園芸、農業、林業、家畜、工業、学芸、交通、鉱業、電気、機械、人類学、外国・国内のパヴィリオンがあって、それらの建物はその後のアメリカの建築界に大きな影響を与えた。

出品物は最初に全体を十三区に分け、次にこれを百七十二に分類、最終的には九百十七部類に細分した。

九万の白熱灯　その頃、電気は出現したばかりで、一八八九年のパリの第四回万国博覧会（このときエッフェル塔がつくられた）にはじめて採用されたが、一八九三年のアメリカでは一般にまだ知られていなかった。

ところがシカゴ・コロンブス博覧会では、パリ博覧会の三〇〇〇馬力、一〇〇〇万燭光（一万の白熱灯ならびに千五百のアーク灯）に対し、二万四〇〇〇馬力、一一四〇万燭光、九万（十二万という説もある）の白熱灯と五千のアーク灯というケタちがいの光力で、万事に世界一をめざしたアメリカ人の意気ごみを最大限に発揮して、世界をおどろかした。

空中観覧車　この博覧会には、空中観覧車がはじめて登場して、入場者をたのしませた。車輪の直径七六メートル、幅九メートル、地上四・五メートルに装置され、車室は三十六、各車室四十人乗りで、上空からの展望がすばらしいので閉会までに百四十五万人をのせ、一度も事故を起さなかった。二年後に同じ型のものがロンドンにあらわれ、一九〇〇年にはパリの第五回万国博覧会で名物になった。

紅茶のアメリカ進出　シカゴ・コロンブス博覧会の事務局では博覧会開催の前年に、中央茶業組合本部に出品を勧誘したので、中央会では役員をおくって調査した結果、日本のティー・ガーデンをつくることが決定され、それが博覧会の名物になった。

ところがこの博覧会には、セイロンの紅茶がアメリカに進出して、アメリカにおける緑茶の地盤を根こそぎ圧迫する情勢になった。まずセイロンの紅茶基金（財団）では、セイロンの立法委員会に働きかけて、シカゴ博に「セイロン庭園」をつくる費用として、紅茶一〇〇ポンドにつき十セントの輸出税を徴収することに成功し、同時に政府から五万ルピー（一万八千ドル）の補助金をもらうことになった。

この時の事務局長に選ばれたのはJ・J・グリンリントンで、博覧会のはじまる前年の一月にシカゴに赴任したが、この人は一八九四年にイギリス政府からクリミアとセイロンにおける四十六年間の功績によって、Sir の称号（一代かぎりの華族の称号）を与えられた。

エキゾチックな「セイロン庭園」には六百万人が入場し、四百五十九万杯の紅茶を飲み、百六万包みの紅茶を買った。

この博覧会にセイロンの投じた宣伝費は約三十二万ルピー（約十一万五千ドル）であった。

グリンリントンはセイロン紅茶のアメリカ進出の足場として、シカゴ市内に「セイロン紅茶

リプトンは自社のポスターをつくり，「一パックで60杯」というスローガンで宣伝した。このポスターは赤・黄・青の三色で，フランス向けにつくられた当時最も強烈な広告といわれた。

店」をつくり、二万六〇〇〇ポンドの紅茶をストックしたが、この企画は失敗に終った。

リプトンの進出　この博覧会には、セイロン政府がエキゾチックな「セイロン庭園」をつくって、六百万人の入場者を集めたが、今日世界的に名前の知られているリプトンは、この博覧会にはじめて自社製のセイロン紅茶を出品し、その後、ロンドンからブリキの缶入りの紅茶をアメリカに輸出していたが、一八九五年にはニューヨーク市に茶のブレンド（紅茶は各地産のものをブレンドする）と包装の工場をつくり、数年後には事務所と工場の建物を、同市のもっと便利な土地に移したが、事業が成長し、さらに広い工場が必要になったので、一九一九年には、ニューヨークの下町のハドソン川をへだてた対岸のホーボーケン（ニュージャージー州の海港）に事務所と工場を移した。リプトン一社だけをみても、セイロン茶（のちにはインドの茶が加わる）が、着々と販路を広げていったことがわかる。

このほかにもセイロン茶の商人が、ニューヨーク以外の都市で小売業をはじめていた。

その草分けはフィラデルフィアで一八九〇年頃に小売店をひらいたJ・M・マリで、彼はそれまでセイロンで茶の栽培園を経営していたが、それをやめ、同じように栽培園を経営していたR・E・ピネオとともにアメリカに渡った。彼らは開業したのち一年半のあいだに、フィラデルフィア市の主だった家庭を中心に、二オンス入りのセイロン茶の見本をおくった。

明治屋の PR 誌『嗜好』の第２巻第２号（明治42年２月）にでたリプトン紅茶の広告。リプトンは日本向けの紅茶のブレンドに力をいれたので，紅茶といえばリプトンをさし，当時「日本人はリプトン狂である」といわれた。

緑茶から紅茶に転換

ユカーズの『茶のすべて』によると、一八九〇年以後、アメリカの茶の需要は急激に緑茶から紅茶に転換し、後者が人口の稠密な都市に普及したが、その半面でイギリス産の紅茶の強力な宣伝とデモンストレーションで、中国と日本の緑茶の需要が切り下げられた。

アメリカで紅茶を飲む人口が増加したので、日本にいたアメリカの茶の仲買人のなかには、緑茶の前途に見切りをつけ、権利を日本人に譲って引退するものができ、その反対にアムステルダムとロンドンの茶の輸出商人が、ニューヨークに支店または代理店をだすようになった。

ここでちょっと解説しておきたいことは、オランダは初期からインドの茶（中国の茶も、中国の港からインドへジャンク＝平底帆船で運ばれていた）をヨーロッパに再輸出していたので、アムステルダムの茶商人はアメリカへもインドからの茶を売りこんでいた。その割合はアメリカが輸入していたインド茶の三分の一で、残りの三分の二がセイロンとインドから直接にもちこまれていた。

なおオランダが蘭領東インドで茶の栽培をはじめ、茶の輸出国の仲間入りをして、アメリカの市場に割りこんだのは第一次世界大戦中の一九一七年からで、その年にバタヴィア政庁の茶の輸出局では、一万箱のジャワ茶を見本的にアメリカにもちこんだ。

セイロンとインドの合体

一八八〇年代にはアメリカにおける紅茶は、セイロン茶が市場を占めていたが、一八八八年にH・K・ルサフォードがセイロンの製茶業者にアメリカにおける紅茶の宣伝をインドと共同で行なうことを提案し、一八九四年に両者は共同の事務所をアメリカにおくことになったが、この企画は失敗し、インドは独自にその紅茶をアメリカで売ることになった。しかしその後、アメリカにおけるセイロン茶とインド茶の代表者が話しあって、一八九六年に、両者の共同広告が二十八種の新聞にあらわれた（以上はユカーズの『茶のすべて』による)。

なお、一八九五年にセイロン茶のアメリカ駐在員が、本国の製茶団体の重役あてに送った手紙によると、その頃アメリカ人は緑茶を飲んでいたが、その二年前からはじまったインドとセイロンの共同の広告キャンペーンで、紅茶の需要が伸びたと述べていて、ユカーズの一八九六年説よりすこし早い時期に、共同の広告キャンペーンがはじまっていたことがわかる。

コロンブス博覧会以後　シカゴ・コロンブス博覧会に、セイロン、インドの紅茶がアメリカに上陸し、派手な宣伝をはじめたことで、それ以後、わが国の製茶（緑茶）業界にさまざまの影響があったので、それを箇条書きにしてみよう。

宣伝費の補助　中央茶業組合本部は、セイロン、インドの圧倒的な紅茶宣伝に対抗するため、明治二十九年（1896）に政府にその年度から七年間の宣伝補助金を申請したのに対し、明治三十年、向う七年間にわたって、毎年七万円が支出されることになり、それによる宣伝がはじまった。

茶業組合本部がこの防御キャンペーンで、明治三十一年から三十九年までの九年間に使った宣伝費は、十九万円（九万五千ドル）にのぼった。

七万円だの、十九万円だのという金は、今日の貨幣価値からみるとスズメの涙ぐらいにおもわれるが、その時代のドルと円（一ドルは二円）の決済は金貨だったことや、物価が安かったことなどで、かなりの大金《たいきん》だった。

情報の蒐集　今日の用語でいえば市場調査は、企業経営の基本条件の一つであるが、初期には在外領事館の報告だけが頼りだった。宣伝の補助金がでるようになったので、明治三十年にシカゴとニューヨークに、同三十三年にはサンフランシスコとセントルイス、ならびにカナダのモントリオールに出張所を設け、駐在員を派遣した。

ロシアへの宣伝　明治十八年から十九年にかけて中央茶業組合本部は政府の援助を受け、横山孫一郎をシベリアとロシア本国に派遣して、茶の市場を開拓する可能性を調査したことがあったが、実際にロシアで日本茶の宣伝をはじめたのは明治三十年からで、明治四十年—大正八年のあいだに、数回調査員が派遣され、磚茶の売りこみが行なわれた。調査員の一人だったサイゴー・ショーゾウ（以下、片仮名の人名はユカーズの『茶のすべて』による）は二回現地に渡って、ロシアへの大量の茶の輸出の基礎をかためた。当時ヨーロッパでは第一次世界大戦がはじまったため、参戦国では生産や輸送が軍需に回され、その補給でわが国の生産物の市場がひろがった、一時的な現象だった。

したがって戦争がおさまって貿易が正常に戻ると、日本製の磚茶は形がくずれやすいことや、取引上の障害（掛金の回収が複雑なため）で、市場からの後退を余儀なくされた。

補助金の打ち切り　明治三十六年に補助金の期限が切れたので、茶業団体ではさらにそれの継続を請願したが、政府は明治三十七年分として三万五千円を追加しただけで、それ以後、業界からの補助金の増額と請願には一切応じなかった。

フルヤ・タケノスケ　明治三十五年頃、フルヤ・タケノスケが、日本の茶の業者のアメリカにおける代表者になり、明治四十年に、日本の茶の輸出業者を単一の組織にするトラストをつくろうとしたが、反対が多く、計画は実現しなかった。

フルヤは、シカゴのコロンブス博覧会の頃はアメリカに留学中の学生だったが、博覧会の日本品の陳列を手伝ったことがあり（資料が手元にないので、誤っていたらお許しを乞う）、この分野の先駆者だった。フルヤは一九一八年にニューヨークで村井貿易商会をつくり、茶をふくんだ一般商品の輸入を行なった。

総合商社として有名な三井が、ニューヨークで一九一一年に茶の部門をひらいたのは、この分野での進出の早いほうであった。三井は台湾で紅茶をつくっていたので、進出がはやく、シアトル、ポートランド、サンフランシスコに支店をひろげた。

緑茶輸出の盛り上がり　補助金が断たれ、紅茶の攻勢で、わが国の緑茶の輸出は、後退を余儀なくされたかというと、事実はその反対で、

一八六〇年　三万五〇〇〇ポンド、アメリカの茶の全消費量の〇・一パーセント強

一八八〇年　三三六八万ポンド、同四七パーセント

第一次世界大戦前の数年間は年平均四〇〇〇万ポンド、同二分の一

というように、最高のピークを示し、日本の茶業界に空前の好況をもたらした。

日本の緑茶が進出した原因の一つは、それまで中国から輸出されていた緑茶が品質の点で人気を失い、そのシェアが日本の緑茶に加わったという事情があった。明治三十三年にアメリカに輸入された緑茶約九七四万斤のうち、日本の緑茶は八四八万斤（約八七パーセント）という比率だった。

ただし、このような現象には、「アメリカ人の嗜好が、緑茶から紅茶に移らなかったら」という前途の楽観を許さない限界があった。ちなみに一九〇〇年にアメリカに輸入された紅茶は約一五〇〇万斤で、緑茶の一・五四倍にふえていた。

あっけない退場　わが国の紅茶はインド、セイロンの紅茶の攻勢に、とても太刀打ちができなかった。わが国ではあまりよく知られていないが、インド、セイロンの茶樹はわが国の中国種と品種がちがっていて、前者はアッサム種で、葉が大きく、湯をそそぐと色が濃く、香りもたかい。

私は戦争のはじまった年の春、台湾ではじめてアッサム種の栽培試験園をみたが、中国種の

1926年にアメリカの新聞にだした日本の緑茶の広告。日本の製茶業者は今世紀になって，日本の緑茶にはビタミンCがふくまれていることを，さかんに宣伝したが，インド，セイロンの紅茶の攻勢には対応できなかった。

茶と花粉がまじらないように、平地から離れた山地で栽培していた。

インド、セイロンでは、紅茶に砂糖やミルクを加え、さらに夏季には冷たい紅茶をつくることを宣伝して、それをアメリカにもちこんだ。

日本の紅茶は昭和十二年（1937）に台湾銀行調査部（その頃、台湾はわが国の領土だった）が、ロンドンで調査した報告書によると、

「日本及び台湾より輸入される紅茶は、イギリスに於ける一般公衆用の最低廉の茶に混入される材料になつてゐる。其の理由としては、先ず第一に市価の安いこと、第二には英人は一般にインド茶、セイロン茶の如き色の濃厚なものを愛用するため、其儘にては需要なきことである」

となっていて、前途の見込みはほとんどなく、その反対に、しだいにインド、セイロンの紅茶がわが国に輸入されて、わが国は紅茶の輸入国になっていた。

さて、紅茶のほうは前途の見込みがないとしても、緑茶の輸出は、中国産のシェアを吸収して好況だったことは前に記したが、地理的にみても、中国からアメリカに運ぶより、日本から運んだほうがはるかに条件がよかった。

日本政府はこれよりさき、明治三十七年（1904）かぎりで、茶業団体への補助金を打ちきったが、そのために緑茶の輸出は影響を受けなかった。明治三十年代になると、明治初期には生糸についで二番目だった茶の貿易の順位は、生糸、絹織物、マッチ、綿糸、石炭についで、銅、茶、綿織物というように斜陽化し、大正元年（1912）になると、茶は総輸出額のわずか二・六パーセントで、綿織物、麦稈真田《ばっかんさなだ》にも追い抜かれて、貿易品としてはまことにあっけない退場を余儀なくされた（以上は、角山栄『茶の世界史』中公新書、1980による）。

わが国における紅茶飲用の記録

わが国に茶が伝わったのは、桓武天皇の延暦二十四年（805）に最澄（伝教大師）が唐から茶の木の種子をもち帰ったのが記録のはじまりだったが、茶の木が栽培化されたのは栄西《えいさい》（日本臨済宗の開祖）が建久二年（1191）に宋からもち帰った茶の種子を肥前の脊振山に植え、建暦元年（1211）に『喫茶養生記《きつさようじようき》』を書いたのが、わが国で書かれた茶に関する最初の書であった。

その時代から明治の中頃まで、わが国で茶といっていたのは緑茶であった。

商品としての紅茶がわが国の文献にあらわれたのは慶応四年（1868）『万国新聞紙』五月上旬号に中国商人のだした小広告であった（三五一ページ）。

その頃、紅茶を買って飲んだ人がいたかどうか（たとえば在留外国人）は、よくわからない。つづいて明治七年（1874）から、政府の方針として輸出用の紅茶をつくる計画がたてられ、大久保内務卿が先頭にたってそれの振興につとめた結果、一時は外国で好評だったことがあったが、のちインド、セイロン系の紅茶に押され、輸出品として将来性がなく、明治三十七年に、政府が援助を打ち切ったことは、すでに記したごとくである。

輸出用の紅茶は国内で飲まれなかったことは、その時代の風俗史によって、うかがい知ることができる。

コーヒーと紅茶　明治時代の日常の衣食住を詳しく書いた本など、いままでにたくさん出版されたようにおもわれるが、実際はその反対で、たよりになる本は意外にすくない。

ただし、明治四十年（1907）に初版がでて、のち昭和十九年に増訂版がでた石井研堂の『明治事物起原』（二巻、本文一五三八ページ、索引一七ページ）は、上記のテーマがあますところなく集成された唯一書で、現在も復刻版がでている。

そこで『明治事物起原』の「紅茶の試製」の項目を引くと、明治十年八月の『工業』第六号にでた、「東京の茶商竹内川村氏等、広東人胡秉枢を迎へ雇ひ、紅茶製造を実験したるに、大に其効有り、……米国向緑茶の声価、大に落ちし今日、紅茶を製出して販路を欧洲に開くを利とすとて、其製法を率先研究中なり」というニュースをだしているだけで、紅茶がわが国で飲まれていたかどうかについては、なんらの手がかりも与えていない。

それに対し、コーヒーについては、「咖啡の始」「可否茶館」の二項目がでていて、その伝来・飲用の歴史をたどることができる。

前者を引用すると、

「寛政七年の〔長崎見聞録〕五に、「かうひいは蛮人煎飲する豆にて、……日本の茶を飲む如く、常に服するなり、かうひいかんはかうひいを浸すの器なり、真鍮にて製す」とあり。明治二年版〔開智〕七篇に、加非《コッピー》の字を用ひ、同四年秋の〔往来〕に、架啡と出し、五年四月〔輯録〕二十五号に「肉食後には必ず茶珈琲を飲む可し、脂油を去る効あり」と載せ、……店舗を構へて咖啡を飲ませることは、実に鄭氏の可否茶館に始る。

明治二十年ころより、市下安洋食店にても、食後咖啡を供し、普通家庭にても、之を用ひる家がぽつ〱出で来れり。
二十二、三年頃流行せる川上音次郎のオッペケペ節の歌詞中に、「はらにも馴れない洋食を、やたらにくふのもまけをしみ、ないしよで廊下でへど吐いて、まじめな顔してコーヒ飲む」の句あり。京橋近く温玉堂とかいへる砂糖店にてコーヒー入角砂糖を売り出せるはこのころなり」

と出ているが、紅茶のことはでていない。
そのほか平出鏗二郎《こうじろう》の『明治風俗史』（上巻・明治三十二年、中巻・同三十四年、下巻・同三十五年）には飲食の部にアイスクリーム、ラムネにいたるまで詳しくのべているにかかわらず、コーヒー店はもとより、コーヒーや紅茶の飲用のことはでていないことが、角山栄著『茶の世界史』に指摘されているが、明治三十三年には、日本で紅茶を日常に飲んでいた記録がはじまっていた。

子規と紅葉　わが国で、日常に紅茶を飲んだ記録のはじまりは、私の読んだ範囲では、正岡子規と尾崎紅葉の日記のようにおもわれる。
子規（1867–1902）の評伝や、短歌、俳句の革新の業績については、たくさんの研究書がでているので、ここでは触れないことにする。

子規には晩年の病床生活を伝えた『仰臥漫録』(1901-02)という日記があって、そのなかに毎日の食べものがメモされている。

子規はパンを食べたこと(を記録したこと)でも早いほうだったが、そのパンは菓子パンで、それをミルクにココアを入れたもの、あるいはミルクに紅茶を入れたもの、といっしょに食べていた。

明治三十三年(1900)九月三日と四日にはココア入り牛乳、五日には「間食、梨一ッ、紅茶一杯、菓子パン数個」、七日には「牛乳五勺(コ、ア入)、塩センベイ三枚」、八日には「朝、牛乳五勺(コ、ア入り)、菓子パン数個」「間食、牛乳五勺(コ、ア入り)、菓子パン数個」、九日には「間食、紅茶一杯半(牛乳来ラズ)、菓子パン三個」、十日「紅茶一杯、菓子パン一ッ」と記しているように、牛乳にココアを入れて飲んでいた。その後、十二日、十三日は紅茶入りになるが、十六日以後はもっぱらココア入り牛乳を飲んでいる。これはおそらくココアを手に入れるルートがあったことが原因らしいが、ココアも紅茶も市販されていた記録はあらわれていなかった(子規がどういうルートでそれを手にいれたか、いまのところ、私にはわからない)。

その一方で子規が、われわれが今日飲んでいるように紅茶を飲んでいたことは、九月十日に「朝飯、ヌク飯(温かい飯)二椀、佃煮、紅茶一杯、菓子パン一ツ」、同月二十九日には「間食、菓子パン、塩センベイ、紅茶一杯半」、と記しており、また「明治三十三年十月十五日の記事」

という「小品文」（病中の一日の出来事や感想を書いたもの）には、

「紅茶を命ず。煎餅二三枚をかじり、紅茶をコップに半杯づつ二杯飲む。昼飯と夕飯との間に、菓物を喰ふか、或は紅茶を啜り、菓子を喰ふかするは常のことなり」

と記している。以上はたんなるメモなので、紅茶に牛乳や砂糖を入れたかどうかにはふれていない。

紅茶に対して、ココアを牛乳に入れるのでなく、そのものを飲みものにしたことは、私の目にふれた範囲では九月二十三日の間食のところに、「牛乳五合（コヽア入）、コヽア湯、菓子パン小十数個、塩センベイ一二枚」とでているのが一ヵ所だけだが、「コヽア湯」という書き方が珍しい。

明治屋が初輸入　紅茶は非常にハイカラな、新しい飲みもので、洋行帰りの人々や、西洋好みの人々にもてはやされるようになったので、洋酒・洋食品の輸入の筆頭だった明治屋が、本場のロンドンのリプトンの紅茶を最初に輸入したのは、明治三十九年（1906）だった。

紅葉の日記　尾崎紅葉は子規と同じく慶応三年（1867）の生れで、子規は九月十七日、紅葉は十二月十六日だったので、子規のほうが約三ヵ月年長だったが、子規は明治三十五年（1902）

九月十九日に世を去り、紅葉は三十六年十月三十日に死亡したので、紅葉のほうがすこし長生きした。

紅葉にも『十千万堂日録』という明治三十四年から同三十六年にいたる晩年の日記があって、大体子規の『仰臥漫録』と年代的に重なっているので、両者を比較すると、子規に欠けている事柄が、紅葉によって補足されているのが、目につく。

たとえば子規にでているパンは「菓子パン」だけであるが、紅葉では今日われわれがみているような、食パンを食べていた。

また子規が毎日のごとく飲んでいた、紅茶ないしココアを入れた牛乳は、子規の病状にあわせた飲みものだったが、紅葉にも「牛乳二合、紅茶少量混和」という記述がある。紅茶に牛乳（や砂糖）を入れることは、われわれの日常の食習慣だが、その反対に、牛乳に紅茶（やココア）を混ぜる飲み方は、いままでにきいたことのない飲み方のようにおもわれる。

食パン　紅葉は明治三十五年二月七日に「今日、パンを中食に充てて……」と記し、その後「パン一片《きれ》、パン二片」「パン八分の一片、パン六分の一片」と書いている。「片」は「きれ切れ」という意味で、今日の食パンの「八つ切り」（八枚切り）、ないし「六枚切り」という意味である。三十六年三月十七日のページに、「パン一キレ」と書いているから、紅葉は「片」

を「キレ」と読ませていることがわかる。

なお紅葉は「食パン」という呼び方を書いていないが、石井研堂の『明治事物起原』によると、明治八年十一月二十八日の『読売新聞』紙上に、四谷御門外尾張町一丁目パン屋藤兵衛が、「異人製法メリケンパン、フランスパン、異人菓子品々、日本食パン、乳入ビスケ云々」という広告をだしたと記されているが、「日本食パン」がどういう形ないし原料のパンだったかは、わからない。


ブラオンブレッド　また紅葉は明治三十六年三月十四日に、「ブラオンブレッド二片」と記しているが、これはbrown breadで、英和辞典には「褐色パン、黒パン」となっている。

「黒パン」がどんなものかは、『世界大百科事典』によると、パンは「原料から小麦パン（白パン）、ライパン（黒パン）、……に分けられる」となっているからライ（ライ麦）のパンで、『広辞苑』にも「ライ麦でつくった黒茶色のパン」となっているが、『大日本百科事典・ジャポニカ』にはパンの種類は「色によって白パン、黒パンに分けられる」だけで、「黒パン」がどういう原料によって黒くなるかにはふれていないのは、ややお粗末な書き方である。

『ランダムハウス英語辞典』（米）によると、「①フルイにかけた小麦粉より暗い色の小麦粉でつくったパンの総称。②とくに graham（グレーアム・パン）または「全粒小麦パン」と呼ばれているもの」となっている。②は一九三九年にアメリカのシルヴェスター・グレーアム博士が推奨したのにちなんで名づけられた、小麦粒を丸ごと碾いた粉でつくったパンをさしているが、紅葉がブラオンブレッドを食べたのは明治三十六年だったから、その頃には「全粒小麦パン」のつくり方は知られていなかった（したがって紅葉の食べた黒パンは、ライ麦でつくったパンだったということになる）。

パンと紅茶　紅葉にはパンを主食にしたメモが頻出している。明治三十五年五月六日「八時起。此日より朝、米飯。午《ひる》パンと改む。医（師）の言に従う也」と記しているごとく、紅葉は胃の病気（胃癌）に悩んでいたので、医師の言葉にしたがって、パン食を主にした。

その後、三十六年三月になると、同月二十二日に「パン一片、水飴少々」、その翌日の夜食には「八時過晩食。玉子三、ミルク一合、パン一片」、同月二十六日の夜食には「パン二片。ミルク一合。甘鯛四分の一、鮟鱇《あんこう》雑物両三片」、同月二十八日には「七時晩食。パン二片、牛乳一合半」といった記事がつづいている。

パンは食パンだったが、それにバターかジャム類をぬったかどうかは一々記していないが、三十四年九月十五日のところに「焼パンバタにて食事」と書いているから、トースト・パンにバターをぬって食べていたことがわかる。

紅葉の日記に紅茶のことがでているのは、三十五年四月二十六日のところに、ニコライ聖堂の復活祭にゆき、戻りに女弟子の瀬沼夏葉（ロシア文学の邦訳の草分けの一人）の家に寄って、ローストビーフとハムと赤玉子（復活祭の赤く染めたタマゴ）と菓子とで紅茶を啜ったと記しているのがはやい例で、その翌月二十三日の「保養日記」には「八時起、朝食牛乳一合五勺、紅茶一椀、パン六片（ばた）」と記し、ここでもパンにバターをぬったことを記録している。

また翌年二月七日には三井呉服店（今日の三越）を訪ね、「重役室にて紅茶ミルクを中食に代ふ」と書いているが、「紅茶ミルク」とはどんなものか、全くわからない。

紅茶ミルク　紅葉が「紅茶ミルク」と書いたのは、そのあとの六月七日に「牛乳二合。紅茶の熟煎せる者少許《すこしばかり》と砂糖を加ふ」、同月十二日に「九時朝食。生玉子四枚《ママ》、ミルク二合に紅茶少許を加へたるもの、晩食、餡かけうどん一、ミルク一合半ニ紅茶少許」、同十三日に「牛乳二合。紅茶少量混和。生玉子四箇。鳳梨（パイナップル）二片」と書いているので、子規が病床で「ココア入りないし紅茶入り牛乳」を飲んでいたのと同じもので、子規はそれがどのようにしてつくられたかは記していない。紅葉はそのつくり方を書いているわけであるが、ここで子規は紅茶よりもココアを入れた場合が多かったのに反し、紅葉にはココアを入れたと書いた場合はあらわれていない。

これは子規がココアを好み、紅葉が紅茶を好んだという意味でなく、どちらも一般に市販されていなかったので、紅葉にはココアを入手するルートがなかったことを意味している。

ただし紅葉も同じ年(明治三十六年)の三月二十日に、「三時過竹冷氏(角田竹冷。衆議院議員だったことがあり、紅葉の俳人仲間に加わっていた。古俳書の蒐集家として知られ、その竹冷文庫は現在東大図書館に収蔵されている)来訪、ココオ《ママ》一鑵。アンジェルフード一箱」と書いているのは、竹冷が手土産にココア一缶と「アンジェルフード」をもってきたという意味である。

なお「アンジェルフード」はエンジェル・フードのことで、荒川惣兵衛の『外来語辞典』、岡倉の『新英和大辞典』『広辞苑』『日本国語大辞典』にもでていない「忘れられた菓子」であるが、三省堂の『新コンサイス英和辞典』には「angel food は angel cake ともいう。カステラの一種」とでている。また『大日本百科事典・ジャポニカ』には、「焼き菓子。柔らかくてエンゼル(天使)の羽のようだというので名付けられた。卵白に小麦粉と砂糖を混ぜあわせたものが材料である」とでている。

また『新センチュリー辞典』(一巻、米、初版、1927)には、「デリケートな、白い、あまいケーキ。多量の卵の白身でつくるが、ショートニングは使わない。別名ではホワイト・スポンジ・ケーキという」と解説がでているが、なぜ「エンジェル」と呼ぶかには触れていない。

最初に『暮しの設計』一四二号(1982)の「家庭でつくれる洋菓子・プロの味」と、おなじ雑誌の一四九号（1983）の「母と子のケーキ・ブック」をひらいてみたが、どちらにもエンジェル・ケーキのことはでていない。

そこで書庫にはいりこんで、“The New International Confectioner”（英、第四版、1979）という厚い本をしらみつぶしに調べたが、エンジェル・フードないしエンジェル・ケーキについては一行も書いてないのに、おどろきかつあきれた。

森永のエンジル・フード　紅葉が「アンジェルフード一箱」をもらったのは、明治三十六年だったが、その四年前の明治三十二年に森永太一郎（森永製菓の創業者）がアメリカで西洋菓子のつくり方を学び、帰国すると、赤坂溜池に二坪の製菓工場をたて、当時としては珍しいチラシ（広告ビラ）をつくった。

そのなかの「西洋御菓子」の部に「エンジル・ケーキ」というのがでているが、そのものはマシマローで、「マシマロー、即ちエンジル・フード（天使の食料）は特別に大勉強を以て安価に売捌き申候」という付記がついていたから、本来のエンジェル・ケーキではなかった。しかしそれが開業当時にはこの店のメダマ商品だったので、それが後年森永の「エンゼル・マーク」になった。

森永の目玉商品で、珍しい西洋菓子として名前がひろまっていたので、紅葉のもらったのは森永の「マシマロー、すなわちエンジル・フード」だったかもしれない。

ミルクと砂糖　子規が紅茶を飲んだとき、それにミルクや砂糖を入れたかどうかは記していない。

それに対し、紅葉は上記のように明治三十六年六月七日に「牛乳二合。紅茶の熟煎せる者少許と砂糖を加ふ」と、砂糖を加えたことをあきらかにしているが、それ以前には、紅茶に砂糖を入れていたかどうかは、わからない（それについてなにも書いていない）。

話は別になるが、洋酒ならびに洋食品の輸入の草分けだった明治屋が、リプトンの紅茶をはじめて輸入したのは明治三十九年だったが、その翌年四月に三越呉服店に「食堂」ができ、「洋菓子一皿十銭、コーヒー、紅茶は各一杯が五銭であった。ミルクはどこでもはいっていなかったが、カフェ・パウリスタでは砂糖は使い放題というだけに、三越食堂より安いことになっていた」と、池田文痴庵の『日本洋菓子史』（1960）にでているところをみると、三越では紅茶にもコーヒーにもミルクをつけなかったことがわかるが、砂糖をつけたかどうかは、この文章のような書き方では全くわからない。

カフェ・パウリスタは、ブラジル政府が明治四十二年に、同国産のコーヒーを宣伝するためにひらいた大衆向きのカフェで、東京に八ヵ所、横浜に二ヵ所、大阪に二ヵ所というように全国的な店をひらく計画で、コーヒーは一碗五銭だった。名古屋にも、私の青年時代に都心の栄町の四つ角のそばにそれがあった。今日の大都市のビア・ホールのような広い感じで、店内にはテーブルが何十となく配置されて、オフィスの時間が終ると、店はいっぱいになった。

コーヒー　子規にも紅葉にも、コーヒーはあらわれていない。

コーヒーを飲ませる店の草分けは、明治二十年（1887）四月に鄭永慶が上野西黒門町で開業した可否茶館《かつひー》で、開業に当って配布した小冊子には、

コーヒー代一碗　代価壱銭五厘
同牛乳入　一碗　代価二銭

となっていて、コーヒーにミルクを入れたものと、入れないものとが売られていたことがわかるが、砂糖は入れていたかどうかは、わからない。この店は純パリ風のカフェだったが時期尚早で、じきに閉店した。

漱石と紅茶　夏目漱石は明治三十三―三十六年にわたって、イギリスに留学したので、イギリス風の紅茶の風俗についてはよく知っているはずであるが、岩波版の『漱石全集』（十九巻、1937）の総索引には、「紅茶」という項目は一行もない。

ただしこの総索引には「茶」という項目があるので、それを一通り調べたところ、ただ一ヵ所を除いて、あとは日本の茶である。

その一ヵ所というのは、『虞美人草』の「七」の、

「うん。——給仕《ボーイ》紅茶を持つて来い」

「僕はコフヒーを飲む」

という会話であるが、総索引にはそのページの指示がでていない。

そのほか、私のメモ・カードでは、『こゝろ』(1914)に、

「奥さんは飲み干した紅茶茶碗の底を覗いて、黙つてゐる私を外《そ》らさないやうに、「もう一杯上げませうか」と聞いた」

というくだりがあるし、『明暗』(1916)に主人公津田が買ってきた紅茶で、妻のお延が「好い香《にほい》のするトーストと、濃いけむりを立てるウーロン茶」とを用意するというくだりがある。この「ウーロン茶」についての考証を四〇七ページに記したので参照されたい。

岩波版の『漱石全集』の総索引には「紅茶」という項目は一行もでていないが、紅茶の本場のロンドンに留学した人間が、イギリスの「お茶の時間」の慣習をまったく知らなかったわけでないことが、意外なところにあらわれている。

それが記されているのは彼の『文学論』の序文のなかで、彼は政府から貰う留学費がすくな

く、きくところによると、「彼等（英国紳士の子弟）は午前に一二時間の講義に出席し、昼食後は戸外の運動に二三時を消し、茶の刻限には相互を訪問し、夕食にはコレヂ（学寮）に行きて大衆と会食すと。余は費用の点に於て、時間の点に於て、又性格の点に於て到底此等紳士の挙動を学ぶ能はざる」ことを知ったといって、サジを投げている。

漱石は帰国後、十八世紀のイギリス文学と、その背景の生活・風俗を調べた講義をした。それがのち『文学評論』という題で単行本になったが、そのなかで彼はロンドンの住民の娯楽の筆頭に、十八世紀の半ばからロンドン郊外にはじまったティー・ガーデンをあげ、それの代表だったヴォクスホールの跡をみにいったことを記している。ティー・ガーデンについては、九六ページ以下に述べたが、かつてわが国からイギリスに留学ないし旅行した人々のなかで、わざわざヴォクスホールの跡をみにいったのは、漱石以外にはいないのではないかとおもう。

そのほか漱石は、大正四、五年頃の「日記及断片」に、

○田中君の話

酒。コンニヤク（注、コニャック）の上等が第一

ブランデーは年数、香りと味

葡萄酒も年数

然し年数が同じなら vintage

杖。ピカーヂリーの傍セントジエームス（注、セント・ジェームズ）のブリツグス。籐（製セザル者）四百円

食物。天麩羅（略）

菓子（略）

茶　ブラックチーとウーロンを交ぜる。キユーブの砂糖の味

とあり、その片鱗がうかがえる。このなかで「ブラックチーとウーロンを交ぜる」と書いているのは、あまりきいたことのない扱い方であるが、これは両方の茶葉を混ぜたという意味であろうか。

紅茶を「ブラックチー」、角砂糖を「キユーブの砂糖」と英語で書いているのは、いかにもロンドン仕込みで、珍しい。

大正時代の紅茶　明治は四十五年で大正元年（1912）に変ったが、大正時代に入ると、紅茶がはじめて文学の対象になり、また紅茶を本の題名にしたものがあらわれるようになった。

紅茶が文学的な書物の表題になったものでは、永井荷風の随筆集『紅茶の後』（1911）が私の印象に残っている。これは『三田文学』の発刊の辞からはじまる小品感想で、明治四十三年五月から翌年十月まで『三田文学』に連載されたもので、荷風のエッセイの初期の精髄といわ

れている。この表題の由来は、それのあと書きに、

「「紅茶の後」とは静な日の昼過ぎ、紙より薄い支那焼の器《うつは》に味《あぢは》ふ暖国の茶の一杯に、いさゝかのコニヤック酒をまぜ或はまた檸檬《シトロン》の実の一そぎを浮《うか》べさせて、殊更《ことさら》に刺戟の薫《かを》りを強くし、まどろみ勝ちなる心を呼び覚して、とりとめも無き事を書くといふ意味である。篇中過去の追憶に関すること多きも此《これ》が為めである」

と記されている。子規・紅葉から十年後に、はじめて紅茶の高踏的な味わい方があらわれている。これは当時では新しい感覚だったので、書物の表題になったのであろう。

ただし、荷風はフランス帰りだったので、イギリス風の伝統的な紅茶のカップのことは知らなかったらしく、中国の薄い陶器を用いたとなっている。これは荷風のフランス仕込みの中国趣味のあらわれだったであろう。*

* ついでに今世紀のはじめのフランスのエチケットの本を読んでいたら、十九世紀の末まではフランスでもイギリス風のティー・パーティーが開かれていたが、今世紀に入るとそれが忘れられ、エチケットの本にも、お茶のガーデン・パーティーや、お茶の飲み方の記事がなくなって、コーヒーの国になっていた。荷風がフランスにいたのは、そんな時代だった。

この時代から「紅茶」を題名にすることが新しい感覚で、私の本棚に林田亀太郎という通人の『紅茶を啜りながら』(1920)という随筆集があり、さらに最近では江藤淳の随筆集『夜の

紅茶』（1972）という新著が加わった。

紅茶・コーヒーの飲み方　わが国で、本格的な紅茶とコーヒーの飲み方を書いたものがあらわれたのは、大正十四年（1925）だった。

それのでているのは「南満洲鉄道株式会社、大連ヤマトホテル支配人兼鉄道部旅館総支配人」という肩書きをもった横山正男という人で、本の表題は『洋食の食べ方と洋服の着方』（大阪屋書店発兌）で、菊半截一六六ページのハンドブックである。

著者はアメリカに旅行したことを序文に記しているが、大連のヤマトホテルには私も宿泊したことがあるが、超一流の国際ホテルで、このホテルの支配人だから食作法については十分な知識をもった人物であった。

「紅茶と珈琲とは大抵角砂糖《キューブシュガー》と牛乳（クリームは牛乳より上等だが高いので普通牛乳を使用す）を入れて飲む。珈琲茶碗には大小あり、朝は大を用い、砂糖を要するけれ共、昼と夕《よる》は小さい茶碗を用ふるから砂糖も牛乳も入《いれ》ないで飲める。殊に珈琲通は砂糖も牛乳も入れない方が一番よく珈琲の美味《あぢ》が分ると云ふて居る。然し人の好き好きであるから入れても決して差支へない。斯《こん》様な具合で砂糖と牛乳とは必ずしも入れねばならぬ物でないから給仕《ウエーター》は一々之れを尋ねる事になつて居る。ソコデ給仕が聞いたら砂糖は一つとか二つとか或《あるい》は無しとか、牛乳も入れてとか無しとか指図すべきである。併し大宴会になると一々註文を聞いて居ては徒らに時間を空費するから、紅茶或は珈琲の中には砂糖を入れず、角砂糖を二個茶碗の受皿《ソーサー》の縁に載せて出し、一個でも二個でも客が随意に入れられる様にし、牛乳だけは別に持つて廻るが、何程《いかほど》入れてよいか其の分量は人によつて違ふから給仕の注ぐ所を見て居て夫《それ》で良いと云ふ時一寸《ちよつと》右の食指《しよくし》（人指しゆび）を挙げて合図するのである。チョコレート及《および》ココアになると牛乳は最初から少々入れてあるが、砂糖はチョコレートには少々入れ、ココアには全然入れて無いから客は任意に砂糖及牛乳を加へて飲むのである。之等《これら》飲物の茶碗《カップ》は必ず受皿に載せ其の手前側に匙《スプーン》を添えて出すが此の匙は単に砂糖や牛乳を攪拌《まぜ》る為の物であるから之れで掬《すく》ふて飲んではいけない事、及之は飲み物であるから右手より薦《すす》むるものなる事は……ビーフティ・イン・カップと異なる所である（ビーフティ・イン・カップは紅茶またはコーヒーの茶碗に入れた牛肉のスープの一種。それについては後述する）。

ソシテ一応攪拌たら其の匙を受皿の向ふ側に置き、右手で茶碗の把手《ハンドル》を取り茶碗に直接口を着けて飲むのである。之等の飲物は何《いづ》れも熱いのを冷ます為息で吹いたり受皿へ零《こぼ》して飲んではならぬ。喫煙室或は庭園等手近に食卓《テーブル》の無い所で紅茶珈琲を薦められた時に已《やむ》を得ず受皿を左手に持ち茶碗を右手に持つて飲むのであるが、苟《いやし》くも食卓のある所では受皿を手に持つてはいけない。即ち之を卓上に置き茶碗だけを右手に持つのであるが、此茶碗を持つ時把手に指を差し込んだり或は匙を茶碗に入れた儘《まま》飲んではならぬ事及び不要の意を表するつもりで茶碗を伏せてはいけない事は、ビーフティ・イン・カップと同様である。夫《それ》から之れに入れる牛乳は紅茶には必ず冷たいのを用ゐ、珈琲チョコレートココアには必ず熱いのを用ふるので、若《も》し之れを反対にすれば紅茶には異臭《くさみ》を生じ、珈琲等には芳《かん》ばしい香《かをり》を失ひ共に不味《まづ》くなる。尚紅茶珈琲等はビーフティ・イン・カップと異り何杯飲んでも差支《さしつかへ》ないから更にもう一杯飲みたい時は匙を受皿の上に載せて置き、反之《これにはんし》不要の時は匙を茶碗の中に入れて置く規則となつて居る。従つて客は匙の置き方により給仕に其の希望を知らせ一々要不要を問答する煩累を省き得るのである。一体給仕は客に之れは如何彼は如何と聞いたり押売りしてはならぬ。註文がなければ何も持つて来ぬを法則とするのである（但持廻りの宴会の場合は例外とす）。即ち客と給仕とは雑談は勿論厳禁であるが、其の他の事も成るべく合図により意志を表示し言葉数を少くし、努めて喧騒を防ぐを旨とするのである」

原文は段落も句読点もなく、漢字には全部カナがついている。いわゆる総ルビであるが、ここでは一部のルビを付することにとどめた。子供の手をとって教えるようにこまかい指図がしてあるが、今日のマナーズとはひどくちがっているところがあるので、次項でそれを取り上げてみよう。

らはじめよう。

ビーフティー・イン・カップ　「ビーフティ・イン・カップ」についての説明を転載することか

「ビーフティー・イン・カップ（beef tea in cup）は、紅茶またはコーヒーの茶碗に入れた牛肉のスープである。たとえ茶碗は紅茶またはコーヒーのと同一であっても、だし方および食べ方ともに紅茶またはコーヒーの場合と全然別である。なぜかといえば洋食ではスープを飲みものとせず、食べものとして取扱うからである」（現代文に書き換え）

と前置きして、洋食では水、酒、茶、コーヒー等一切の飲みものは必ず客の右からだすことになっているが、スープは飲みものでなく、食べものであるから、容器は紅茶、コーヒーと同じ茶碗でも、それらとは反対の左からだすことになっていることを、説明している。

これは今日ではブイヨン・カップ（ブイヨンはフランス語で鳥・獣・魚の肉や骨の煮出し汁）という茶碗に両手のついたものが用いられていることは、周知のごとくである。

茶碗と受け皿　紅茶でもコーヒーでも、正式の席ではカップと受け皿とは一組で、ティー・テーブルに並べられたカップと受け皿に、紅茶またはコーヒーを注いでもらったら、両者を左手にもつことになっている。

立食なので、左手にそれをもち、右手でサンドイッチないしケーキを食べるわけであるが、その場合、スプーンはどこにおくのか。そこまでこまかく指示した文献はみつからない。私は左利きで、同時に右手も使えるが、それでも左手にカップと皿をもち、右手で物を食べるには、かなり練習しなければならない。それが普通の右利きで、左手が使えない人にとってはどうなのか、知りたい。

左手にカップと受け皿をもったとき、スプーンが受け皿からすべり落ちるのを防ぐため、それをカップのなかに入れたのではなかろうか。

イギリスの初期のマナーズでは、カップに入れた茶液に砂糖とミルクを入れ、それをスプーンでかき混ぜたあと、スプーンはカップのなかに入れた。なぜかというとカップの茶を受け皿に注ぎ、それをさまして飲んだので、その場合、スプーンを皿に載せておくと邪魔になるからであった。

ティー・パーティーのきまり　ティー・パーティーのやり方は、私的な集まりと公の集まりの場合に大別できるが、さらに招待する人数（後者の場合には、数十人になる）によっても、やり方がちがっている。

小人数の場合の基本条件はホステス（その家の女主人）が自ら茶を注がねばならぬことである。映画などで人数の多い集まりでは、正装したバトラー（使用人頭）がうやうやしくお茶を注ぐことがあるが、本当はバトラーや召使の女はいくつかのティー・テーブル（たいてい八人が単位）に道具や食べものを運ぶが、それが終ると奥に引っこんで、パーティーが終るまで姿をあらわさない。

招待客の多いときは、主婦は来客との応対にかかりきりになるので、あらかじめ親類の婦人や、主婦の親しい婦人を頼んで代役をしてもらう。その家に娘がいる場合は、その人も手伝う。

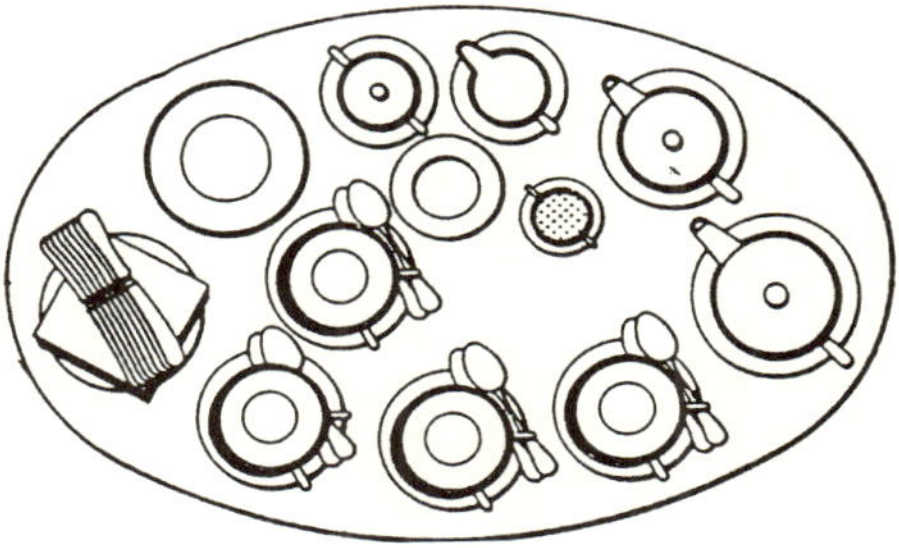

8人分のティー・テーブル。

多人数の集まりでは、食堂のテーブルにお茶の道具と食べものが並べられ、招かれた客はそこへゆくと「「つよい」（ストロング）か、「よわい」（ウィーク）かどちらがよろしいですか」とたずねられるので、自分の好きなほうを答えると、望みどおりのお茶に、砂糖、クリーム（ミルクをクリームと呼ぶのがならわしである）ないしレモンを入れたものが、つくってもらえる。

挿画に入れたのは八人分のティー・テーブルで、左端に八人分のバター皿、ナプキン、バターナイフ。その右回りに茶がらをあける大型のボール、砂糖入れ、クリーム入れ、水差し、終りの大きいのはティー・ポットである。テーブルの手前に、スプーンを二個載せたカップと受け皿がみえるのは二人分が重ねてあるためで、全部で八人分である。

ウーロン茶

私の住んでいる山手線の大塚駅北口の商店街は、商店の数より飲食店のほうが多く、たいてい夜中の二時、三時まで営業しているほか終夜営業の店があり、雑誌・書籍の店も夜中の十二時頃まで店をひらいており、またすこし離れた場所には二十四時間営業の小型のスーパーがある。

そういう店のなかの和食の店に、「ウーロン茶をサービスいたします」という貼り紙がでた。前置きが長くなったが、私は戦争のはじまった年（昭和十六年）の四月中旬から五月にかけて、台湾を一周見学して二冊の現地報告を書いた。現地でウーロン茶を飲んだかどうか、記憶にないが、帰路基隆《キールン》の乗船場の待合室で、色いろな土産物を売っていたなかに、リプトンの紅茶の缶よりやや大きい木の箱に、緑と赤で土俗的な大きな花を描いた「包種茶《ほうしゅ》」というのがあったので、それを買ってきた（それについては後述する）。

さて戦後に、百科事典が新しくつくられたさい「ウーロン茶」という項目を書いたのは私で、

『世界大百科事典』（平凡社、1955）に、鳥井秀一という専門家と連名で、
「ウーロン茶　半発酵茶で、その性質は紅茶（発酵茶）と緑茶（不発酵茶）の中間にあるが、ややや紅茶に近く、とくに香気がよい。中国で一七〇〇年以後に外人の好みに従って紅茶、磚茶とともに輸出用としてつくられだしたもので、浙江、福建が中心であったが、一八七〇年代から台湾での生産が高まり、現在その主産地で、主としてアメリカに輸出している。製法は摘んだ茶葉を薄く日なたにひろげて、天日でしおらせること数十分間、次にこれを室内に取り入れ、ときどきまぜながらさらに数時間茶葉の水分を蒸発させる。しおれた茶葉は加熱した鉄板製の平がまでいって酸化酵素の作用をとめ、ついで揉捻《もみねり》機にかけてもんだ後、乾燥機で乾燥して仕上げる。飲み方は紅茶と同じである。ウーロン茶 Oolong は、良葉を産する一本の茶樹の根に黒ヘビ（烏竜 wu lung）がまるくなって、その木を守っていたという伝説から出た名といわれる」
とわりあい詳しく解説してある。

烏龍の語原を中国の『辞源』で調べてみたが、それは触れていない。

なお、烏龍の語原には異説があって、その一例が『大日本百科事典・ジャポニカ』（1968）にでていて、「製品の色がカラスのように黒く、形が竜のようにまがっているので、この名がある」と、なっている。

なお「餅は餅屋」で、誰れもが漢字のことなら、諸橋の『大漢和辞典』を引いてみるだろうとおもうが、この辞典はまったく頼りのないなまくら辞典で、「烏龍茶　紅茶の一種。閩粤地方に産す」とだけしか書かれていない。これが『大漢和辞典』なのかと、あきれ返ってものがいえない。

台湾での歴史　台湾では一八六四年に英人ジョン・トッドがこの島をおとずれ、ウーロン茶を調べ、それの輸出を目的とする商社をつくり、一八六五年から茶葉の買いつけをはじめ、一八六七年にアモイを経てマカオに製品をおくったのがはじまりで、その後、中国人がそれに加わり、製品がニューヨークにおくられて人気をあつめ、一八七九年に年産一〇〇〇万ポンドだったのが、十年後の一八八九年には一五〇〇万ポンドになり、その後、最も需要の多いときには二二〇〇万ポンドに達し、平均一七〇〇万ないし一八〇〇万ポンドを輸出した。

ウーロン茶がどうしてアメリカで受けいれられたかの原因の一つは、アメリカではそれに紅茶と同じように砂糖を入れて飲んだので、紅茶の普及のおかげで、独特の色と香りがみとめられたのだとおもう。

台湾館　台湾のウーロン茶がわが国にだんだん知られるようになったのは、日清戦争（1894-

95）後の下関条約で、台湾が清国から割譲され、わが国の領有になってからであった。明治の末、わが国では工業を振興する本格的な「内国勧業博覧会」が東京（上野）、京都、大阪で開催されたが、台北の茶商公会ではその機会に博覧会場レジャー区域に、屋根の反り返った台湾館という茶楼をつくり、ウェートレスに現地の娘をつれてきて、ウーロン茶を宣伝した。

明治の末に「台湾館」という固有名詞には未知の土地、台湾を表象する異国情調があった。とりわけ私にとっては、次兄が領台直後に兵隊として台湾に派遣され、帰国後、さまざまの異様な風物を語ったことでも、エキゾチックな土地であった。

明治時代の風俗を伝えた『風俗画報』の「内国勧業博覧会」の特集号数冊が書庫にあったのが、目下行方不明で、「台湾館」のスケッチや、その建物の詳細を紹介できないのは残念である。

漱石とウーロン茶　夏目漱石の『明暗』の第十九章に、この小説の主人公津田が、手術を受ける前日にとるべき注意を、かつて医者から聞かされたことを思い出したが、それをはっきり覚えていないことに気づいたので、急いで家をでて自動電話で改めて医師の指示を受け、そこから急ぎ足で自宅に戻って細君の蟇口を受けとり、すぐ大通りの方へ引き返し、電車に乗った。

彼がかなり大きな紙包みをかかえて戻ってきたのは、それから約三、四十分後で、彼は腋《わき》に抱えた包みを茶の間の畳の上に放りだした。

お延（細君）は手早く包み紙を解いて、中から紅茶の缶と、麵麭《パン》と牛酪《バター》を取りだした。やがて「好い香のするトーストと、濃いけむりを立てるウーロン茶」が、お延の手で用意された。以上は、『明暗』の主人公が、医者の指示でウーロン茶を買いこんできて、それで「西洋流の食事をすました」というくだりのあらましである。

『明暗』は大正五年（1916）五月二十六日から十二月十四日まで、『朝日新聞』に連載され、未完成のままで終った漱石の最後の小説であることは、周知のごとくである。

この小説で、漱石は医師がどういうわけで津田にウーロン茶を飲めといったかには触れていない。

漱石の書翰集をみると、漱石は大正二年の三月五日に横浜市元浜町、渡辺伝右衛門という人にあてた返信に「拝啓此間《このあいだ》は帝劇で失礼しました。其節お話しの台湾の茶二缶今日到着正に拝受しました」と書いている。

漱石はもう一度、大正四年に台湾花蓮港南浜一番地山口忠三という人にあてた礼状に、「台湾茶一缶到着正に拝受致しました。未知未見の小生に対しての御親切嬉しい事に存じます。私の書いたものが何かの御慰《なぐさめ》になれば満足の至《いたり》であります。不敢取《とりあえず》御礼迄《まで》申上げます」と書いている。この「台湾茶」というのが、ウーロン茶だったか、ほかの茶だったか、よくわからない。

つぎに津田が買いこんできたかなり大きな紙包みを解くと、紅茶の缶があらわれ、それに湯をさしたものがウーロン茶だとなっているのはおかしい。

私ははじめは、「紅茶の缶」に似た缶にウーロン茶がはいっていたのだろうと解釈してみたが、津田がウーロン茶で「西洋流の食事をした」というのは、おかしい。

そのうち私はふと、「紅茶の缶」は正真正銘の「紅茶」で、その頃、わが国にも販路を広げていた「セーロン（セイロン）茶」だったらしいことに気がついた。

ウーロン茶もそれをいれると、紅茶に似た紅い色になるが、紅茶のように「濃い」という感じではない。

またウーロン茶は、何度もいれて飲むように指示されているが、何度もいれた場合は、当然その色はうすくなる。

漱石は「濃いけむりをたてる」と描写しているから、セイロン茶のほうがふさわしい。

どういう原因で紅茶（セイロン茶）が、ウーロン茶になったかはわからない。

漱石は「セーロン茶」と書いたが、印刷所でウーロン茶と誤読されたのか、あるいは漱石自身がうっかりウーロン茶と書いたのかのどちらかであろう。

包種茶

「包種茶」というのは台湾の地方語らしく、『広辞苑』のような国語辞典にも、普通の漢和辞典にもでていないが、手もとにある現行の英漢字典（北京刊、1981）に「scented tea, 花茶」という語がでているのが、それらしい。

念のため平凡社の『世界大百科事典』をひらいたら、天理大学の中野輝雄という風俗の専門家が、つぎのような解説を書いているのをみつけた。

「包種茶　中国の半発酵製茶の一種。主産地は台湾で、そのほか福建省でも産出される。主としてシンガポール方面に輸出される。ウーロン（烏竜）茶のうち香気の低いものに加工したもので、マツリカ、チャラン、ソケイ、コリン、クチナシなどを茶葉に配合するため、特殊の強い芳香をもつ。紙包装であることによってこの名がつけられた」

私は包種茶は花香を移したものだとおもっていたが、この解説によると「花を茶葉に配合する」（混ぜること）となっているから、花を乾燥したものが混じっていたかもしれないが、私がこの茶を買ってきたのは、それの木箱のデザインがエキゾチックだったためで、中身には注意を払わなかったのは、迂闊《うかつ》であった。

「包種」というのは「紙包み」という意味だというから、エキゾチックな木箱はお土産用の包装で、中身は「紙包み」だったかもしれない。

さてこのエキゾチックなデザインの木箱であるが、アメリカの“National Geographic Magazine”の一九二〇年三月号にでた、「美しき台湾」という、高砂族《たかさご》の生活を主にした写真六十枚をいれた報告のなかに、

「昔は台北の大稲埕《だいとうてい》。台北の淡水河に面した貿易場（税関があった）から輸出される茶の箱には、直接に熱帯的な鳥類や動物が描かれていたが、現在は模様を印刷した紙を糊で貼りつけ、その上にワニスを塗るようになった」

と書いているから、時代によって一様でなかったことがわかる。

クチナシ　包種茶に使う花のなかで、わが国で一般に知られているのはアカネ科のクチナシで、学名は*Gardenia jasminoides*となっているが、*jasminoides*は「ジャスミンに似た」という意味である。喜望峰で発見され、ケープ・ジャスミンと呼ばれているが、原産地は中国と日本である。

クチナシは、わが国では庭園に小さい灌木として生長しているが、私は台南の駅ホテルの前の路上に、これが三メートルぐらいの木になっているのをみた。この木は路上に一本だけ（植込みなどはなく）植えられていて、異様な印象だった。

今日ケープ・ジャスミンと呼ばれているのは、イギリスの種苗商ヴィーチ（Veitch）が改良した冬花用の品種で、それに対し旧来のジャスミノイデスは、冬のはじめと寒中に花をひらかないので、切り花用としてはほとんど全く見捨てられてしまった。ただしヴィーチの新種は、切り花として最も人気のある花の一種になったが、その反面で、その管理が最もむつかしい花の一つになっている。

マツリカ　包種茶に使われる最もよく知られている花は茉莉花《まつりか》で、『学研漢和大字典』や『広辞苑』にでていて、前者には「暖地にはえる。夏、白い小さな花を開く。非常に香りがよく、茶にまぜて飲む。茉莉花」と解説され、後者には「インド原産。……夏の夕、白色・盆形で芳香の高い五弁花を開く。……中国で乾花を茶に入れる」といったこと以外に、茉莉、毛輪花《もりか》という呼び方をあげているが、後者は茉莉は中国語で「モリ」と発音することをあらわしている。

植物分類学ではモクセイ科の *Jasminum* で、本格的なジャスミンである。平凡社の『世界大百科事典』によると、フィリピンやインドネシアの国花になっているという。ヨーロッパの暖地、アジア、アフリカに多分二百種以上があるとみられ、熱帯地方で多く栽培されている *Jasminum sambac* はアラビアン・ジャスミンと呼んでいる。sambac はアラビア語で、この品種をさしているが、意味は不明らしい。

あとがき

本書は、モンド社の『味覚春秋』に、同じ「紅茶の文化史」という名で多年にわたって連載したものを一巻にまとめたものである。

本書の冒頭にも書いたように、私の生家が名古屋の西洋陶磁器を扱う小工場だったので、美しく絵付けされた紅茶茶碗で紅茶を味わうのは私の格別の楽しみだった。したがって、収集した文献を読み、調べて紅茶の文化史を執筆することは締切りに追われながらだったが、やり甲斐のある仕事だった。たとえば、陶土に動物の骨をまぜてつくる「ボーンチャイナ」のことなど、普通の紅茶の本には出ていない話を紹介することもできた。

連載中は、モンド社の社長勝瀬利明氏にたいそうお世話になった。また、今回、シリーズ「春山行夫の博物誌」の十一冊目として発行するにあたっては、勝瀬氏と平凡社の駒井正敏氏の尽力によるところが多い。ここにあらためて両氏に感謝する。

一九九一年一月　　春山行夫

＊本書は、月刊『味覚春秋』一九七七年二月号から一九八六年八月号まで一一五回にわたり連載された「紅茶の文化史」をまとめたものである。

解説――紅茶の文化史・未来の紅茶に向けて

磯淵　猛

本書の元本が刊行された一九九一年は、日本でイギリスブームが沸き起こり、なかでもアフタヌーンティーを代表とするイギリスの紅茶文化に注目が集まっていた。紅茶専門店、ティーサロン、ホテルのラウンジでも、三段に重ねられたティースタンドに、サンドイッチ、スコーン、ケーキが盛られ、ティーポットで淹れられた紅茶と一緒に楽しむ光景が見られた。まさに日本に居ながら、イギリスの紅茶文化を味わえる、ゆとりと豪華さと気品を感じるティータイムに憧れていた。

人々が紅茶を飲みながら、さらに求めるのは、イギリスに渡っていった紅茶の歴史である。イギリス人は、金や銀や宝石でもなく、飲んだら無くなってしまう紅茶に、なぜこれほどまでに魅せられ、執着したのか。読者の知りたいという欲求にぴったりと合わせた内容で、『紅茶の文化史』はスタートしている。元本は「春山行夫の博物誌」とサブタイトルにある通り、茶がヨーロッパに伝わった十七世紀から始められ、茶に係わった国々、人物、物品、そして食生活と幅広く網羅され、読者の好奇心を十分に満たすページの展開となっている。

私が本書を手にしたのは、刊行された翌年であった。一九七九年に脱サラして、その年の暮れに鎌倉に紅茶専門店ディンブラを開業した。ほんの十坪、席数が二十二席という小さな店である。貿易の仕事の経験を生かし、知り合いのスリランカ人を介して紅茶を輸入し、茶園から直接仕入れた新鮮な紅茶、という触れ込みでスタートした。鎌倉という土地柄のせいか文化人が多く、紅茶を専門にした無謀とも思える営業は、意外にも受け入れられるのが早かった。

一九八九年に私の処女作『ティータイムのその前に』(楽)が刊行され、その後、喫茶の専門誌を通して、新しい紅茶の飲み方やレシピを発表し、ユニークな味や香りの紅茶の紹介で話題を集めていた。

紅茶に新しい飲料としての文化が開き始めた。しかし、新しい発展には過去の伝統や歴史、文化の基盤がなくてはならない。その欲求を満たすものが、まさにこの『紅茶の文化史』であった。

私が今取り出した本書には、何十枚もの付箋が貼られている。文中にはたくさんのラインが引かれ、最も大切な部分には特別な栞《しおり》をはさんである。何度読み返したことか、そして、私の著書の参考文献に何度紹介したことか。私にとって紅茶の歴史をひもとく貴重な一冊になったことは確かである。

何度も読みたくなったのには理由がある。それは私がイギリスを訪れるようになり、九代目サミュエル・トワイニング氏とお会いするようになったことである。トワイニング家の紅茶の歴史を知り、茶商としての生き方、ポリシー、紅茶の価値観など、たくさんのことを教わった。そして現在は十代目、スティーブン・トワイニング氏が当主になった。

二十年も前、私が九代目に、

「二百九十年以上も存続するのはすごいですね。私はまだ十年です」

すると九代目は、

「トワイニングにも十年目があった。それがあったから今日がある。紅茶は売ってきたのではない、買っていただいたのだ」

私の生涯忘れられない言葉である。その生の声の裏付けが、本書に書かれている。トワイニングから始まった紅茶の歴史、トーマス・トワイニングのコーヒーハウスで始まったチップの習慣、トワイニングが阻止した密輸品の紅茶、減税の直訴、顧客台帳の詳細、二十ページにも上る記録がここに記されている。

二〇一二年にも十代目トワイニング氏とお会いした。彼の前に立つと、紅茶の歴史の匂いが漂っていて、まるでさまざまな出来事が昨日のことのように感じられる。

トワイニングを紅茶王とするならば、イギリスにはもう一人の紅茶王が存在する。一八五〇年、スコットランドのグラスゴーで生まれたトーマス・リプトンである。本書はリプトンについても章を設けている。グラスゴーで少年時代を過ごした生い立ちから、アメリカに渡り、ビジネスセンスを身に付け、特異な個性と、人間としての生き方を読者に紹介している。彼によって紅茶がいかに世界中の人々の身近な生活飲料になり、愛される飲み物になったかを知ることができる。

私は後日、『二人の紅茶王』(筑摩書房、二〇〇〇年)を刊行した。家系として今日まで存続したトワイニング、そして、一代限りで世界に名を残したトーマス・リプトンをもう一人の紅茶王として登場させた。この本を書くきっかけになったのがまさに『紅茶の文化史』である。春山先生は本書の当該項の最後に短い文で、一人の男としてのリプトンを紹介している。

商売から引退したリプトンは、莫大な財産を米英のヨット・レースで有名な「アメリカズ・カップ」の争奪戦に投じた。……

リプトンが死んだのは一九三一年九月で、その月の十三日には午前中戸外で動きまわり、夜は少数の友人と食事を共にし、玉突きを楽しんだが、その晩自室で倒れ、意識を失っているところを発見され、二日後にこの世を去った。葬儀は故郷のグラスゴーで行なわれ、彼の一家の墓のある貧民の墓地に埋められた。身よりのない彼の遺産は、彼の遺言によって全部グラスゴーに寄付され、病人と貧民を救う施療院または病人の経費にあてられた。一代限りの紅茶王は結婚もせず生涯を独身で通した。子供のころから夢見た外国、船、ヨット、五十歳で引退した後、自分のもう一つの夢を追いかけて生涯を終えた。本書がリプトンを紹介した文末に、この生きざまを記したことが印象に残った。

そして、それに掻き立てられて、私はアイルランドのリプトンの両親がいた村を訪ね、彼が住んだグラスゴーに行き、貧民の墓地で荒れ果てたリプトンの墓に出会った。今はトーマス・リプトンはおらず、彼の店も、彼の家も見ることはできない。しかし、グラスゴーの港と海と、彼が歩いた通りは今も変わらずそこにある。

一九三五年に刊行された紅茶の教本として有名な『オール・アバウト・ティー』ウイリアム・ユカース著がある。全二巻あり、お茶の歴史から始まり、そのほとんどは紅茶についての解説書である。現在も日本では、完全に訳された本は出版されていない（抄訳は『日本茶文化大全』として知泉書館から二〇〇六年に刊行）。そんななかで、本書は二十年以上も前に、オール・

アバウト・ティーの要約本として著された一冊であった。歴史や文化はもちろんのこと、喫茶の風習、紅茶の淹れ方、紅茶器具、さらには新しい紅茶の飲み方として、レモンティー、ミルクティー、ティーカクテルまで紹介している。そして、紅茶好きには欠かせないティーセットについても、中国からヨーロッパに伝わったティーカップと受け皿の変遷、人はなぜカップの紅茶を受け皿に注いで飲んだのか。把手はいつごろ、どうして付けたのか。実に興味深く、好奇心をそそられるテーマが繰り広げられている。

このあたりの本書の展開は言うまでもなくオール・アバウトの網羅であり、著者がまだ世間に十分知られていないオール・アバウト・ティーの面白さをかみ砕いて紹介した心意気である。

本書の後半には、日本に入ってきた紅茶と、明治初期になって輸出用に作られた日本紅茶の市場について記されている。ここ数年、日本でもまた紅茶を作る農家が増えてきた。今や全国で四〇〇ヵ所余りに上り、日本の紅茶ブームを起こしている。本書の元本が刊行された二十年前では考えられなかったが、今、もう一度本書に目を通すと、過去の歴史が今日作られている日本の紅茶に、文化の価値観をもたらせてくれると思われる。

私が紅茶にかかわる仕事を始めて三十年余り、本書と出会う前からフルーツやスパイス、ハーブ、アルコールを使ったさまざまなバリエーションティーを作ってきた。さらに、日本独自ともいえるペットボトルで販売される紅茶飲料の商品開発にも、すでに十七年余りにわたって携わってきた。工業的に作られてきた紅茶飲料は、正式な紅茶ではないと言われてきた。しかし、今日では、日本での紅茶の消費量の六〇パーセント以上がペットボトル用である。その上にティーバッグの消費がある。紅茶はペットボトルで知り、ペットボトルで味わう。これが未来の紅茶かもしれない。

本書を読んでいくうちに、もう一つ、私を励ましてくれた項目があった。それは、ハンバーガーなどのファストフードと紅茶を一体化したティー・ウィズ・フードの重要性を著者が示唆した点である。紅茶が社会の中で発展していくには、幅広い消費の形態に含まれる必要性がある。人が主に求めるのは食であり、それを補うのが飲料である。紅茶はそのままでもおいしい。しかし、紅茶は、家庭の一家団欒の時間にティーフードを食べたときに飲んで、初めてその本領を発揮する。

故・春山行夫先生が、今、もし、本書を手に取り、再読されたとしたら、きっと読者にこんなメッセージを贈って下さると思う。

「紅茶は世界中の飲み物で、歴史や文化は世界中に残されていく。それはみんなが紅茶を愛して止まないからだ」

（いそぶち　たけし／紅茶研究家・エッセイスト）

平凡社ライブラリー　782
紅茶《こうちゃ》の文化史《ぶんかし》

発行日…………2013年２月８日　初版第１刷

著者……………春山行夫
発行者…………石川順一
発行所…………株式会社平凡社
〒101-0051　東京都千代田区神田神保町3-29
電話　東京(03)3230-6579[編集]
東京(03)3230-6572[営業]
振替　00180-0-29639

印刷・製本 ……株式会社東京印書館
ＤＴＰ…………エコーインテック株式会社＋平凡社制作
装幀……………中垣信夫

ISBN978-4-582-76782-7
NDC 分類番号383.8
B６変型判（16.0cm）　総ページ424

平凡社ホームページ　http://www.heibonsha.co.jp/
落丁・乱丁本のお取り替えは小社読者サービス係まで
直接お送りください（送料、小社負担）。

平凡社ライブラリー　既刊より

【世界の歴史と文化】

黄慧性＋石毛直道……………………新版　韓国の食
オウィディウス……………………恋の技法［アルス・アマトリア］
三浦國雄……………………風水　中国人のトポス
前嶋信次……………………アラビアン・ナイトの世界
前嶋信次……………………アラビアの医術
オマル・ハイヤーム＋岡田恵美子…ルバーイヤート
J・A・コメニウス……………………世界図絵
鶴岡真弓……………………ジョイスとケルト世界――アイルランド芸術の系譜
川崎寿彦……………………森のイングランド――ロビン・フッドからチャタレー夫人まで
由良君美……………………椿説泰西浪漫派文学談義
フォション……………………改訳　形の生命
ヒュー・ジョンソン……………………ワイン物語　上・中・下
春山行夫……………………花ことば――花の象徴とフォークロア　上・下
ヘンリー・ペトロスキー……………………フォークの歯はなぜ四本になったか――実用品の進化論
ヘンリー・ペトロスキー……………………ゼムクリップから技術の世界が見える――アイデアが形になるまで